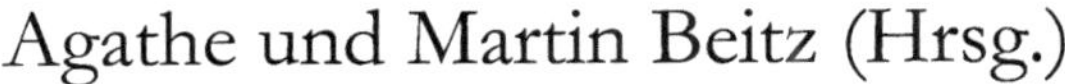

Ein Tischlergeselle wird Lehrer

Von Neustadt in Oberschlesien nach Köthen (Anhalt)

Erinnerungen von Georg Schneider (1919-2008)

Agathe und Martin Beitz (Hrsg.)
- Ein Tischlergeselle wird Lehrer –
Von Neustadt in Oberschlesien nach Köthen (Anhalt)
Erinnerungen von Georg Schneider (1919-2008)

1. Auflage (28. Januar 2021)
ISBN 978-3-96692-020-9

Verlag & Gestaltung:
Stockwärter Verlag, Halle (Saale), Bernd Stockmann
Druck & Herstellung:
BoD - Books on Demand, Norderstedt

Vorwort

Dr. Agathe Beitz

Mein Vater, Georg Schneider, geb. im Jahr 1919 in Neustadt O.S., hat mir seine Aufzeichnungen und Fotoalben hinterlassen. Es geht darin um seine Kindheit und Jugend in Neustadt in Oberschlesien, seine Lehrzeit, Dienst in der Wehrmacht, Verwundung im Zweiten Weltkrieg, Umsiedlung, Arbeitssuche und seine Ausbildung zum Lehrer nach dem Krieg, seine Tätigkeit im Schuldienst sowie um sein Leben als Rentner. Während er in den Fotoalben bereits vor dem Krieg zu bestimmten Ereignissen Texte verfasst hatte, begann er später seine Erinnerungen zu verschiedenen Themen niederzuschreiben. Mit Hilfe unserer Mutter, Amanda Schneider, sowie weiterer Verwandter und Bekannter, die alle aus Neustadt O.S. stammen, fügten sich mit der Zeit zahlreiche Details aneinander. Viele Dinge schreibt er aus der Sicht der 1980er Jahre, führte aber seine Memoiren bis etwa 2003 weiter. Mehrere Anekdoten, wie sie jeder von uns in sich trägt, lebten wieder auf.

Georg Schneider wurde in eine arme Familie hineingeboren, die in bescheidenen Verhältnissen lebte. Sobald er etwas Geld verdiente, unterstützte er seine Mutter, die nach dem frühen Tod ihres Mannes mit den drei Söhnen allein dastand.

Mit den Pfadfindern erkundete er ab 1931 intensiver seine Heimat Oberschlesien, die von vielen Wäldern, Flüssen und Bergen geprägt wird. Wir erfahren hier von seiner tiefen Liebe zu dieser herrlichen Landschaft, die er 1945 als „Umsiedler“ mit der Familie verlassen musste. In seiner neuen Umgebung in Köthen (Anhalt), in der er gleich Arbeit als Tischlergeselle fand, war er zunächst etwas von dem flachen Land ernüchtert. Doch schon bald begann er, nähere und weitere Landschaften und interessante Städte zu besichtigen und lieben zu lernen.

In Köthen begann er eine Ausbildung als Neulehrer und qualifizierte sich dann in insgesamt zehn Jahren Studium zum Fachlehrer für Geschichte und Deutsch. Georg Schneider war ein ganz besonderer Lehrer, den seine Schüler wirklich liebten. Viele Schüler hielten noch jahrelang nach der Schulzeit Kontakt zu ihm, besuchten ihn zu Hause, schrieben ihm Briefe und Ansichtskarten. Er verstand es hervorragend den Unterrichtsstoff aufzulockern, mit praktischen Beispielen und teilweise selbst gebasteltem Material interessant zu gestalten.

Als er sich dem Rentenalter näherte, erhielt mein Vater das Angebot, eine Chronik der Schulen im Landkreis Köthen zu erstellen. Daran hat er noch einige Jahre gearbeitet. Er fuhr mit dem Auto in jedes Dorf, fotografierte das Schulgebäude und schrieb die Geschichte der jeweiligen Schule nieder. Daraus entstand ein beachtliches Werk, dessen Verbleib im Moment leider unklar ist.

Schwere Schicksalsschläge, der frühe Tod der ersten Tochter und seine schwere Verwundung im Zweiten Weltkrieg nahmen ihm nicht seine positive Lebenseinstellung. Immer wusste er Rat und unterstützte jedes seiner vier Kinder beim Studium. Er half uns allen bei jedem Umzug mit seinen handwerklichen Fähigkeiten, die er in seiner Lehre als Tischler vor dem Krieg erworben hatte. In seinen Erinnerungen schreibt er auch ganz erheiternd über seine Anfänge in der Gartenarbeit und wie er nach und nach immer mehr dazugelernt hat.

Seine Aufzeichnungen übergab er mir schon vor etlichen Jahren. Geschwächt durch Unfälle und den Tod unserer Mutter im Jahr

2005 hatte er keinen Mut mehr, sich um eine Veröffentlichung zu bemühen. Nachdem unser Vater im Juli 2008 verstorben war, blieben seine Memoiren noch ein paar Jahre liegen. Inzwischen gelangte ich gemeinsam mit meiner Familie zu dem Schluss, dass so viele wertvolle Erinnerungen an eine Zeit, die vor über hundert Jahren begann, nicht verlorengehen sollten. Gemeinsam mit meinem Sohn Martin wurden die Texte meines Vaters abgeschrieben, Wiederholungen zusammengefasst, zahlreiche Erklärungen in Form von Fußnoten sowie Fotos zur Veranschaulichung eingefügt. Die Namen von Freunden, Kollegen und Bekannten wurden aus Gründen des Personenschutzes geändert. Wenn es um Neustadt geht, ist immer Neustadt in Oberschlesien (O.S.) gemeint, das heutige Prudnik. Wir freuen uns, die Erinnerungen meines Vaters, Georg Schneider, nunmehr in Buchform vorlegen zu können.

Georg Schneider

Lebenslauf von Georg Schneider

Am 14. September 1919 wurde Georg Schneider in Neustadt O.S., dem heutigen Prudnik, geboren. Seine Eltern, Emilie und Alfred Schneider, arbeiteten in derselben Fabrik als Schuhmacher und waren oft arbeitslos. Die Mutter war erst in den Jahren des Zweiten Weltkrieges vollbeschäftigt. Der Vater starb bereits im Jahr 1936, die Mutter lebte bis 1978. Georg hatte noch zwei jüngere Brüder.

Nach dem Besuch der Volksschule in Neustadt kam Georg in eine vierjährige Lehrausbildung als Bau- und Möbeltischler. Die Gesellenprüfung legte er im Jahre 1938 ab. Anfang 1939 zog Georg auf ein Inserat hin nach Köthen (Anhalt) und arbeitete bis zu seiner Einberufung zur Wehrmacht im Oktober 1940 bei der Köthener Bautischlerei Richard Binder.

Vom Ausbildungsbataillon 4 (Pioniere) in Magdeburg kam er nach Nordfrankreich zur 267. Infanteriedivision, die später nach Belgien und Polen verlegt wurde und schließlich mit ihrer Zuständigkeit für die Fortbewegung der Truppe am Überfall auf die Sowjetunion im Mittelabschnitt beteiligt war. In der Schlacht um Moskau wurde Georg am 13. Dezember 1941 schwer verwundet. Danach befand er sich zwei Jahre in Lazaretten in Biała Podlaska, Wien und Neustadt O.S. Zu Weihnachten 1942 heiratete er die Sekretärin Amanda Hoke aus Neustadt O.S. Anfang des Jahres 1943 wurde er durch den Ersatztruppenteil als dienstunfähig aus der deutschen Wehrmacht entlassen. Bis zur Evakuierung arbeitete er in der Tischlerei Preiß in Neustadt als Geselle. Im Dezember 1943 wurde in Neustadt das erste Kind von Georg und Amanda geboren, die Tochter Irene-Mathilde.

Georgs Familie wurde am 17. März 1945 durch die deutschen Behörden nach Zwittau (Svitavy, Tschechien) umgesiedelt. In Zwittau arbeitete Georg wieder in einer Tischlerei und erlebte dort den Sieg der Roten Armee, die am 09. April 1945 in Zwittau einzog. Er durfte noch bis Ende August in Zwittau bleiben und arbeiten, weil Ende Mai 1945 seine zweite Tochter, Christine, geboren worden war. Mit zwei kleinen Kindern wurde die Familie Ende August 1945 aus der damaligen ČSR[1] ausgesiedelt und gelangte über Lager in Dresden und Riesa wieder nach Köthen.

In Köthen arbeitete Georg zunächst bei der Bautischlerei Binder und wurde dann für den Wiederaufbau beschädigter Gebäude in Dessau eingesetzt. Seine erste Tochter Irene-Mathilde verstarb im Oktober 1945 in Köthen an Diphtherie. Anfang 1946 absolvierte Georg einen Neulehrerkurs in Köthen. Nachdem er seine erste Lehrerstelle an der Volksschule Weißandt-Gölzau angetreten hatte, zog die Familie im Juni 1946 dorthin. In den Jahren 1948, 1951 und 1952 wurden zwei weitere Töchter und ein Sohn geboren. Dann wurde Georg als stellvertretender Schuldirektor 1952 nach Osternienburg versetzt und die Familie zog im selben Jahr in diesen Ort. 1955 wurde er Direktor der Schule, die zur Mittelschule aufgestockt wurde. In weiteren Studien erwarb er die Anerkennung als Fachlehrer für Deutsch und Geschichte. Im Jahre 1964 wurde er in die Abteilung Volksbildung Köthen als Schulinspektor und 1966 als Kaderreferent berufen. Von 1968 bis zum Erreichen des Rentenalters arbeitete er als Fachlehrer an der Erweiterten Goethe-Oberschule Köthen, dem heutigen Ludwigsgymnasium. Georg Schneider verstarb am 15. Juli 2008 in Köthen, drei Jahre nach seiner Frau Amanda.

---

[1] Tschechoslowakische Republik (1945-1948).

Drei starke Frauen in der Familie

Dr. Agathe Beitz

Bei den uns vorliegenden Aufzeichnungen von Georg Schneider fällt auf, dass er Mutter Emilie, Schwiegermutter Lucia und Ehefrau Amanda eher selten erwähnt, wahrscheinlich aus dem Grund, dass sie einfach zuverlässig und fleißig immer da waren und sich untereinander stets gut vertragen haben. Sie haben die Weltkriege erlebt, immer in Sorge um ihre Familie. Sie haben durch die Umsiedlung alles verloren und wieder neu angefangen. Nie haben sie über Verluste und Krankheiten geklagt. Es ist uns ein Anliegen, an dieser Stelle einige Ergänzungen und bleibende Erinnerungen zu diesen drei starken Frauen einzufügen.

Emilie Schneider, geb. Weiner, wurde am 9. Januar 1898 in Neustadt O.S. geboren. Sie hatte acht Schwestern. Ihr einziger Bruder, Wilhelm Weiner, fiel im Ersten Weltkrieg. Nach ihrer Heirat 1919 mit Alfred Schneider kamen ihre drei Söhne Georg, Alfred und Walter in den Jahren 1919, 1922 und 1931 zur Welt. Nachdem ihr Ehemann 1936 im Alter von 45 Jahren plötzlich verstorben war, hat sie sich allein um ihre drei Jungen gekümmert, der kleine Walter war erst fünf Jahre alt. Mit ihm erlebte sie 1945 die Umsiedlung aus Neustadt O.S. Später beaufsichtigte sie ganz selbstverständlich häufig ihre Enkelkinder. Nur so war es wohl möglich, dass ihr Sohn Georg und seine Frau Amanda 1954 allein in den Urlaub fahren konnten, waren doch vier kleine Kinder zu Hause. Es hat wohl auch ein Kindermädchen aus der Nachbarschaft zur Betreuung der Kinder gegeben, Erika Schwiefert, aber unsere Oma Emilie Schneider war eine stets zuverlässige Hilfe.

Sie wohnte in Weißandt-Gölzau und kam immer, wenn sie gebraucht wurde, mit dem Bus nach Osternienburg und machte darum kein großes Aufsehen. Ebenso half sie auch ihren anderen Söhnen bei der Betreuung ihrer Kinder. Als wir Kinder etwas älter waren, konnten wir uns wunderbar mit ihr unterhalten und über manchen Spaß lachen. Wir spielten mit ihr Karten und Brettspiele. Dabei konnte sie ihre wahre Leidenschaft entfalten. „Gerührt ist geführt!", klang ihr berühmter Schlachtruf beim Spiel, da gab es kein Pardon. Hatte man etwas angestellt und sie fragte warum, durfte man nicht so anfangen: „Ich dachte…" Sofort kam von ihr der Spruch, der wohl aus ihrer Jugend in Oberschlesien herrührte: „Dochte sein keine Lichte!" Sie war stets ruhig und gutmütig, hat uns niemals ausgeschimpft.

Sie hat noch unsere erste eigene Wohnung in Halle miterlebt. Besuchte sie uns dort, mussten wir sie immer lange überreden, bei uns zu übernachten und noch etwas zu bleiben. „Ich nehme niemanden in Anspruch", lautete stets ihr Kommentar, aber sie hatte doch immer ihr Nachtzeug dabei und war ein gern gesehener Gast. Als unser Sohn Martin geboren war, schrieb sie, dass sie sich unseren Stammhalter noch ansehen wolle. Leider ging dieser Wunsch nicht mehr in Erfüllung. Sie starb vier Monate später, im April 1978.

Emilie Schneider und Lucia Arndt um 1966 im Garten in Osternienburg

Lucia Arndt, geb. Hoke, geboren am 1. September 1903, stammte ebenfalls aus Neustadt O.S. Sie war mit dem Soldaten Paul Görlich befreundet. Ihr gemeinsames Kind, Amanda Hoke, kam 1922 zur Welt. Paul hat sie verlassen und Lucia musste allein für ihre Tochter sorgen. Lucia war noch sehr jung. Sie lebte bei ihren sehr strengen Eltern und ein uneheliches Kind war zur damaligen Zeit eine große Schande. Um diese Pein abzumildern, wurde stets erzählt, Lucia sei bereits im Jahr 1902 geboren. Amanda blieb ihr einziges Kind. Später gab Lucia ihre Tochter gegenüber Bekannten als ihre Schwester aus. Erst nach dem Krieg hat sie 1947 in Velen den Schneider Alois Arndt geheiratet. In der Leinenweberei „S. Fränkel“ hat Lucia den Beruf einer Weißnäherin gelernt. Ihr Leben lang hat sie als Schneiderin gearbeitet, erst in Neustadt O.S. und nach dem Krieg in ihrer neuen Heimat Velen. War hier eine Hochzeit angesagt, nähte sie für die ganze Familie die Kleider, natürlich auch das Brautkleid. Bis etwa zu ihrem 85. Geburtstag hatte sie noch immer mehrere Jobs in Velen. Sie bügelte bei einer Familie die gesamte Wäsche, half in der Gaststätte in der Küche und machte gelegentlich den Ausschank. Überall war sie beliebt und sehr zuverlässig. 1991 zog sie nach Osternienburg zu ihrer Tochter Amanda Schneider, wo sie im Haus ein eigenes Zimmer mit Bad bekam. Bei einem Treppensturz brach sie sich einige Zeit später den rechten Oberschenkel und musste lange ins Krankenhaus. Dies war ihr erster Krankenhausaufenthalt überhaupt und sie war bekannt für ihre rüstige Gesundheit, da sie nie etwas hatte, außer Arthrose im Knie. Ihr Spruch dazu: „Am Knie stirbt man nicht.“

Für uns Kinder war sie immer die „Hoke-Oma“. Über ihre beliebteste Geschichte können wir noch immer lachen: Sie versteckte ihr Sparbuch stets in der Waschmaschine und wusch es einmal aus Versehen mit. Ein anderer Klassiker: Sie hackte mit der Axt ein gefrorenes Huhn aus der Kühltruhe, verletzte dabei die Haut des Aggregats und die Kühlflüssigkeit lief aus. Sie aber behielt den Kühlschrank und funktionierte ihn zum Küchenschrank um. Einmal saugte sie mit dem Staubsauger die verbrannten Streusel vom Kuchen. Sie lachte gern auch selbst über solche Geschichten und erzählte sie immer wieder. Sie war ein echtes Original. Zum Geburtstag und zu Weihnachten gab es für jeden ein Paket und sie kam jedes Jahr für vier Wochen nach

Osternienburg. Hier half sie im Haushalt und erledigte Näharbeiten. Sie war immer gut gelaunt, erzählte gern Witze, saß an der Nähmaschine und trällerte Schlager.

Lucias Nachbarin in Velen im Münsterland, Frau Laubegast, war ihre beste Bekannte und ihr genaues Gegenteil: Sie heiratete im Krankenhaus ein alten Mann, der kurz darauf starb und ihr sein ganzes Geld hinterließ. Von dem Geld lebte sie allein und zurückgezogen und kaufte sich sinnlosen Kram. Sie hatte z.B. in ihrer Wohnung in jeder Ecke einen riesigen Stapel unausgepackter Wäsche liegen. Kommentar der Hoke-Oma: „Wenn die Stube acht Ecken hätte, würde sie sie auch alle vollpacken." Sie rauchte zirka 40 Jahre lang HB-Zigaretten (bis in die hohen 80er) und brachte es auch zwei Enkelkindern bei.

Lucia war immer auf Diät: Sie verzehrte niemals den Obstsaft vom Kompott wegen der Kalorien.

Sie verstarb 1998 im Alter von 95 Jahren in Köthen an einer Lungenentzündung.

Amanda Schneider, geb. Hoke, Jahrgang 1922, wuchs wohlbehütet bei ihrer Mutter Lucia Hoke und ihrer Großmutter in Neustadt O.S. auf. An der Handelsschule erhielt sie eine Ausbildung zur Sekretärin und arbeitete bis 1943 in der Leinenweberei „S. Fränkel" in ihrem Beruf. Nach der Hochzeit mit Georg Schneider brachte sie in den Jahren 1943 bis 1952 fünf Kinder zur Welt, von denen die älteste Tochter Irene-Mathilde im Kleinkindalter starb. Die anderen vier Kinder konnten alle studieren und wurden stets von den Eltern unterstützt. Amanda war die älteste von insgesamt 21 Cousins und Cousinen, die ihr alle sehr viel bedeuteten. Stets hat sie den Kontakt zu allen gesucht und sich mit ihnen ausgetauscht.

Amanda Hoke 1938

Amanda war für ihre eigenen Kinder immer die treusorgende Mutter, sehr ordentlich, zuverlässig und fleißig. Sie hat den gesamten Haushalt allein erledigt, später mit Hilfe ihrer Kinder, konnte wunderbar kochen und backen, las gern und machte viele

Handarbeiten. Amanda stand ihrem Mann in der schweren Zeit nach seiner Verwundung bei und besuchte ihn mit seiner Mutter im Lazarett in Wien. Sie war es, die Georg ohne sein Wissen nach dem Krieg zum Neulehrerkurs angemeldet hat, weil sie erkannte, dass ihm seine Arbeit als Tischler mit der verletzten Schulter sehr schwerfiel. Ab 1960 arbeitete Amanda in Osternienburg, zunächst in der Schule als Sekretärin und danach einige Jahre in der Finanzbuchhaltung der Solvay-Werke. Als junge Frau war Amanda sehr ernst und streng, aber durch ihre Kinder wurde sie allmählich aufgetaut und man konnte herrlich mit ihr über manchen Spaß lachen.

Amanda starb plötzlich am 10. Juni 2005 zu Hause in Osternienburg.

Neustadt O.S. und Köthen (Anhalt)

Martin Beitz

Die beiden Städte, die das Leben von Georg Schneider am meisten geprägt haben, sind Neustadt O.S. (kurz für Oberschlesien) und Köthen (Anhalt).

Neustadt O.S. heißt heute nach dem Fluss, der es durchfließt, Prudnik, ein Beiname, den es wohl von Anfang an trug. Die Stadt befindet sich im Süden Polens nahe der Grenze zur Tschechischen Republik am Nordrand der Ostsudeten, die hier vom Altvatergebirge geprägt werden. In der polnischen Woiwodschaft Opole, die im Wesentlichen den Westteil Oberschlesiens umfasst, ist Prudnik mit etwas mehr als 20.000 Einwohnern die sechstgrößte Stadt. Die Jahrhunderte verliefen relativ ruhig im Dreieck der Großstädte Breslau (110 Kilometer nordwestlich), Krakau (knapp 200 Kilometer östlich) und Brünn (175 Kilometer südwestlich), von denen es je weit genug entfernt war, um nicht in ihren Sog gezogen zu werden. Im Grenzgebiet zwischen Mähren und Schlesien war es der böhmische Oberstmarschall Wok von Rosenberg, der in der Mitte des 13. Jahrhunderts eine Schlinge des Flüsschens Prudnik am Fuße der Bischofkoppe nutzte, um eine Burganlage zu gründen, die den Landesausbau absichern sollte.

An einer Handelsstraße im Schutze dieser „Wogendrossel“ genannten Burg, deren Bergfried bis heute erhalten blieb, entstand ab dem Jahr 1302 eine Planstadt mit Gittermuster. Welche Rolle der bis zu seiner Auflösung im Jahr 1312 angeblich in der Stadt nachweisbare Templerorden spielte, ist nicht sicher ermittelt. Bereits im Jahr 1337 wurde die böhmische Stadt an den Herzog von Oppeln-Falkenberg verkauft.

In der Folgezeit vollzogen sich zahlreiche Herrschaftswechsel (Habsburg, Polen, Preußen, Hohenzollern), bei denen die Kleinstadt zumeist verkauft oder verpfändet wurde und sich nur allmählich selbst behaupten konnte: 1384 nahm Neustadt am oberschlesischen Städtebündnis teil. Ab 1562 erwarb es die Pfandherrschaft und etablierte so ein kleines Territorium mit den umliegenden Dörfern. Im Jahr 1708 wurde es zur unveräußerlichen böhmischen Königsstadt („Königlich Neustadt") und unter preußischer Herrschaft schließlich Kreisstadt des Landkreises Neustadt O.S. (1743-1945). Im 17. und 18. Jahrhundert war es mehrfach Schauplatz von kriegerischen Auseinandersetzungen, zudem wütete die Pest (1624-1625) und ein Stadtbrand (1627) zerstörte fast die gesamte Stadt, so dass sie viele Einwohner verlor.

In der Mitte des 16. Jahrhunderts begann die Reformation des bis dahin katholischen Ortes, bei der auch die 1321 ersterwähnte Pfarrkirche evangelisch wurde. Doch schon einhundert Jahre später erfolgte die Gegenreformation, in deren Zuge die Pfarrkirche im Jahr 1629 wieder katholisch wurde. Zudem entstanden bald darauf das Kapuzinerkloster (1654) und die Mariensäule (1694). Im 18. Jahrhundert folgten die Nepomuksäule (1733), die Wallfahrtskapelle auf dem Kapellenberg und das Rathaus (1782). Zudem errichteten die Barmherzigen Brüder Krankenhaus, Kirche und Kloster (1746). Unter der preußischen Herrschaft erhielten die evangelischen Einwohner wieder eine eigene Kirche, indem ihnen zunächst das Schloss zur Umnutzung überlassen wurde. Dieses wurde im Jahr 1806 durch angreifende Österreicher zerstört, woraufhin den Protestanten ab 1811 das säkularisierte Kapuzinerkloster zur Verfügung gestellt wurde. Erst in der Mitte des 19. Jahrhunderts kamen die Franziskaner in die Stadt. Auch die etwas über 100 Juden besaßen im 16. Jahrhundert sowie ab dem Jahr 1877 ihr eigenes Gotteshaus, welches am 9. November 1938 in der „Reichsprogromnacht“ zerstört wurde.

Wirtschaftlich war Neustadt seit dem Mittelalter von der Weberei geprägt, so dass die Tuch- und Webwarenproduktion auch in der Zeit der Industrialisierung weiter der Haupterwerbszweig blieb, wobei sich die Fränkelsche Leinenwarenfabrik („S. Fränkel“ genannt), besonders hervortat, zum Weltmarktführer aufstieg und auch Arbeitgeber von Georg Schneiders Schwiegermutter Lucia Hoke und seiner Frau Amanda Hoke sowie anderer Verwandter wurde. Zeitweise arbeitete jeder vierte Einwohner der Stadt bei S. Fränkel.

Nach dem Ersten Weltkrieg (1914-1918) war Neustadt bei Deutschland verblieben, nach dem Zweiten Weltkrieg (1939-1945) wurde die jahrhundertelang deutschsprachig geprägte Stadt polnisch. Die heutige Einwohnerzahl entspricht in etwa der des frühen 20. Jahrhunderts.

Köthen ist eine Kleinstadt in Anhalt. Die Großstädte Halle (Saale), Leipzig und Magdeburg sind jeweils etwas über 50 Kilometer entfernt, die ehemalige Großstadt Dessau, heute Teil von Dessau-Roßlau, befindet sich etwas über 20 Kilometer östlich. Die Geschichte der Stadt ähnelt in mancherlei Hinsicht der von Neustadt. Köthen ist in seiner Stadtwerdung im frühen 14. Jahrhundert eng mit einem bereits vorhandenen Schloss verbunden, besaß Gotteshäuser verschiedener Glaubensrichtungen und ist heute Kreisstadt mit zirka 26 000 Einwohnern, was in etwa der Einwohnerzahl von 1900 entspricht. Ähnlich wie Neustadt erlebte Köthen zudem zunächst die Reformation und Jahrhunderte später eine Phase der Gegenreformation, in der unter anderem die imposante Kirche St. Maria (1827-1832; Architekt Gottfried Bandhauer) entstand. Dieser vom Herrscherhaus angestrebte Prozess dauerte aber nicht allzu lange an.

Im slawischen Territorium Serimunt, das vermutlich von den Flüssen Elbe, Mulde, Fuhne und Saale begrenzt war, befand sich die heutige Stadt Köthen zentral und wurde im Hochmittelalter Mittelpunkt eines askanischen Herrschaftsgebietes, das bis zur Mitte des 19. Jahrhunderts zumeist als „Fürstentum Anhalt-Köthen" bezeichnet wurde. Von 1509 bis 1606 sowie ab dem Jahr 1847 war es Teil des vereinten Anhalt. Neben der Stadtkirche St. Jakob gab es lange Zeit keine zweite Kirche, bis die Fürstin Gisela Agnes von Rath am Nordrand der Stadt die Kirche St. Agnus (erbaut 1694-1699) stiftete.

Heute besitzt Köthen mehrere katholische und protestantische Kirchen. Die Synagoge der jüdischen Gemeinde wurde auch hier im November 1938 zerstört. Zu den einstigen Sakralbauten der Stadt zählt außerdem die reizvolle Martinskirche sowie das Kloster der Barmherzigen Brüder, in dessen Spitalgebäude in der Wallstraße (erbaut 1829; Architekt Gottfried Bandhauer) eine Tischlerei eingerichtet wurde, in der Georg Schneider im Jahr 1939 eine Anstellung fand. Heute befindet sich dort die Europäische Bibliothek für Homöopathie. In der Schule direkt gegenüber sollte Georg Jahrzehnte später Lehrer werden. Zuvor führte ihn sein Weg aber in die industriell geprägten Dörfer Weißandt-Gölzau und Osternienburg, wo er es bis zum Schuldirektor brachte.

Literatur

- Dehio, Georg, Handbuch der Deutschen Kunstdenkmäler. Sachsen Anhalt II. Regierungsbezirke Dessau und Halle, München/Berlin 1999, hier S. 376-389.
- Geschichte Anhalts in Daten, hrsg. v. Studium Hallense e.V., Halle (Saale) 2014.
- Menzel, Josef Joachim, Prudnik, in: Handbuch der Historische Stätten. Schlesien, hrsg. v. Hugo Weczerka, Stuttgart 1977, S. 353-355.
- Müller, Karl A., Vaterländische Bilder in einer Geschichte und Beschreibung der alten Burgfesten und Ritterschlösser Schlesiens (beider Antheile) sowie der Grafschaft Glatz, Glogau 1837, hier S. 174-176.
- Schwineköper, Berent, Köthen, in: Handbuch der Historische Stätten. Provinz Sachsen-Anhalt, hrsg. v. Berent Schwineköper, Stuttgart 1987, S. 253-255.
- The Encyclopedia of Jewish Life before and during the Holocaust, Bd. 2 (K-Sered), hrsg. v. Shmuel Spector, New York 2001, hier S. 885.
- Topographisches Handbuch von Oberschlesien, hrsg. von Felix Triest, Breslau 1865, hier S. 1042-1044.

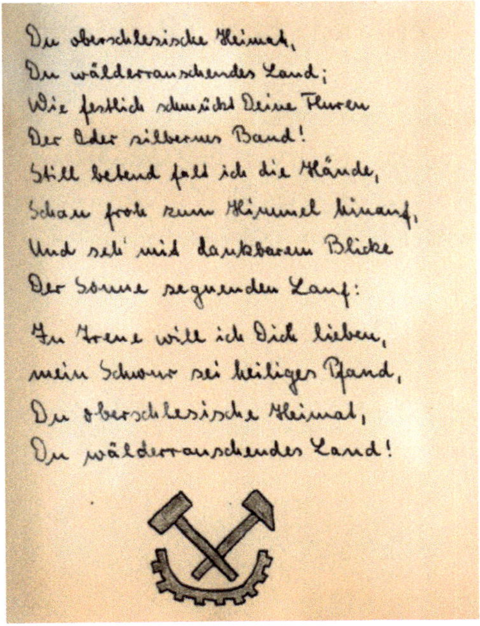

Du oberschlesische Heimat,
Du wälderrauschendes Land;
Wie festlich schmückt Deine Fluren
Der Oder silbernes Band!
Still betend falt ich die Hände,
Schau froh zum Himmel hinauf,
Und seh' mit dankbarem Blicke
Der Sonne segnenden Lauf:
In Treue will ich Dich lieben,
mein Schwur sei heiliger Pfand,
Du oberschlesische Heimat,
Du wälderrauschendes Land!

Gedicht aus dem Album von Georg Schneider

Du oberschlesische Heimat,
Du wälderrauschendes Land;
Wie festlich schmückt deine Fluren
Der Oder silbernes Band!
Still betend falt ich die Hände,
Schau froh zum Himmel hinauf,
Und seh' mit dankbarem Blicke
Der Sonne segnenden Lauf:
In Treue will ich dich lieben,
mein Schwur sei heiliges Pfand,
Du oberschlesische Heimat,
Du wälderrauschendes Land![2]

---

2 Fritz Lubrich. In: Wie's daheim war. Liederbuch der Oberschlesier, 1953.

Neustadt O.S. (Prudnik)

Um 1250 gründete Wok von Rosenberg bei dem polnischen Fischerdorfe Prudnika eine Burg und eine deutsche Ansiedlung. Um 1930 zählte die Stadt etwa 18 000 Einwohner. Sie arbeiteten in Leinenwebereien, Schuhfabriken und vielen Handwerksbetrieben.

Im Süden und Südwesten liegen die Vorberge des Altvatermassivs. Im Osten und Norden dehnt sich die fruchtbare oberschlesische Lößerde aus. Bei klarem Wetter sieht man den 50 Kilometer entfernten St. Annaberg.

Neustadt O.S.: Ansichten aus dem Album von Georg Schneider

Prudnik: Klosterkirche der Barmherzigen Brüder, 2003

Umgebung von Neustadt O.S., aus dem Album von Georg Schneider

Der erste Wohnungswechsel

Im Jahre 1922 zogen meine Eltern aus einem engen Hinterhaus am Ring (Markt) in Neustadt O.S. aus. An die Wohnung am Ring habe ich keinerlei Erinnerungen. Ich weiß nur noch von späteren Besuchen bei Leuten, die offensichtlich früher unsere Nachbarn waren.

Mit dem Umzug in die Niedertorstraße 24 hängt meine früheste Kindheitserinnerung zusammen. Ich weiß noch, dass es in der neuen Zweiraumwohnung schon dunkel war, als sich meine Eltern beim Schein einer Kerze darum bemühten, ihre Betten wieder aufzustellen. Das war nicht einfach, weil die Betten ungleich waren, denn jeder Elternteil hatte sein Bett in die Ehe eingebracht. Schließlich wurde mir das Ganze zu langweilig und ich fing an zu weinen. Ich nörgelte immerzu: „Hu, hu, ich will nach Hause!“ Alle Erklärungen meiner Mutter, dass wir jetzt hier zu Hause sind und nicht mehr in der engen Stube im Hinterhaus der Schokoladenfirma Lux und Krause, halfen nicht. Ich muss mich wohl dann langsam in den Schlaf geweint haben.

Die Wohnung bestand aus einem Raum, der durch eine Spanische Wand in zwei Zimmer unterteilt war. Der vordere Raum diente als Küche mit einem Arbeitsplatz für meinen flickschusternden Vater. Wir hatten einen Gasanschluss, jedoch noch kein elektrisches Licht. Die Wohnung kostete meine Eltern monatlich zehn Reichsmark Miete.

Die Bewohner des Hauses Niedertor 24 in Neustadt O.S.

Das Haus war ziemlich groß; es hatte im Parterre zwei kleine Geschäfte mit einer kleinen dahinterliegenden Wohnung.

Darüber lagen zwei Stockwerke und ein niedriger aufgeteilter Boden. Den Abschluss bildete ein flaches Pappdach. Der kleine Hof war von kleinen Gelassen für jede Mietpartei umgeben. In der rechten Hofecke führte eine Tür zum am Haus vorüberfließenden Mühlgraben. Das Haus hatte dem Vater der jetzigen Wirtin, dem Mehl-Schneider, gehört. Der Hauswirt hieß Groß und betrieb im Erdgeschoss einen sehr bescheidenen Lebensmittelladen. Rechts hatte er den Bäckermeister Adolf Wilde und links die Kaffeerösterei und Kolonialwarenhandlung Hartsch als Nachbarn.

Prudnik Niedertorstraße 24 (Wohnhaus Georg Schneider seit 1922)

Das rechts gelegene Geschäft gehörte dem Hauswirt, ebenso die dahinterliegende Wohnung. Großes hatten nur ein Kind, die Tochter Liesel, oft auch Lili gerufen. Im linken Laden unseres Hauses hatte sich der Uhrmacher Wagner niedergelassen. Das Hinterzimmer dieses Ladens diente als Wohnung und Werkstatt. Wagners lebten ein paar Häuser weiter in ihrer eigentlichen Wohnung mit ihrem Sohn Dietmar.

Im ersten Stock wohnten das Rentnerehepaar Fraas (oder Frahs) sowie die Familie des Handelsreisenden Metzner. Hier lebte auch die Schwester von Frau Metzner, Fräulein Borsuzki, sowie eine weitere Verwandte, die Mehl-Anna. Von Metzners Sohn Max erbte ich alle abgetragenen Sachen, die meine Mutter meistens in Länge und Weite etwas abänderte. Dabei fällt mir ein, dass wir als Kinder kaum etwas Neues bekommen konnten. Auf unserer Etage wohnten die hochbetagten Hettwers, typische alte Leute. Herr Hettwer gab sich sehr würdig und trug einen Hindenburg-Bart. Hettwers hatten zwei Töchter, kurz die Hettwer-Mädel genannt, und einen bereits erwachsenen Sohn, der außer Haus lebte.

Die dritte Kleinwohnung gehörte der Familie Pohl. Herr Pohl starb um 1924, von da an lebte Frau Pohl mit ihrer Tochter Maria (Mariechen) allein. Maria betrieb in der Wohnung das Gewerbe einer Putzmacherin, wovon Mutter und Tochter ein bescheidenes und sehr frommes Leben fristeten.

Nichtalltägliches im Hause Niedertor 24

Das Luftschiff

Es war ein strahlender Sommertag so um 1929[3], als es plötzlich hieß: „Heute fliegt ein Zeppelin über unsere Stadt!" Fast alle Hausbewohner stiegen in der Mittagshitze auf unser klebriges Teerdach und hielten geduldig Ausschau. Endlich wurde in der Ferne ein dumpfes Brummen immer lauter und schließlich überflog uns das schöne Luftschiff, der LZ 127.[4]

Der Großbrand

Eines Nachts war große Aufregung im Haus; wieder strebte alles dem Hausdach zu. Eine weithin sichtbare Feuersbrunst erhellte den nächtlichen Himmel. Seitab der Kunzendorfer Straße, dort wo der Zeisigberg[5] begann, brannte die mit Erntegut gefüllte Scheune des Großbauern Habel nieder.

Die milde Gabe

In der Zeit um Neujahr führten die katholischen Geistlichen bei den Familien, die es wünschten, Hausbesuche durch. Wir Schneider-Jungen drückten uns scheu im Haus herum. Zu uns kam der Besuch ja nicht, aber wir waren doch auch neugierig. Eines Abends jedoch kam der Geistliche mit den Ministranten und dem begleitenden Glöckner Jahn doch nach dem Besuch bei Pohls zu uns. Meine Mutter bekam plötzlich ein glückliches Gesicht und sagte leise: „Danke!" Der Geistliche hatte ihr das bei Pohls erhaltene Neujahrsgeld in die Hand gedrückt.

---

[3] Vermutlich Sonderfahrt am 20. Juli 1930.

[4] Graf Zeppelin, 1928 in Dienst gestellt.

[5] Czyżykowa Góra, liegt südlich der Stadt.

Das Untier

Eines Tages stand plötzlich der junge Glombitza im Hausflur und begehrte, an den Mühlgraben zu dürfen. Der Hauswirt erlaubte es und wenige Minuten später stieg Herr Glombitza mit einer großen lebenden Bisamratte in den Hof. Das Tier war aus seiner Farm geflohen. So ein merkwürdiges Tier hatte ich nie zuvor gesehen.

Ein Wechselgesang

Früher vollzogen sich Beerdigungen vom Trauerhaus aus. In der Nacht vor der Beerdigung wurde die Leiche im unteren Hausflur aufgebahrt. Am Morgen führte dann der Trauerzug durch die ganze Stadt bis zum Friedhof. Als ich etwa fünf Jahre alt war, war Herr Pohl gestorben und meine neugierige Mutter sah mit mir auf die Straße hinab, wo sich die notwendigen Zeremonien und die Formierung des Trauerzuges vollzogen. Der Kaplan und der Oberglöckner Jahn stimmten einen lateinischen Wechselgesang, ein Gebet an. Bald konnte ich mich nicht enthalten, recht laut mitzukrähen. Herr Jahn sah herauf und drohte mir mit dem Finger. Meine Mutter sagte später, er habe heraufgesungen: „Willst du ruhig sein!" Diese Würdigung beeindruckte mich sehr.

Unsere Familie

Emilie & Alfred Schneider, Hochzeit 1919

Bald nach unserem Einzug am Niedertor wurde mein Bruder Alfred im Oktober 1922 geboren. Er wurde nach unserem Vater benannt, ich dagegen nach dem 1919 noch in Frankreich vermissten älteren Bruder meines Vaters. Mein zweiter Bruder kam erst 1931 zur Welt und wurde auf den Namen Walter getauft. Nach wem er genannt wurde, weiß ich nicht. Ich weiß nur, dass ein Cousin in der zahlreichen Familie meiner Tante Martha Famula zehn Tage früher den gleichen Namen erhielt – wie sinnvoll!!

Georg 1920 mit den Eltern Emilie & Alfred Schneider

Die Brüder Georg und Alfred Schneider, etwa 1926

Mein Vater war, solange ich denken kann, arbeitslos und Schuhzwicker von Beruf. Die Haushaltskasse der Familie besserte er durch Flickschusterei ein wenig auf. Er saß den ganzen Tag in einer Ecke des kleinen Küchenzimmers, flickte aller möglichen Leute heruntergerissene Schuhe. Oft schimpfte meine Mutter mit ihm, weil er für seine Arbeit kaum mehr verlangte, als das Material kostete. Doch er klopfte, nähte, wachste und polierte unverdrossen weiter. Bald durfte ich mit am Schustertisch sitzen. Mit dem Ort[6] bohrte ich Löcher in das brüchige Tischlein, die Löcher schlug ich mit Holznägeln voll, die auf Vaters Tisch reichlich herumlagen. Wenn es dunkel war, musste ich dann reparierte Schuhe zu den Leuten austragen. Oft bekam ich nicht das Geld für Vaters Arbeit. Der Preis stand mit Kreide geschrieben auf den Schuhsohlen. Manchmal bekam ich fünf oder sogar zehn Pfennig als Trinkgeld. Seltener zog der Vater in den Wald, um mit Bekannten Stubben[7] zu roden. Manchmal fuhr er mit einem Schwager auf die Dörfer, um von den Bauern Hunde zum Schlachten zu erbetteln!

Meine Mutter war Schuhstepperin und ebenfalls lange Jahre arbeitslos. Die Eltern hatten sich in der Zeit des Ersten Weltkrieges bei der Schuhfirma Hahnel kennengelernt. Nun arbeitete Mutter als Zugehfrau und Haushilfe. Das Haushalten hatte meine Mutter vor dem Ersten Weltkrieg und auch während des Krieges bei zwei Schornsteinfegermeistern in Berlin gelernt. Sie half unseren Hausleuten bei der großen Wäsche für 50 Pfennig und Suppe zu Mittag. Sie übernahm auch von einigen Familien die sogenannte Hausbereinigung am Wochenende für 20 Pfennig. Dann ging sie meistens sonnabends früh zu Fräulein

---

[6] Eine Ahle, Schusterwerkzeug.

[7] Baumstümpfe.

Haarstrich, die ihre große „herrschaftliche“ Wohnung reinigen ließ. Das war eine ihrer wichtigsten und zeitlich längsten Stellen. Sonst saß meine Mutter am Küchenfenster oder zusammen mit anderen Frauen am Sandkasten bei meiner Großmutter in der Kretschamstraße und häkelte für einen „wasserpolnischen“[8] Auftraggeber im Dorf Grabine Kopftücher aus Seide. Manchmal brachte sie diese Tücher selbst ins 16 Kilometer entfernte Grabine zu Fuß hin, nur um zu Geld zu kommen. Die Arbeit an einem solchen Kopftuch dauerte etwa 50 bis 60 Stunden und brachte dann drei bis vier Reichsmark ein! Eine feste Arbeitsstelle erhielt unsere Mutter erst Jahre nach dem Tode unseres Vaters in der Schuh- und Stiefelfabrik Hahnel, als so viele Stiefel zur Eroberung der Welt benötigt wurden. Aber da war ich schon als junger Tischlergeselle in die Weite gezogen. Nach dem Zweiten Weltkrieg hat meine Mutter dann keine Arbeit mehr aufgenommen. Sie betreute nun einige Jahre die Kinder ihrer Söhne.

Vaters Sonntagsvergnügen war das Konzert im Park. Hierzu nahm er uns Jungen meist mit. Die Kapelle unseres Reiterregiments 11 bot neben Militärmärschen auch viel klassische und Opernmusik. Der Vater machte hier gern ein Schwätzchen mit Bekannten, was uns Kinder sehr langweilte.

Übrigens haben wir Kinder nie gehört, dass sich unsere Eltern mit dem Vornamen angeredet oder Vater oder Mutter genannt hätten. Es hieß zwischen ihnen immer nur „du“. Allerdings hörten wir auch niemals Schimpfnamen.

[8] Bedeutet: schlesisch, hier vermutlich oberschlesisch.

Ich habe das Christkind gesehen!

Eines Abends im Dezember ging ich allein zu meinen Großeltern in der Kretschamstraße. Es schneite und war zeitig finster. Ich mochte etwa acht Jahre alt sein und war im Dunkeln doch recht furchtsam. Einige Häuser vor dem Haus der Großeltern fuhr mir plötzlich ein scharfes, grelles Licht ins Gesicht, das vom Himmel zu kommen schien. Als ich, bei meinen Großeltern angekommen, schüchtern davon erzählte, redeten mir die Tanten gleich ein, ich hätte sicher das Christkind gesehen, das jetzt schon fleißig mit Gaben unterwegs sei. Seitdem glaubte ich fest daran, ich hätte das Christkind oder mindestens seine Engel fliegen sehen.

Als wir Kinder schon zur Schule gingen, durften wir wenige Tage vor dem Fest einen Wunschzettel an das Christkind schreiben. Ach Gott, was waren das für bescheidene Wünsche! Meine Eltern versuchten sie uns zu erfüllen. Was gab es dann alles für Reden der Eltern, die das Christkind wegen der Nichterfüllung der Wünsche entschuldigen sollten. Ich weiß nicht mehr, wie lange wir an die ganzen Christkindgeschichten glaubten. Aber es war bei aller Armut eine selige Kinderzeit. Ich weiß aber noch ganz sicher, dass mich eine Art von Geschenken nie so recht beglückte. Das waren alle Dinge zum Anziehen, von denen wir Kinder damals meinten, die Kleinigkeiten wie Strümpfe, Socken oder Handschuhe müssten uns die Eltern doch sowieso kaufen.

Wenn am Heiligabend die Stunde der Bescherung nahte, öffnete meine Mutter ein kleines Fenster im Schlafraum, damit das Christkind auch zu uns hereinfliegen konnte. Dann verschwand die Mutter und ich stellte mir immer vor, wie sie vor dem Christkind betend knien musste, etwa wie die Hirten an der Krippe. Die Mutter zündete als letztes die Kerzen am geschmückten Baum an und öffnete die Tür. Der Vater führte uns in die festlich erleuchtete Stube und wir sangen mit den Eltern ein Weihnachtslied.

Als ich schon älter war, gingen wir spät am Abend durch stille Wiesen und durch den Wald zur Mitternachtsmette in das vor der Stadt gelegene Franziskanerkloster. Ich glaube, niemals im Leben friedvollere Tage durchlebt zu haben als damals. Und doch hingen die düstersten Wolken schon über uns allen. Sie sollten mit der „UMSIEDLUNG“ im Jahre 1945 den dunkelsten Punkt erreichen.

Georg Schneider 1929, Erstkommunion

Die weitere Verwandtschaft

Ich hatte viele Tanten, Onkels, Cousinen nebst Cousins. Die meisten kamen vonseiten meiner Mutter, denn sie hatte acht Schwestern. Ihr einziger Bruder fiel im Ersten Weltkrieg.

Mein Großvater, Julius Weiner, war wie mein Vater ein Flickschuster und arbeitslos. In meiner Erinnerung saß er zu Hause auf einem Schemel und flickte Schuhe (in Schwarzarbeit natürlich). Hier brauchten wir keine reparierten Schuhe austragen. Das besorgten die im Haushalt der Weiner-Großeltern lebenden Cousins und Cousinen. Im Kriege war der Großvater Aufseher über Kriegsgefangene, deren Geschenke an ihn hübsch geordnet auf dem Boden des Hauses lagen. Da waren Armreifen aus Führungsringen von Granaten, holzgeschnitzte Schlangen und Stäbe, auch kleine Tiere. Ferner lagen da Helme, Seitengewehre und Alben mit vielen Postkarten über den Krieg. Wir Enkel haben dann vieles verstreut und verdorben.

Meine Großmutter Anna Maria Weiner, ich hatte nur die Großeltern mütterlicherseits, war klein und rundlich, gemütlich, kaum aus der Ruhe zu bringen, immer beschäftigt und umsichtig. Sie stand den ganzen Tag am Küchenherd und versorgte die Familie. Auf ihrem Herd befand sich von morgens bis abends ein großer Topf mit Malzkaffee, aus dem die Schöpfkelle zur gefälligen Bedienung ragte. Getrunken wurde aus „Blechtipplan“[9], deren Emaille schon sehr gelitten hatte. Wenn wir die Großmutter um eine „Schniete“ baten, schnitt sie uns Kindern zwischen den Mahlzeiten vom großen runden Brot Scheiben ab und schmierte sie uns mit Margarine, Quark oder

[9] Blechtöpfchen, große Henkeltassen.

Sirup. Im Glasschrank hielt sie stets Hingfong-Tropfen[10] und Würfelzucker bereit, das Allheilmittel, wenn wir Kinder unpässlich waren.

Mein Onkel, Wilhelm Weiner, war das älteste Kind der Familie. Er musste in den Ersten Weltkrieg ziehen und fiel schon 1914 oder 1915.[11] Er muss ein hochintelligenter Mensch gewesen sein. In meiner frühen Kindheit existierten von ihm noch zahlreiche Sammlungen, so z.B. viele einheimische Schmetterlinge in Kästen zu etwa 100 Stück, alle fein präpariert und aufgespießt, die er dann an seine zahlreichen Schwestern verschenkte. In jeder der Weiner-Familien hing mindestens eine solche Sammlung in der Stube, auch bei uns zu Hause. Darüber hinaus gab es umfangreiche Postkartenalben über Städte und Landschaften sowie auch Schlachtenbilder, ferner Bilder von Tieren aller Erdteile, eine umfangreiche Sammlung von Uniformstücken und Waffen. Wir Enkel erhielten davon viele Dinge zum Betrachten und zum Spielen, das heißt sie wurden ruiniert. Ich kann mich an kein Bild von Mutters großem Bruder erinnern, den übrigens alle meine Tanten hoch verehrten.

Im Haushalt meiner Großeltern lebten deren Töchter, meine Tanten Gertrud, Luise und Martha. Gertrud und Luise starben schon, als ich noch klein war. Aber da waren auch noch die unehelichen Kinder einiger Tanten; der Großvater war Vormund über Ernst (von Hedwig), Else (von Frieda), Margot (von Martha) und Willi (von Luise).

---

10 Hingfong-Essenz, Magenmittel.

11 Spätere Ermittlungen haben ergeben, dass Wilhelm Weiner am 6. Juli 1916 bei Langemarck in Westflandern gefallen ist.

An Tante Luise kann ich mich noch dürftig erinnern. Sie stand meist mitten in der Stube am Waschschaff.[12] Zu ihrem Sohn Willi war sie oft barsch und traktierte ihn mit ausgewundener Nasswäsche. Er war wohl keine fünf Jahre alt, als sie um 1928 starb. Willi geriet im Kriege zur Waffen-SS. Darum wurde er nach dem Krieg als Bergmann in den Kupferbergbau nach Mansfeld geschickt. Er arbeitete unter Tage und wurde dann infolge einer schweren Erkrankung Frührentner. Als ich 1984 in Halle in der Klinik lag, besuchte mich Willi mehrmals, aber ein Kontakt zu seiner Familie kam später nicht zustande. Er starb an seiner Krankheit einen schweren Tod.

Tante Gertrud, die älteste Tochter, habe ich nicht kennengelernt, denn sie verstarb um die Zeit meiner Geburt. Diese Tante soll unserer Großmutter Anna in allem sehr ähnlich gewesen sein: rundlich, gemütvoll und fleißig. Die Tanten Gertrud, Lena und Klara hatten keine Kinder, dafür aber hatte Martha acht.

Tante Martha wohnte fast immer bei den Großeltern, war aber seit etwa 1928 mit dem in Neustadt stationierten Reitersoldaten Rafael Famula aus Ringwitz[13] verheiratet. Der Onkel wurde dann nach Hitlers Machtantritt schnell befördert und blieb als Oberfeldwebel im Kampf um Stalingrad. Die Tante starb in den 1970er Jahren im Schwarzwald. Die Kinder Hildegard, Hans und Dagobert, Traudel, Margot, Klaus, Ruth und Walter leben alle noch irgendwo.

In den 20er Jahren heirateten die Tanten Anna und Klara in Hamburg, wo sie „in Stellung" waren, jeweils einen Fleischermeister (Aloe und Frech). 1939 besuchte ich Tante Klara

[12] Waschbottich.

[13] Rzymkowice.

in ihrem Laden an der Innenalster. Tante Klara ist seit etwa 1975 Witwe. Ich glaube, sie lebt hier noch und hat Famulas Ruth zu sich genommen (aus der Sicht des Jahres 1990).

Tante Helene (Lena) war auch in Stellung, zunächst im Café „Wien“ in Neustadt, dann in Restaurants und Hotels in Urlaubsorten im Riesengebirge. Bei uns zu Hause hatte sie einen schönen Schrank stehen, in dem sie ihre Aussteuer, manchmal auch Werte sammelte. Infolge ihres Berufs hatte sie nette, aber resolute Seiten. Ich habe sie oft mit ihren Schwestern im Streit erlebt! Kurz vor dem Zweiten Weltkrieg heiratete sie den Weber Karl Heisig in Neustadt O.S. Dieser Onkel war die Gemütlichkeit selbst und so hatte Tantchen immer recht. Onkel Karl wurde einberufen und galt bald als vermisst. Auf unserer Flucht im März 1945 ging die Tante mit nach Zwittau. 1945 tauchte Onkel Karl bei uns in Köthen auf und suchte seine Frau. Wir vermittelten ihm Arbeit als Weber in Oberoderwitz und machten die Tante Lena ausfindig. Beide sind dann vor Jahren in Oberoderwitz verstorben und dort auch begraben.

Tante Frieda heiratete nach Brieg.[14] Ihr Mann hieß Paul Barufka und war in Brieg die meiste Zeit als Kasernenwart tätig. Auch hier waren meine Frau und ich mal im Kriege 1943 oder 1944 kurz zu Besuch. Nach 1945 hatte uns die Tante ausfindig gemacht und besuchte uns in Osternienburg um 1954. Ihre älteste Tochter Else lebt noch bei Eisleben. Wir haben sie in den 50er Jahren wiedergefunden und mal besucht. Aber der Kontakt riss bald wieder ab. Sie gehören samt Töchterchen irgendeiner Sekte an, die Umgang mit Andersdenkenden meidet. Der Onkel Paul ist tot, die Kinder Erika und Alfred sind irgendwo.

---

[14] Brzeg.

Tante Hedwig kam oft aus dem benachbarten Jägerndorf[15] in der ČSR zu Besuch. Sie hatte dort in den zwanziger Jahren einen Tschechen geheiratet, der Kravcik hieß und sich 1938 als Deutscher fühlte. Er hieß dann Adler und ging zur Feldpolizei in den Dienst. Von ihm und der Tante Hedwig haben wir nach dem Kriege nichts mehr gehört. Der Onkel soll im Osten gefallen sein. Die Tante verblich in einer Irrenanstalt. Und sie war von allen Tanten die fröhlichste und umgänglichste. Tante Hedwig hatte nur einen außerehelichen Sohn, Ernst. Er ist 1914 geboren, wuchs bei meinen Großeltern auf und erlernte das Maurerhandwerk. Heute lebt er in Bielefeld. Seine Tochter heiratete den Sohn einer bekannten Textilfirma. Als ich einmal in Bielefeld war, wollte ich Ernst anrufen, denn ich fand seine Adresse im Telefonbuch. Ich unterließ es dann aber doch. Er sollte nicht denken, dass ihn wieder einer aus der „buckligen Verwandtschaft" anschnorren will.

Mein Onkel Georg

Mein Vater hatte nur einen Bruder, den zwei Jahre älteren Georg, der in Neustadt als Weber lebte, meist aber auch arbeitslos war. Georg war wie mein Vater ein unehelicher Sohn der Näherin Emilie Johanna Schneider in Neustadt O.S. Diese Großmutter habe ich nie bewusst gesehen. Sie verstarb 1923 im Alter von 57 Jahren.

Onkel Georg war während des Ersten Weltkrieges als Soldat in Frankreich eingesetzt. Er erzählte uns Kindern später oft von der Somme und von dem Ort Péronne. Dort geriet er in französische Gefangenschaft und galt lange als vermisst. In Erinnerung an ihn nannten mich meine Eltern Georg. Er muss also zur Zeit meiner

---

[15] Krnov.

Geburt im September 1919 noch als vermisst gemeldet gewesen sein.

Der Onkel hatte in der Firma „S. Fränkel" das Weberhandwerk erlernt. Dort war er nach seiner Wiederkehr kurze Zeit mit Unterbrechungen tätig.

Mein Onkel Georg war eigentlich stets lustig, oft bei uns zu Besuch und wir Kinder waren häufig bei ihm, z.B. zum Haareschneiden. Dafür gab uns die Mutter dann immer je 10 Pfennig mit. Er bewohnte in der Domstraße im dritten Stock ein Dachzimmer, das ringsum voller Vogelkäfige hing, in denen von Wildtauben bis zu Kanarienvögeln, Zeisigen, Gimpeln, Kreuzschnäbeln usw. die ganze Vogelwelt vertreten war. Er fing all diese Vögel mit Leimruten und Käfigfallen, was natürlich gesetzlich verboten und somit strafbar war. Wenn der Onkel wieder einmal arbeitslos war, lebte er offensichtlich vom Handel mit diesen Sängern. Sie füllten zur Freude aller die Stube mit vielstimmigem Gesang. In dieser Umgebung war der Onkel immer gut gelaunt bis lustig und sang und pfiff mit seinen Vögeln um die Wette. Auf seinem Kachelofen stand ein Bunzlauer Topf[16] voller Mehl. Darin wurden Würmer für die Vögel gezüchtet!

In einem schmalen Zimmer unter dem des Onkels Georg wohnte „Tante Tilda", Mathilde Ludwig, mit der der Onkel ein wenig zusammen wirtschaftete. Sie war eine herzensgute Frau und Onkels heimliche Lebensgefährtin. Sie hatte sicher auch mal bessere Tage gesehen, stammte aus bürgerlich guten Verhältnissen. In der Familie wurde aber oft von ihr als „Zigeunerin" gesprochen. Sie hatte schönes schwarzes Haar.

---

16 Bunzlau, heute Bołeslawiec, ist eine Stadt in Niederschlesien mit langer Tradition in der Keramikherstellung.

Onkel Georg sandte mich öfter mit Briefen zu Tante Tildas Onkel, dem Tapezierer Ludwig, sicher um Geld, denn manchmal gab dieser mir welches mit.

Im Zweiten Weltkrieg heiratete mein Onkel die Tante Tilda 1940 auf ihrem Sterbebett. Gegen Kriegsende verheiratete sich der Onkel wieder. In den letzten Kriegstagen im März 1945 musste der Onkel zum Volkssturm einrücken. Wir sahen ihn nicht wieder. Seine zweite Frau Anna Geppert und deren Familie im bayrischen Waldkraiburg hielten vor Jahren noch ab und zu Kontakt zu uns. Im Jahr 1982 erhielten wir die Nachricht von Tante Annas Tod. Wenn ich sie auf der Straße getroffen hätte, wäre ich ihr sicher wie ein Unbekannter begegnet.

Meine Lehrer

Am 1. April 1926 wurde ich in eine 7. Klasse der katholischen Knabenschule in Neustadt O.S. aufgenommen.[17] Wir waren etwa 50 Schüler in der Klasse. Für die ersten beiden Schuljahre war Herr Stephan unser Klassenlehrer. Er stammte aus einem Dorf im Kreis. Wir hatten ihn sehr gern. Viele fröhliche Unterrichtsstunden, aber auch Besinnliches gab es. Auf dem Sportplatz wettete er mit uns, dass wir ihn nicht niederwerfen könnten, denn er war groß und kräftig. Aber kaum gesagt, lag er um und wir alle auf ihm! Während des zweiten Schuljahres lag er nach einer Blinddarmoperation längere Zeit im Krankenhaus. Natürlich durften wir ihn besuchen, mit Herrn Kreuziger, der ihn vertrat. Auch bei ihm gingen wir gern zur Schule.

[17] Die Schuljahre wurden beginnend mit der 7. Klasse rückwärts gezählt, wobei zwei Schuljahre auf die erste Klasse fielen. Es gab also insgesamt acht Schuljahre.

Neustadt O.S., Klasse 2 mit Hilfslehrer Kreuziger

Im 3. und 4. Jahr war Herr Schmidt (Jäger-Schmidt) unser Klassenlehrer. Er gehörte wohl nicht zu den besten Lehrern der Zeit. Er hing anscheinend einer Schulreformbewegung an. Oft fragte er die Klasse, was wir denn diese Stunde machen sollten, obwohl der Stundenplan klar anzeigte, welches Fach anlag! Wir lasen dann reihum mitgebrachte Geschichten von Indianern und Detektiven vor, während unser Lehrer mit irgendetwas anderem beschäftigt auf dem Katheder thronte. Hatten wir im Herbst oder Frühjahr die letzte Stunde bei ihm, scharrte nicht selten sein Jagdhund an der Klassentür. Der Lehrer griff in den Schrank, holte Flinte und Jagdkleidung heraus, entließ uns (aber bitte leise!) vorzeitig und ab ging es in Wald und Heide!

Das 5. und 6. Schuljahr absolvierten wir bei Konrektor Schmidt. Er war schwerhörig und kam selten von seinem Katheder herab. Zum Stundenschluss mussten wir immer „Herr Konrektor, es hat geläutet!“ im Chor brüllen. Er hielt dann die Hand ans Ohr und rief: „Wie?“ Im 6. Schuljahr riefen wir dann schon öfter noch vor dem Läuten und schlichen vergnügt durch das noch stille Schulhaus auf den Hof. Wir blieben an der Hauswand, damit man uns aus den Fenstern nicht sah.

Im damaligen Schulsystem mussten wir die letzte Klasse (also die erste) für zwei Jahre durchlaufen. Wer also einmal sitzen geblieben war, kam im letzten Schuljahr wieder zu uns. Der Klassenleiter war nun der Rektor der Schule, Herr Bednarz. Wir hatten in diesen beiden Schuljahren beinahe so etwas wie Fachunterricht. Da hatten wir Raumlehre und Rechnen bei unserem beliebten Herrn Stephan aus den ersten Jahren. Er lachte gern mit uns wie eh und je, konnte aber auch zornig werden, wenn wir etwas nicht bald verstanden. Da flogen die geometrischen Körper durchs Zimmer, einmal durch die Scheiben auf den Hof. Wer durfte sie unten im Schnee suchen? Natürlich Schneiderlein! Einmal verlor er beim Brüllen sein Gebiss. Wir wussten gar nicht was geschehen war, weil Herr Stephan auf einmal so komisch nuschelte. Er überzog auch den Lehrplan und brachte uns das Ziehen von Quadrat-, ja sogar von Kubikwurzeln bei. Freilich konnten ihm nicht alle folgen. Am besten erklärte uns Herr Stephan die Berechnung von Oberflächen- und Kubikinhalt der Körper. Er entwickelte eine Berechnung aus der vorher schon bekannten Formel, z.B. die Kugel aus dem Kegel usw. Nur Algebra lernten wir nicht.

Bei Herrn Maruschke hatten wir Erdkunde. Auch er gab guten und interessanten Unterricht. Bei ihm musste ich einen Vortrag über die Schlachthöfe von Cincinnati halten. Er litt keine Unruhe im Raum. Gleich rief er: „Wer muckst hier noch?“ Er hieß auch bald der Muckser.

Am tollsten war wohl Herr Parusel, unser Lehrer für Naturkunde, eine Mischung von Chemie und Physik. Bei ihm kapierten wir gar nichts, weil er kaum erklärte und ungeduldig war. Die Stunde begann stets damit, dass er verspätet hereinstürmte und einen Schüler aus der vorderen Bank hochzog und brüllte, etwa so: „Formel für Wasser?" Der Befragte fing vor Angst an zu stottern und antwortete: „H2 ---?" Schon hieß es: „Rrraus!" Der Arme bekam die „Sende"[18] zu spüren. Wir anderen erstarrten, denn wir wussten ja längst, wie es weiterging. Bald war der nächste dran und blieb vor Schreck die Antwort schuldig. Selbst den besten Schülern entfielen ihre sonst sicheren Kenntnisse. Wusste wirklich einmal einer die vollständige Antwort, wurde er zwar verschont, aber der nachfolgende Schüler scheiterte an einer neuen Frage. War dann fast die ganze Klasse durchgeprügelt, „erklärte" Herr Parusel die letzten fünf Minuten der Stunde etwas Neues. In der Kürze der Zeit verstanden die meisten es wieder nicht und in der nächsten Stunde ging es wieder so wie eben beschrieben. Aber Schlittschuh laufen konnte der Herr Parusel. Da bewunderte ihn die halbe Stadt, wenn er seine Spiralen auf dem Guts-Muths-Teich zog, allen voran die Mädchen!

Den Musikunterricht für die Klasse erteilte Herr Johannes Hiller. Er war zwar der Verfasser des Kirchenliederbuches der Gemeinde, aber sonst, was lernten wir eigentlich, Noten, Texte, Stimmen? Da war Herr Hoffmann in seinem Unterricht erfolgreicher. Bei ihm hatten wir mit mehreren Klassen zusammen sonnabends in der letzten Stunde Chorgesang. Wir waren zwar keine Thomaner, aber wir sangen hell und laut, so dass die vorübergehenden Leute unten stehen blieben und

---

18 Rohrstock.

lauschten. Er teilte uns in Stimmen ein, sonderte die Brummer aus und dann ging es los: „La Pampa la Pampa!“ und wir fielen ein. Wir sangen „Ein Jäger aus Kurpfalz“, „Du oberschlesische Heimat“, „Wohlauf, die Luft weht frisch und rein“ oder „Ich bin ein deutscher Knabe…“

Katechismus und Religion erteilte uns der Stadtpfarrer, Herr Geistlicher Rat Hermann Josef Hübner. Er erzählte gern und gab uns zahlreiche Beispiele, vor allem in Ethik und Moral. In Religion beneideten wir unseren Mitschüler Ritter, der am Religionsunterricht nicht teilzunehmen brauchte, weil seine Eltern Freidenker waren. Aber ihn deswegen zu hänseln, hatte uns der Pfarrer ausdrücklich untersagt. So lernten wir als Kinder schon, die Meinung andersdenkender Menschen achten und tolerieren. Diese Einsicht ist auch heute vielfach angebracht!

Während meiner vierjährigen Lehre als Tischler musste ich zweimal in der Woche abends von 17 bis 21 Uhr die Berufsschule besuchen. Der Unterricht wurde in den ersten Jahren in meiner Volksschule abgehalten. Die Klassenräume erschienen mir im Gaslampenlicht völlig fremd. Bei dieser Beleuchtung fiel der Unterricht nach oft harter neunstündiger Tagesarbeit oft schwerer als in der Grundschule. Im Schummerlicht mussten wir oft auf dem Reißbrett komplizierte Fachzeichnungen ausführen. Die Zeichenlehrer Schappow und Kulawik schlichen dann durch die Reihen und verteilten nicht selten Kopfnüsse, manchmal sogar Ohrfeigen. Kurzum, ich ging nie gern dorthin. Im dritten Jahr wurde es noch schlimmer. Wir waren in die Schlossschule umgezogen und hatten nun noch mehr Unterrichtsstunden. Deshalb begann der Unterricht an einem Tage, zum Ärger der Lehrmeister, schon am Nachmittag. Der Nationalsozialismus hatte mit ideologischen, historischen und wehrpolitischen

Fächern den Unterricht erweitert. Oh, Schneider wusste gute Antworten, kannte die Parteigeschichte und vor allem ihre Führer. Aber in die Hitlerjugend trat der verflixte Kerl nicht ein. Er blieb für sich den Ideen der katholischen Jugendbewegung treu. Das wurde schließlich zu einem Problem für die Schule, denn sie durfte bei nun wöchentlich stattfindenden Schulappellen nur die HJ-Fahne hissen, wenn alle Schüler hier Mitglied waren. Aus diesem Grund ließ mich Puntke eines Tages vor den Appell treten, lobte mich zunächst als einen der besten Schüler, aber wegen mir … Kurz gesagt, er trat mich ins Gesäß, so dass ich auf dem Platz lang hinsauste. Von da an blieb ich (für mich) nur noch Pflichtschüler. Ich bewahrte den Groll in mir. Bei der Gesellenprüfung bekam ich es noch einmal zu spüren, denn man ließ mich trotz guter Leistungen in Theorie und Praxis nur mit „genügend" bestehen! Mein Lehrmeister wollte mich trösten und fragte mich, warum ich nicht wie die anderen Gesellen Großmann und Wuppert zur HJ oder SA ginge, denn ich sei doch schon 18 Jahre alt! Mein Lehrmeister war ja auch damals 1920 mit 18 Jahren im Freikorps gegen die polnischen Landsleute Oberschlesiens zu Felde gezogen.

Die Schulausflüge

Jedes Schuljahr endete im Juli mit einem großen Schulausflug, an dem alle Klassen einer Schule teilnahmen. Jede Klasse strebte einem Wanderziel zu. Die Ziele lagen alle an einer Wegstrecke von etwa zwölf Kilometern Entfernung verteilt. Die ersten Klassen gingen ins nahegelegene Feldschlösschen, die zweiten und dritten nach Kotzem[19], ein kleines Dorf gleich hinter dem Feldschlösschen. Die 4. und 5. Klassen hatten meist den Weiler

[19] Chocim.

Eichhäusel[20] zum Ziel. Das lag schon im Stadtwald. Die noch älteren Jahrgänge mussten dann bis zum Dorf Neudeck[21] oder sogar nach Wildgrund[22] wandern. Die Klassen wurden von einem Teil der Eltern begleitet, die die Lehrer vor allem bei der Organisation am Zielort unterstützten. Hier, am jeweiligen Ziel, gab es dann ganze Eimer Himbeerwasser, Wurst und Brötchen als Mittagessen und für uns Kinder als Höhepunkt Kaffee (Muckefuck) und Kuchen. Was die Eltern aßen und tranken, weiß ich nicht mehr. Unsere Verpflegung mussten wir zum Teil in der Schule bezahlen, zum Teil waren es Spenden der Eltern und Kaufleute.

Den Nachmittag verbrachten wir mit vielen Spielen wie Sackhüpfen, Eierlauf, Drittenabschlagen usw. Für die größeren Jungen stellten die Wirtsleute Kletterstangen auf, an deren Spitze an einem Ring so manches von uns ersehnte Beutestück hing. Für die Kleineren waren Ballwerf- und Lotteriebuden vorhanden, beinahe wie auf einem Jahrmarktrummel.

Am frühen Nachmittag mussten die Ältesten bereits wieder mit dem Rückweg beginnen. Die Wanderung führte zu den Tageszielen der anderen Klassen, so dass am Abend die ganze Schule im Feldschlösschen wieder vereint war. Nun wurden viele Lampions an Stöcke gehängt, Eltern mischten sich unter die Kinderschar und unter Vorantritt der Stadtkapelle ging es der Stadt entgegen. Aufgeregt und müde fielen wir alle in unsere guten oder schlechten Betten mit dem beruhigenden Gefühl: Morgen beginnen die Sommerferien! Diese vier oder fünf Wochen kamen uns bei meist herrlichem Wetter endlos vor.

---

[20] Debowiec.

[21] Wieszczyna.

[22] Pokrzywna.

Zu Beginn der Nazizeit endeten diese Ausflüge. Es gab nur noch „Dienst“ in den Jugendorganisationen der NSDAP.

Es gab auch Wandertage für die einzelnen Klassen. Sie waren oft lehrreich und schön. Ich konnte dabei immer nur nicht leiden, dass bestimmte Typen von Schülern stets um den Lehrer herumkrochen. Als ich viel später selbst Lehrer war, hatte ich auf solche Schüler ein misstrauisches und scharfes Auge.

Prügel – das Salz der Erziehung?

Meine Mutter hatte eine lockere Hand. Jeden Tag gab es aus irgendeinem Anlass, zu irgendeiner Zeit, einen oder mehrere Klapse auf den Kopf und auf den Rücken. Dabei schimpfte sie mächtig, lachte aber oft auch gleich wieder. Besonders sicher gab es Klapse ab, wenn bei geringen Vorfällen Verwandte oder Nachbarn zugegen waren. Dann wurde nämlich gezeigt, dass man seine Jungen erzog!

Der Vater brauchte lange, bevor er den Spannriemen vom Knie streifte, aufstand und gegen uns losging. Das war aber meist schon alles, denn die Drohgebärden reichten aus.

Die Weiner-Großeltern schlugen uns nie und ihre Ermahnungen genügten uns Enkeln stets, denn wir hatten sie beide sehr lieb, ohne es sonst zu zeigen.

Sehr gefürchtet waren bei uns die Peitschen der Ziegel- und Sandkutscher. Wir stiegen gern auf die unbeholfenen Kastenwagen hinten auf, um ein Stück mitzufahren. Im Winter hängten wir unsere Schlitten hinten an und ließen uns den langen Kretschamberg hinaufziehen. Dann konnte es passieren, dass uns plötzlich der lange, schmale Lederriemen der Kutscherpeitsche um die Ohren pfiff. Das war sehr schmerzhaft.

Unser Jugendfreund Walter Habel, die „Habel-Biene", wurde manchmal von seiner Mutter abgeholt, wenn diese meinte, der Heimabend dauere zu lange oder Walter treibe sich herum. Im Winter, wenn es schon finster war, stand die Mutter dann unten vor dem Heim und rief mit lauter Stimme nach Walter. In der Hand trug sie oft einen Leuchter mit brennender Kerze und auf dem Rücken hielt sie den Teppichklopfer versteckt. Kam dann Walter herunter, trieb ihn seine Mutter unter Schlägen vor sich her und wehe ihm, wenn er zu weit vorauseilte!

Des armen Jungen Mittagstisch

In den ersten Schuljahren bekamen wir Kinder der armen Leute Karten für die Quäkerspeisung, einem Hilfswerk aus den USA. Das Essen bestand aus Suppen. Wir Kinder nannten es „Rudelsuppe", weil es in der Weberrudel, einem ehrwürdigen Zunfthaus der Weber, von zwei dicken Frauen in gewaltigen Suppenkesseln gekocht wurde. Ich bin wohl eine ganze Zeit, jeweils nach der Schule, in die Rudel essen gegangen. 1972 sah ich sie wieder, von den Polen recht hübsch restauriert.

Zu verschiedenen Zeiten erhielt ich durch Bekannte, Lehrer und Geistliche Sonntagstische vermittelt. Ich ging dann zu den „besseren Leuten" zur jeweils angeordneten Zeit zum Essen. Es war meistens gut und reichlich und wurde entweder am Familientisch oder in der Küchenecke gereicht. Manche Gastgeber knüpften noch kleine Verpflichtungen daran. So musste ich z.B. bei meinem Rektor Bednarz früh erscheinen, um mit seinem Sohn, der etwas jünger war als ich, spazieren zu gehen. Ich führte ihn besonders in meine „Jagdreviere" ein. Leider durfte sich Klaus nicht schmutzig machen. Beim Mittagessen musste er dem Rektor über Erlebnisse auf dem

Spaziergang berichten. Ich saß dann mit roten Ohren dabei, was der Kleine wohl erzählen würde. In Erinnerung geblieben ist mir, wie er einmal recht wortreich unsere Beobachtung einer großen Erdkröte schilderte, die in einem hohlen Baumstumpf saß und gar gewaltig ihren Halssack blähte.

In der 3. Klasse wurde ich durch die „Caritas" für drei Wochen in ein katholisches Schwesternheim nach Ziegenhals im Kreis Neisse[23] geschickt. Dort gab es fast jeden Tag eine Speise nach dem Mittagessen, die ich bis dahin nicht kannte, Pudding oder zapplige grüne „Götterspeise". Bald aß ich das Zeug gern.

---

[23] Glucholazy im Powiat Nyski.

Ziegenhals: Kirche 2003

Die letzten Schuljahre erhielt ich freien Mittagstisch in unserer großen Leinenweberei „S. Fränkel". Der Weg dorthin war weit und wir kamen oft spät nach Hause. Der Heimweg führte am Fluss Prudnik entlang, vorbei an Gärten und Wiesen. Im Winter kaschelten (schlitterten) wir auf dem zugefrorenen Fluss heimwärts. Einmal gab es auf dem Eis eine große Rauferei, in deren Verlauf der eine Junge an den Haaren gepackt und immer mit dem Hinterkopf auf das Eis geschlagen wurde. Als der andere dann oben war, schlug er mit einem Stein, den Kinder wohl auf das Eis geworfen hatten, seinem Gegner die Vorderzähne ein! Beide bluteten stark und heulten um die Wette. Wir anderen machten ganz verstört einen großen Bogen um die beiden Kampfhähne. Einzugreifen wagte keiner, denn beide waren als große Raufbolde bekannt. Zum ersten Mal hatte ich grobe Rohheit, ausgeübt von Kindern, mit ansehen müssen.

Weitere Episoden aus der Schulzeit

In unserer Klasse befanden sich alle Jahre Waisenkinder. Einige Lehrer liebten es, sich an ihnen ihr Mütchen zu kühlen, wenn sie sich über Söhne der „Besseren“ geärgert hatten. Sie bekamen dann meist auf der ersten Bank Streiche mit der Sende, dem Rohrstock, oft auf den nackten Hintern.

Mitten in einer solchen Zeremonie sprang mein Banknachbar und Spielfreund Werner Bossmann auf und rief erregt in die Klasse: „Herr …, der preußische Kultusminister hat das Schlagen der Schüler verboten!“ Lähmendes Entsetzen breitete sich über Klasse und Lehrer. Werner musste sofort mit zum Herrn Rektor und dort seine „frechen Worte“ wiederholen. Das gleiche spielte sich in der sofort einberufenen Konferenz aller Lehrer im Lehrerzimmer ab. Alle Klassen lärmten, keiner wusste, was sich ereignet hatte. Nach etwa zwei Stunden betrat Werner blass und still das Klassenzimmer. Er hat nie ein Wort darüber gesprochen, was im Lehrerzimmer geschehen war. Unsere Spekulationen liefen von „nichts“ bis hin zu „… 20 von jedem Lehrer gekriegt!“

So ab 1930 machte sich in den Schulstuben der deutsche Revanchegeist breit. Öfter ging es nun ins Kino, wo wir Kriegsfilme sahen wie:

- „U 9 Weddigen“,
- „Die Reiter von Deutsch-Ostafrika“ (ein Film über Paul von Lettow-Vorbeck),
- „Schlacht an der Somme“,
- „Richthofen“ u.a.

Auf dem Weg zum Turnen sangen wir nun „Der Gott, der Eisen wachsen ließ“, „Ich bin ein deutscher Knabe …“, „Wo gen

Himmel Eichen ragen“ und „Du oberschlesische Heimat, du wälderrauschendes Land …“.

Ein Film hieß „Hölzerne Kreuze“, und der zeigte mir die bis dahin von mir kritik- und widerspruchslos hingenommene Kriegseinstimmung von einer anderen Seite. Hier wurde das gnaden- und hoffnungslose Leben der Frontsoldaten aller Armeen während der großen Schlachten im Frankreich des Ersten Weltkrieges gezeigt. Ohne mir dessen bewusst zu sein, wurde ich als Zwölfjähriger zum Gegner des Krieges, den ich bis zu diesem Zeitpunkt als aufregendes Abenteuer und Mutprobe angesehen hatte. In meiner neuen aber unklaren Grundhaltung wurde ich durch eine Ausstellung in der Turnhalle bestärkt. Hier zeigte ein Kriegsinvalide ein Modell der Kämpfe um Verdun. Während seines Vortrages erregte sich der Mann beim Gedanken an die vielen toten Kameraden so sehr, dass er zu weinen begann und den Vortrag abbrach. Unsere Lehrer blickten sehr betreten drein. Die meisten von ihnen waren ebenfalls Teilnehmer des Ersten Weltkrieges. Sie hatten es bisher nie gewagt, uns den Krieg von seiner unmenschlichen Seite zu zeigen.

1933 kamen einige Lehrer schon bald nur noch in SA-Uniform zur Schule. Eines Tages saß unser Rektor Bednarz ungewöhnlich ernst auf dem Katheder. Er blickte über uns hinweg und murmelte etwas wie „… ihr könnt mir leidtun“ und verließ den Raum. Wir sahen den Rektor nicht wieder.

Die Kretschamstraße in Neustadt O.S.

Prudnik, Kretschamstraße 14 (Wohnhaus Familie Weiner), etwa 1973

In der Kretschamstraße wohnten meine Großeltern mütterlicherseits. Hier verbrachten wir Schneider-Jungen viele Jahre unserer Kindheit. Kretscham ist sorbisch und heißt etwa Wirts- oder Gasthaus.

Und nun sollen sich meine Erinnerungen den Bewohnern der Straße zuwenden:

Auch diese Straße war, wie alle Straßen in Neustadt, auf einer Seite mit den geraden, auf der gegenüberliegenden mit den ungeraden Hausnummern versehen. Die gerade Seite begann mit der Rückseite von Stallgebäuden, die zum Ausspann- und Gasthof von Madzodko gehörten. Daher begann die Reihe mit einem stillen Gutshof, der die Nummer 6 trug. Im Inneren lag eine Tischlerei, bei der ich mich 1934 vergeblich um eine Lehrstelle beworben hatte. Nummer 8 war das Wohnhaus des Großbauern Günthner. Ihn und seine Kinder kannte ich von Erntehilfen her nur flüchtig. Das eigentliche Gut erstreckte sich hinter der Häuserreihe. Die Nummer 12 war von mehreren Familien bewohnt. Unten wohnte Frau Fischer mit ihrer Tochter Rosi. Der Vater war als Monteur meistens irgendwo unterwegs. Ich habe keine Erinnerung an ihn. Unten wohnte auch die Hauswirtin. Im Monat Mai erhielten wir Kinder für kistenweise abgelieferte Maikäfer entweder Eier oder ein paar Groschen, denn sie fütterte damit ihre große Hühnerschar. Im ersten Stock wohnte die Familie des Ziegelkutschers Rabenstein. Sie hatten einen Sohn Namens Alfred, der in der Reichswehr als sogenannter „Zwölfender" in der Ferne diente. Max war mein engerer Schulfreund. Er avisierte später zum französischen Fremdenlegionär in Afrika und starb nachher an einem Raucherbein. Sein Bruder Paul gehörte ebenfalls zu unserem engeren Spielkreis. Nummer 14 war das Haus, in dem meine Weiner-Großeltern in einer großen Einraumwohnung im Erdgeschoss wohnten. Der Raum war durch eine Holzwand in zwei Räume geteilt. Hier arbeitete mein Großvater Julius als Flickschuster an einem Fensterplatz. Mit im Haushalt lebten einige ihrer neun Töchter sowie vier Enkel.

Neben meinen Großeltern wohnte ebenfalls in einem Raum der Tischler Karl Pflaum. Im letzten Raum vor der Hoftür lebte Fräulein Titze. Im Hof stand noch ein Nebenhäuschen, in das später die Familie Famula einzog, nach Tante Marthas Heirat. Im ersten Stock lag die Wohnung von Hauswirt Steiner. Sie hatten ein Enkelkind Namens Alice, das ab und zu als Besuch auftauchte. Ich höre noch heute nach so vielen Jahren die damaligen Worte der evangelischen Großmutter: „Gell Licia, wenn du katholisch wärst, wärn wir dir a nie so gutt!“

Weil Max Rabenstein einmal mit einem Stein nicht über das Hausdach, sondern nur durch Steiners Fenster traf, konnte man noch öfter die Wirtin sagen hören: „Der Stein fiel mitten auf den Tisch!“ Sie und ihr Mann jagten Max gemeinsam, mit Ausklopfern bewaffnet, um einen vor dem Haus stehenden Ackerwagen vom Günthner-Bauern. Max konnte entspringen. Die zugedachte Tracht Prügel empfing er abends von seinem Vater mit dessen Kutscherpeitsche. Wir anderen waren leider so abgebrüht, dass wir unter leichtem Schaudern auf Max’ Geheule lauschten.

Oben wohnte noch die Familie Rehmet mit zwei erwachsenen Söhnen und der Tochter Liesel, mit der ich mich gern unterhielt, denn sie erschien mir etwas geistreicher als die anderen Kinder in der Straße. Nach diesem volkreichen Haus folgten zwei große Scheunen, deren Tore uns beim Fußballspielen als Tor dienten.

Nummer 18 war das Wohnhaus eines Bauernhofes, der damals einem Stoffhändler und Sandgrubenbesitzer gehörte, der zufällig auch Schneider hieß. Die ältere Tochter der Familie war schon länger aus dem Haus. Mit ihrem Sohn Franz ging ich im letzten Schuljahr zusammen in eine Klasse. Leider bekam Franzl oft von seiner resoluten Mutter deftige Dresche. Nach dem Krieg lebte Franz bei seiner großen Schwester in Wernigerode.

Die gegenüberliegende Straßenseite begann ebenfalls mit der Rückwand von Stallgebäuden. Da war die stillgelegte Schlosserwerkstatt einer Familie Aust, die wir nie zu Gesicht bekamen. Vielleicht stand sie gar leer? Dann folgte das flache

Haus der alten Frau Mirswa, die in den Ferien von einer Enkelin besucht wurde. Frau Mirswa hielt viel Vieh und war daher auf jeden Grashalm scharf. Oft jagte sie uns von unseren Spielplätzen mit dem Ruf: „Geht ihr runter von die Grase, ich stech euch glei die Recha ei die Orsche!"

Im nächsten Haus, der Nummer 13, wohnte die Witwe Jordan mit ihrem Sohn Paul, der etwas älter war als wir. Sein Vater war in den letzten Tagen des Ersten Weltkrieges gefallen. Er hustete viel, war scheinbar lungenkrank und wurde auf Anraten unserer Mütter ein wenig gemieden, damit wir uns angeblich nicht bei ihm die Schwindsucht holten. Das hinderte später die Nazidiktatur jedoch nicht daran, ihn als einen der ersten aus unserem Kreise zur Wehrmacht einzuberufen. Paul überlebte diesen Krieg und gelangte im Zuge der im Potsdamer Abkommen festgelegten „humanen Umsiedlung der Bewohner der Ostgebiete" mit einem Trupp anderer ehemaliger Neustädter auch nach Waldkraiburg. Davon erfuhren wir viel später durch meinen Bruder Alfred. In den 80er Jahren teilte uns dann Paul Rabenstein mit, dass er etwas über den mysteriösen Tod von Paul Jordan erfahren habe. War es Mord, Selbstmord oder ein Unfall?

Vor dem Haus des Dachdeckers Riedel stand eine Gaslaterne, die wir ab und zu gern mal auslöschten, weil wir wussten, dass Herr Riedel bei ihrem trauten Schein die Zeitung las und die Zimmerbeleuchtung sparte. Seine Flüche, mit denen er die Übeltäter bedachte, erlangten Berühmtheit. Etwas weiter zurück stand in einem großen Obstgarten das villenähnliche Haus der Familie Kneifel. Seine Bewohner bekamen wir kaum zu Gesicht. Uns interessierten nur die sehr früh reifen Birnen, „Schusterehrtlan" genannt.

Nach zwei großen Scheunen folgte das neuerbaute Haus des Briefträgers Hampel. Mit seinen Kindern verband uns keinerlei Kontakt. Nun folgten nochmals Scheunen und dann die Neubausiedlung „Am Zietenweg“. Auch der Onkel Reinhold von Amanda baute hier. Von dort aus führte ein Trampelpfad hinter den Gärten auf der Rückseite der Scheunen zu einem schrägen Abwärtsweg, den wir im Winter gern als Schlitterbahn benutzten.

Trotz aller Bindungen an die Kretschamstraße habe ich später gegen den Willen meiner Mutter kein Mädchen aus dieser Straße geheiratet!

Einige nicht ungefährliche Kinderspiele

Die Umgebung der Kretschamstraße war ein wahres Jungenparadies. Stillgelegte Sand- und Tongruben, zum Teil als Schuttplatz genutzt, das Hinterland einer noch betriebenen Ziegelei mit ihren Büschen und Teichen. Alte, große Scheunen der Bauern, umgeben von verwahrlosten Obstgärten, boten Sommer wie Winter einen herrlichen Aufenthalt. In der Straße gab es viele Kinder, die täglich in vielfältig oft wechselnden Gruppen miteinander spielten.

Im Frühling stand „Birkenschießen“ auf dem Programm. Wir kletterten auf noch dünnere Bäumchen und wippten mit deren Spitze so lange, bis wir uns zu einem waghalsigen Absprung auf den Hang der Sandgrube entschlossen. Dann gab es die Frühlingsspiele wie Kreiseln, Reifen schlagen, Fensterhopsen, Murmeln schieben, Fangen, Verstecken.

An der Straße zu den Sandgruben standen hohe Kastanienbäume, die jedes Frühjahr voller Maikäfer saßen. Wir klommen barfuß an den dicken Stämmen hoch und traten dann jeden stärkeren Ast schüttelnd durch. Berthold trat einen zu dünnen Ast und stürzte zu unserem Schrecken aus etwa zehn Metern Höhe in den Straßengraben. Erst nach einem halben Jahr kam Berthold wieder zur Schule. Ihm fehlte der rechte Arm. Wir sahen uns alle recht betreten an. Der mahnende Sermon unserer Lehrer war überflüssig. Bertholds leerer Ärmel sprach für sich.

Am liebsten spielten wir in Paches Ziegelei. Im Sommer wurde vor allem in den Ziegeleiteichen gebadet. Wir suchten Miesmuscheln im Teichschlamm, bauten uns ein Floß oder versuchten uns im Angeln. Angeln blieb ziemlich erfolglos, denn es fehlte uns an geeignetem Gerät. Schon ein Angelhaken war für uns zu teuer. Manchmal schlugen wir völlig unüberlegt eine ganze Masse der grünen Wasserfrösche an den Teichrändern mit Knüppeln tot. Auf dem Schuttplatz, der in einem schon stillgelegten Teil der Sandgruben lag, setzten wir gern Flaschen auf Pfähle und warfen danach.

Einmal war ich ganz allein vor den großen Scheunen. Zu ihren Toren führten breite Fahrwege, unter denen ein ziemlich enges Abflussrohr für das Regenwasser im Straßengraben lag. Ich fasste den selten blöden Entschluss da durchzukriechen. Etwa in der Mitte der rund acht Meter langen Röhre blieb ich stecken. Ein zu schweres Fahrzeug hatte die Röhre etwas verdrückt. Ich konnte weder vor noch zurück. Nach vielem Mühen erreichte ich endlich doch das Ende. Was hatte ich mir bloß dabei gedacht?

Wir gruben in vielen Tagen eine Höhle in die steile Wand der Sandgrube und saßen oft drinnen. An einem Nachmittag fanden wir den Eingang durch einen Erdrutsch verschüttet vor. Was wäre passiert, wenn wir in der Höhle gesessen hätten? Kein Mensch hätte uns gehört!

In Sand-Schneiders großem Obstgarten standen zwei mächtige Vogelkirschbäume zwischen den letzten Häusern der Kretschamstraße und den Sandgruben. Zwischen beiden Bäumen lehnte sich eine alte Holzhütte, versehen mit einem Dach aus Teerpappe, an. Der eine Baum trug schwarze, der andere weiße Vogelkirschen. Wenn wir uns der Hütte näherten, flüchteten Scharen von Vögeln aus den alten Bäumen. Zunächst erstiegen wir mühsam das Dach der Hütte, die irgendwelche Werkzeuge zum Wegebau enthielt. Der Reifegrad der Kirschen, dieser elend kleinen und meist sauren Dinger, entschied darüber, ob wir heute uns für Rot oder Schwarz entschieden. Dann erstiegen wir den auserwählten Baum und begannen mit unserem Mahl. Das dauerte lange. Zwischendurch wurde viel geschwatzt und gelacht. Wir benahmen uns beinahe wie die geflüchtete Vogelschar. Einmal aber nahm der Besuch der Kirschbäume ein schlimmes Ende. Es war unserer Aufmerksamkeit völlig entgangen, dass sich etwa acht Sandgrubenarbeiter unter der Regie des Aufsehers den Bäumen näherten und unsere Tätigkeit bald empfindlich störten. Ich sprang mit einem gewaltigen Satz vom Laubendach über einen Arbeiter hinweg und landete im angrenzenden Feld. So entkam ich, während meine Spielkameraden einiges abbekamen und sich in Gefangenschaft allerlei anhören mussten. Für diesen Sommer mieden wir die Vogelkirschen.

Der Herbst führte uns in die verwilderten Obstgärten, in denen wir manchen Mundraub begingen. Niemals aber stahlen wir Obst zum Mitnehmen. Die Chausseen interessierten uns auch nur zur Reifezeit des Obstes. Auf den Chausseebäumen blieb nach der Ernte noch mancher Apfel für uns hängen. In den Straßengräben suchten wir nach Fallobst. Manchmal machten wir auch Obst zu „Fallobst“. Wir pflückten Sauerschlunke (Sauerampfer),

Pechnelken oder Zittergras für die Vasen auf den Vertikos unserer Mütter.

Wir liefen barfuß über Stoppelfelder und lasen Ähren auf. Auf den leeren Feldern ließen wir unsere aus Seidenpapier und Wurstspeilen[24] selbst gebauten Drachen steigen. Das Problem blieb dabei immer die erforderliche lange Leitschnur. Manchen Tag gingen wir bei den Bauern hinter den pferdebespannten Pflügen her und schlugen die ausgepflügten Mäuse tot.

Im Winter endlich war natürlich das Rodeln die Hauptbeschäftigung bis in die Dunkelheit hinein. Meine Brüder und ich haben aber nie einen Schlitten besessen. Wir waren immer nur geduldete Mitfahrer. Ab und zu ergatterten wir den kleinen einsitzigen Schlitten aus dem Haushalt meiner Großeltern. Bei starkem Frost zogen wir aus zum Schlittschuhlaufen auf den Ziegeleiteichen. Man konnte das wirklich nur bei gutem Frost riskieren, denn die Flächen waren groß und mancher Teich war auch tief. Ich kann mich nicht erinnern, wie oft ich ins Eis einbrach, es verlief jedoch meistens harmlos.

Neben dieser Gefahr ist mir nur noch das Fahren mit den Kipploren in den Sandgruben als noch gefährlicher in Erinnerung. Die Sandgrubenarbeiter lauerten uns des Öfteren nach Feierabend auf, weil wir ihre Schienenstränge umbauten und die Kipploren unbefugt benutzten. Da die Arbeiter um unser Treiben wussten, warfen sie die schweren Eisenloren zum Feierabend aus den Schienen. Wir setzten sie wieder ein und trugen dabei viele Hautabschürfungen und Quetschungen davon. Einmal saß Franz auf einer noch aufzurichtenden Lore und

---

24 Speil ist ein Holzspieß, an dem die Wurst zum Trocknen aufgehängt wurde.

baumelte mit den Beinen. Im Vorbeigehen drehte ich an einem Rad und Franz fiel hintenüber mit dem Hinterkopf ausgerechnet auf den Rastdorn.[25] Ein heftig blutendes Loch war die Folge. Seine Mutter schimpfte sehr, als wir ihn anbrachten. Er durfte lange nicht mehr mit uns spielen.

Eine unserer größten Unarten war das Werfen mit Steinen. Wir warfen uns gegenseitig Löcher in den Kopf. Ein völlig unüberlegtes Spiel aber war das Überwerfen von Dächern. Dabei gingen mancher Dachstein und einige Scheiben zu Bruch. Wenn man uns erwischte, setzte es gewaltige Prügel, vor allem von Seiten der Bauern, denen die Scheunen gehörten.

[25] Stiftförmiger Teil der Hängerkupplung.

Spielen und Basteln

Während alle Jahreszeiten Gelegenheiten zum Freizeitvertreib im Freien boten, kam auch die Beschäftigung in den Räumen nicht zu kurz.

Bei Werner Bossmann bauten wir mit seinem Stabilbaukasten einen Kran, der uns viele Wochen „Arbeit“ gab. Aus dem dritten Stock dirigierten wir damit Lasten ins Parterre und umgekehrt.

Beim Heinisch-Huppel schossen wir mit Pfeil und Bogen auf Zielscheiben und Flaschen. Bei Gödels bot sich das Spielen mit einer ziemlich großen elektrischen Eisenbahn an, die sich über weite Strecken des Gödelschen Hausgartens erstreckte. Ansonsten konnten wir Kinder der armen Leute nur zur Weihnachtszeit im Schaufenster beim Optiker Manke eine kleine Märklin-Eisenbahn bewundern, die hier fast ununterbrochen ihre Runden drehte.

Es gibt nur wenige Bastelarbeiten, die ich als Kind nicht in Angriff genommen hätte. Ich baute mir Pferdeställe, Wagen und Kaufläden. Später nahm ich die Laubsäge zur Hand und schnitt damit ganze Serien von Tieren und Soldaten sorgsam aus. Jedes Jahr zur Vorweihnacht bastelte ich an einer Krippe. Hierbei ließ ich viel Fantasie walten. Der Rummelplatz regte mich dazu an ein Karussell zu bauen. Das Rohmaterial lieferten Mutters leere Seidenrollen und Holzspäne aus den Unterzündhölzern, die wir in großen mit Draht gebundenen „Rädern“ nebenan bei Schneider-Gottlieb kauften. Meine jüngeren Brüder erhielten manches selbstgebastelte Geschenk von mir.

In der Schreibwarenhandlung des alten Jitschin gab es für wenige Pfennige große Ausschneidebögen, auf denen Soldaten aller europäischen Armeen und Waffengattungen, Indianer, Tiere und anderes zu finden waren. Ganze Berge solcher Bögen habe ich gewälzt, aber nur wenige kaufen können. Die Figuren klebte ich auf Sperrholz oder auf Zigarrenkistenholz auf, sägte sie sorgsam aus und spielte viel damit.

Eines Tages begannen wir (ich weiß nicht mehr, wer dabei war) mit dem Gießen von Bleisoldaten. Die Formen dazu liehen wir uns von Mitschülern aus. Wie herrlich glänzten uns Soldaten, Ritter und Indianer entgegen, wenn wir die Formen öffneten!

Ich habe gut in Erinnerung, dass ich schon frühzeitig als Kind gewisse Sammelgewohnheiten entwickelte. Vielleicht gingen sie im Unterbewusstsein auf die verbliebenen Sammlungen meines Onkels Wilhelm Weiner zurück.

Ein paar Briefmarken, die mir irgendjemand schenkte, weckten in mir die Freude und Lust am Sammeln. Für meine verdienten Trinkgelder kaufte ich mir bei Keller am Ring für ein paar Pfennige Briefmarken. Die größte Erweiterung erfuhr meine Sammlung im Winter um 1930 herum durch einen Auftrag, den ich vom Verkäufer bei Kellers erhielt. Er übergab mir viele Kartons mit gebrauchten Briefmarken, die ich sorgsam vom Papier abweichen und dann vorsichtig trocknen musste. In unserer Wohnung standen bald wochenlang Wannen und Schüsseln umher, gefüllt mit eingeweichten Briefmarken. Mein Lohn bestand jedoch darin, dass ich alle Marken, die ich noch nicht besaß, für meine Sammlung behalten durfte. Es war manch gutes, wenn auch nicht ausgesprochen wertvolles Exemplar dabei. Der freundliche junge Buchhändler beriet mich und half mir die Marken zu ordnen. Damals besaß ich weder einen Katalog noch ein vorgegebenes Album oder postfrische Marken.

Auch heute sammle ich immer noch, oder schon wieder, Briefmarken. Auch jetzt sammle ich alles, was mir ohne große Kosten unter die Finger kommt. Ich sortiere die Marken in Einsteckalben, die im Wesentlichen die einzigen Geldmittel für dieses Hobby erfordern. Ich hüte mich, es zur kostspieligen Leidenschaft werden zu lassen! Gelegentlich interessieren sich meine Enkel dafür und luchsen mir gern doppelte Marken ab.

Beim „kleinen Keller", einem Buchhändler an der Kirche, fand ich Heiligenbildchen, wie man sie in die Gebetbücher einlegte, so interessant, dass ich den Versuch unternahm, mir eine Sammlung aller Heiligen anzulegen. Aber bald wurde diese neue Leidenschaft vom Sammeln aller möglichen Serien von Zigarettenbildern abgelöst. Ich sammelte Wappen, Fahnen, Fußballszenen. Bei irgendeiner Margarine gab es Bilder von Afrika und aus der Erdgeschichte (Flora und Fauna aus der Urzeit der Erde). Jedoch nur die Staatsfahnen der Erde wurden komplett.

In der „Grünen Post", die mir bei Nachbarn in die Hände fiel, waren so um 1932 Baupläne zu einem Segelflugzeugmodell abgedruckt. Ich war so fasziniert, dass ich es gleich mit dem Bau versuchen wollte. Viele Stunden verbrachte ich damit, die Teile abzupausen und auszusägen. Zum Schluss brauchte ich Leisten mit verschiedenem Profil. Ich bekam sie nebenan in der Tischlerei Heisig. Endlich war nach vielem Leimen auch die Bespannung fertig. Ich lief mit meinen Freunden zur großen Sandgrube an der Kretschamstraße. Wir prüften mit dem nassen Zeigefinger die Windrichtung. Dann kam der spannende Moment: Ich stieß das Modell über dem Hang in die Luft. Es glitt und hob und senkte sich in der Höhe, dann fiel es plötzlich wie ein Stein in das Strauchwerk. Alles war zerfetzt und ich dem

Weinen nahe. Alle Reparaturvorschläge meiner Freunde schlug ich in den Wind und rührte das Modell nicht mehr an. Irgendwann hat es meine Mutter wohl verbrannt, nachdem es lange Zeit unter meinem Bett gelegen hatte.

Der nächste Winter kommt bestimmt!

Schon im August deutete sich der kommende Winter an: Die Blaubeerzeit brachte das Einkochen mit sich. Aber die Blaubeeren waren infolge der Arbeitslosigkeit in den Wäldern unserer Umgebung knapp geworden. So kaufte unsere Mutter zwei bis drei Liter Blaubeeren bei einem der Händler, die oft schon zu früher Morgenstunde ihr: „Kauft Blaubeer'n, kauft!" durch die noch stillen Straßen riefen. Auf großen Heukarren führten sie Blau- und Preiselbeeren aus den Schelitzer Forsten heran. Mutter konnte nur kaufen, wenn sie gerade zusätzlich ein paar Groschen eingenommen hatte. Die gekauften Beeren wurden durch die engen Hälse von Flaschen gefüllt, nachdem sie entsprechend den von Mund zu Mund weitergegebenen Einkochvorschriften behandelt worden waren. Zum Schluss kamen Korken und Siegellack auf die Flaschen. Einweckgläser waren teuer und auch noch wenig bekannt. Obst wurde bei uns wenig eingelagert. Dazu fehlte das Obst, aber auch der Lagerraum.

Dagegen entfaltete sich das alljährliche Krauteinscharren zu einem regelrechten Familienfest wie in anderen Häusern das Schweineschlachten. Der Weiner-Großvater kaufte eine Menge Weißkraut von Bauern in Jassen[26] und gab die paar Kohlköpfe vom eigenen Ackerstück dazu. Am bestimmten Tage wurde der schon lange vorbestellte Krauthobel mit einem Handwagen bei

[26] Jasiona.

Bekannten abgeholt. Der Hobel bestand aus einem langen, glatten Brett, in dessen Mitte sich die mehrschneidige, mit Hilfe einer Kurbel drehbare Stahlscheibe befand. Ein gefährliches Werkzeug, besonders für Kinder, aber niemand aus der Verwandtschaft hat sich je an so einem Ding verletzt. Der Krauthobel wurde auf zwei Stühlen gelagert. An jedem Ende saß ein Kind, damit der Hobel bei der Arbeit ruhig lag. Unter die Messerscheibe stellte die Großmutter eine große Wanne aus Holz. Die Tanten schnitten Zwiebeln und Äpfel klein, stellten Kümmel und Salz bereit und putzten die Krautköpfe. Das Krautschneiden besorgten abwechselnd die Männer. Dann musste sich ein „Mittelschwergewichtler" unter Aufsicht mehrmals die Füße waschen. Nun ging es los. Das gescharrte Kraut landete in großen Tonkruken und wurde während der Verarbeitung in der Kruke mit den bereitgestellten Zutaten versehen. Der Stampfer stieg ins Fass und musste immerzu treten. Das dabei aus dem Kraut austretende Wasser musste von Zeit zu Zeit abgeschöpft werden. Der Stampfer hatte dann eine kleine Ruhepause und konnte sich erfrischen. Die Kruken wurden am Schluss der Arbeit mit Deckeln, Tellern und Steinen beschwert. Wenn nach Tagen der Gärungsprozess einsetzte, kamen die Kruken in den Keller. Vor Weihnachten stand das erste Sauerkrautgericht zur Probe auf dem Tisch.

Die große Wäsche

Herr Groß, unser Hauswirt, hatte den Hof umgestalten lassen. Dabei war am Mühlgraben eine neue Wascheinrichtung entstanden. Die Wäsche wurde im Kessel gekocht, dann im Mühlgraben geschweift und im Hof oder in einer gemeinsamen Trockenkammer im Boden aufgehängt. Die Körbe voll nasser Wäsche waren stets schwer, der Boden lag im dritten Stock.

War die Wäsche fast trocken, wurde sie sortiert. Mit der Mangelwäsche ging es zwei Häuser weiter zu Feiges auf die Mangel. Die Wäsche kam in Tücher gewickelt auf „Bäumen" unter den schweren Mangelkasten. Er wurde an einer oben laufenden Zahnstange durch Kurbeln hin und her geführt. Erst nach einigen Touren war ein Paket Wäsche fertig gerollt. Das Drehen der Rolle war trotz des Schwungrades schwer. Wir Kinder „durften" von etwa elf Jahren an beim Wäschetragen und beim Mangeln helfen.

Die Bügelwäsche wurde in der Küchenecke bearbeitet. Das Bügeleisen hatte im Inneren einen Eisenbolzen, der im Steinkohlenfeuer des Kachelofens glühend gemacht wurde und dann mit Hilfe eines Hakens und mit einigem Geschick in das Bügeleisen gesteckt werden musste. Dann konnte es losgehen. Mit einem feuchten Tuch, das auf den zu bügelnden Stoff gelegt wurde, musste schnell gearbeitet werden, denn der Bolzen war nach einigen Strichen schnell wieder kalt und das ganze begann von vorn.

Im Sommer wurde ein Teil der Wäsche auf die Bleiche am Prudnik geschafft. Wenn es viel Wäsche war, musste erst der unförmige Handwagen aus dem Keller heraufgeschafft werden. Ging es jedoch mit Eimern und Körben zur Bleiche, bekam man auf dem Wege dorthin lange Arme! War die Wäsche schön ausgebreitet, wurde sie von Zeit zu Zeit (je nach Sonneneinstrahlung) aus der Gießkanne mit Flusswasser besprengt. Wir Kinder mussten auch die zu bleichende Wäsche oft bewachen. Die Gründe dafür waren verschieden. An windigen Tagen musste die halbtrockene Wäsche oft nachgelegt werden. Nicht selten liefen weidende Hühner, Enten oder Gänse gackernd über die fast fertige Wäsche und verdarben alles. Jedoch

Wäschediebstähle gab es trotz Armut und schlechter Zeiten kaum. Ich erinnere mich nur an Wäschestücke, die verlorengingen, weil sie die Mutter beim Schweifen im ziemlich rasch dahinströmenden Mühlgraben nicht fest genug am Zipfel hielt. Dann mussten wir Kinder in großer Eile auf die Grabenbrücke vor der Lederfabrik Peschke laufen und dort versuchen, das Stück noch zu erreichen, bevor es in der Mühle verschwand. Das kam jedoch selten vor, wir waren flinke Jungs!

Gelegentlich half unser Vater beim Transport der Wäsche mit. Das Bügeln in der kleinen Küche hatte er am liebsten, denn dann konnte er sein Pfeifchen zum offenen Fenster hinaus schmauchen.

Erste Gelderwerbsmöglichkeiten

Niemals konnte ich von meinen Eltern, so wie die Kinder reicherer Leute, ein regelmäßiges Taschengeld für meine bescheidenen Bedürfnisse erwarten. Ich war zunächst auf die kleinsten „Trinkgelder“ für das Schuheaustragen angewiesen. Eine weitere Möglichkeit zum Gelderwerb sahen meine Mitschüler im Tragen von Koffern zwischen Bahnhof und Stadt. Doch bereits nach der ersten Plackerei mit Gepäck erhielt ich nur ein freundliches „Dankeschön, Kleiner“. Beim zweiten Versuch war das Gepäck für mich einfach zu schwer, ich gab es auf.

Ältere Schüler betätigten sich schon an den belebtesten Straßenecken als Eisverkäufer. Sie schoben zweirädrige Wagen und verkauften daraus das Speiseeis. Wenn sie vom Inhalt der Kübel nicht eine bestimmte Geldsumme als Erlös brachten, erhielten sie für ihre Arbeit nichts und mussten sich noch die Beschuldigung gefallen lassen, selber einiges vertilgt zu haben. Ich nahm von dieser Erwerbsmöglichkeit Abstand.

Da bot mir eines Tages Gödels Hannchen aus der Nachbarschaft an, täglich die Pakete aus der Firma ihres Vaters zur Post zu tragen oder auch mit einem guten Handwagen der Firma zu fahren. Herr Gödel betrieb den Handel mit Schuhen, und zwar vorwiegend für auswärtige Kunden, die besondere Qualitätsansprüche an ihr Schuhwerk stellten. Die tägliche Tour am Nachmittag zur Post brachte mir je nach Laune von Fräulein Hanne 10 bis 30 Pfennige ein. An manchen Tagen musste ich Material zum Aufbau von Schuhen zu einzelnen Heimschustern austragen oder wieder einholen und zum nächsten bringen. Ich lernte dadurch viele Leute kennen und sah, dass sie in ähnlicher, tiefster Armut wie meine Eltern lebten.

Im ersten Lehrjahr kamen dann die Trinkgelder hinzu, die wir für das Liefern und Aufstellen von Möbeln erhielten. Einmal bekamen wir zu dritt für eine große Plackerei ganze 17 Pfennig mit dem huldvollen Hinweis: „Teilt's euch!“ Unser Altgeselle Paul steckte nach einer kurzen Beratung im Hausflur das Geld in den Briefkasten der gnädigen Frau.

Neustadt O.S. als Garnison

Viele Kindheitserinnerungen stehen mit den Soldaten in unserer Stadt im engen Zusammenhang. Da waren zunächst die fast täglichen Ausritte der Eskadronen hinaus zum Exerzierplatz. Meist ritt die Regimentskapelle der 11. Ulanen voran. Das allein war für uns Kinder und die vielen Leute ein prächtiges Bild. Voran der Kesselpauker, dann der Musikmeister Kaiser und die Musiker. Alle lenkten ihre Pferde mit Zügeln, die an den Stiefelspitzen eingehakt waren. Dann folgten die vielen Soldaten zu Pferde und zum Schluss des langen Zuges die Maschinengewehr- und Munitionswagen.

Wir Kinder wussten damals nicht viel von Krieg. Einmal im Jahr zogen die Reiter ins Manöver nach Neuhammer.[27] Es hieß dann: „In Zorn und Jammer schuf Gott Neuhammer!" Die Heimkehr aus dem Manöver war dann immer ein Festtag für die Stadt, waren doch die meisten Soldaten in der Stadt verheiratet. Sie stammten allerdings aus allen Teilen des damaligen Deutschen Reiches und mussten zwölf Jahre in der Reichswehr dienen.

Auch mein Onkel Rafael diente und war eigentlich nichts als ein Pferdeknecht des Rennreiters Oberleutnant von Kobbelow, der sich bei einem internationalen Reitturnier in Holland so um 1930 den Hals brach. Morgens musste mein Onkel die Pferde „bewegen", das heißt mit ihnen ausreiten. Dann kam es oft vor, dass in das Fenster meiner Großeltern, die parterre wohnten, plötzlich zwei Pferdeköpfe hineinschauten. Mein Onkel ritt gern in der Kretschamstraße zur Stadt hinaus, denn die Sand- und Tongruben boten für diese Ausritte ein ideales Gelände.

---

[27] Nowa Kuznia.

Am Verfassungstag im August fand auf dem Ring der Große Zapfenstreich statt. Die Parade und das Konzert waren bei Fackelschein vor dem finsteren Nachthimmel irgendwie beeindruckend.

Die Reiterkapelle spielt, aber auch fromme Weisen, wenn sie im Stadtkern den Umzug zu Fronleichnam musikalisch untermalte. Am beliebtesten waren jedoch die sonntäglichen Promenadenkonzerte.

Die Reiter besaßen auch eine berühmte und sieggewohnte Fußballmannschaft, die oft durchaus bedeutende Mannschaften schlug, so z.B. Beuthen 09 und Vorwärts Gleiwitz.

Wenn wir Kinder große Sommerferien hatten, fand auf dem Exerzierplatz ein Fahr- und Reitturnier statt. Das Schönste war, wenn die Eskadronen als Trapper und Indianer gekleidet auf dem Kriegspfad durch die Stadt ritten.

1935 wurden die Reiter zu Panzersoldaten und nach Gera verlegt. In die Kaserne rückten Teile des Infanterie-Regiments 28 ein. Die allgemeine Wehrpflicht änderte das Leben als Garnisonsstadt stark.

Die Neustädter wollten wallfahrten giehn…[28]

Auf dem Ring stand die Mariensäule zum Gedenken an die Pest. Damit war ein Gelöbnis der katholischen Bürger verbunden, jedes Jahr eine Wallfahrt zur Gnadenkirche nach Oberglogau (heute Glogówek) durchzuführen. Die Wallfahrt führte zu Fuß büßend den 22 Kilometer langen Weg zu dem kleinen Städtchen. Dort fand dann in der Wallfahrtskirche eine Andacht statt. Anschließend ging es für hunderte von frommen Wallfahrern in die Kneipen, für die braven aber ins Quartier. Früh fand eine Messe statt und nach dem Mittagessen ging es wieder heimwärts.

Oberglogau: Rathaus

[28] Schlesische Mundart: geh'n.

Oberglogau: Schlosseinfahrt

Eines Tages gingen wir Jungen mit und erlebten folgendes Schauspiel: Gleich hinter dem kleinen Dorf Jassen begannen die der Prozession voranschreitenden Glöckner sich gegenseitig unter dem Vorwand abzulösen: „Ui, ui, ich muss mal!" Wir fanden bald heraus, dass dabei eine Schnapsflasche weitergereicht wurde, um die vom Singen und Vorbeten trockenen Kehlen zu ölen. In der Wallfahrtskirche angekommen, klang das Beten bald als Folge des langen Marsches immer müder. Da schrie der Glöckner Rinke von den Stufen des Altars her in die Menge in der Gnadenkirche: „Ihr verfluchten Äster, wollt ihr oder könnt ihr nicht lauter beten?"

Beliebt waren auch die Wallfahrten nach Maria-Hilf[29] und Sankt Martha (bei Obergrund)[30] im Tschechischen. Dort gab es Heilbrunnen und Kapellen, die voller Beweise für stattgefundene Heilwunder hingen. Das waren meist Krücken, Binden und viele Geschenke an die Mutter Gottes.

Oberschlesien, mein Heimatland,

wo vom Annaberg man schaut ins weite Land,

wo die Menschen bleiben treu in schwerster Zeit;

für dieses Land zu kämpfen bin ich stets bereit.[31]

In den Jahren 1932 bis 1940 legten die Männer Oberschlesiens in ihren Wallfahrten ein eindeutiges Bekenntnis zur katholischen Kirche auf dem St. Annaberge[32] ab. Bis zu 100 000 Menschen kamen am letzten Sonntage des Monats Juni hier zusammen, die an den Messen teilnahmen und der Predigt des Kardinals Bertram[33] lauschten.

Bergleute, Bauern, Forstarbeiter, Handwerker, Jungen und Jungmänner, das sind Oberschlesiens Menschen. Die Teilnehmerzahlen beweisen die Einstellung des oberschlesischen Volkes: 1933: 50 000, 1934: 60 000, 1935: 85 000, 1936: 100 000, 1937: 120 000, 1938: 165 000.

---

29 Vermutlich die Wallfahrtskirche in Zuckmantel, tschechisch Panna Maria Pomocná.

30 Horni Údoli.

31 Volkslied.

32 Góra Świętej Anny.

33 Kardinal Adolf Bertram aus Breslau.

Kardinal Bertram

Die Banner, 1930er Jahre

Die an- und abziehenden Prozessionen waren oft von den ehrwürdigen Klängen der zahlreichen deutschen, aber auch polnischen Bergmannskapellen begleitet. Immer wieder klang der Text des Wallfahrerliedes in Deutsch und Polnisch auf:

„Wir loben dich, Sankt Anna!

Heilige Mutter Anna!

Sankt Anna, bitt' für uns!"

Viele fassten die Wallfahrt bereits als Demonstration gegen den sich ausbreitenden Faschismus auf.

Nur einem Mitglied aus unserer Jugendgruppe war es vergönnt, an einer großen Wallfahrt nach Rom teilzunehmen. Die Reise kostete damals 120 Reichsmark. Wer von uns konnte die schon aufbringen?

Am Rande des Jugendlebens erlebte ich noch Wallfahrten nach Albendorf[34] im interessanten Heuscheuergebirge[35] und nach Wartha[36], das an einem Pass der Straße nach Glatz[37] liegt.

---

34 Wambierzyce.

35 Góry Stołowe.

36 Bardo.

37 Kłodzko.

Heuscheuergebirge, 1930er Jahre

Unser Zeltlager schlugen wir in einer Flusskrümmung der Glatzer Neisse[38] auf. An die eigentliche Wallfahrt im Ort erinnere ich mich nicht mehr, nur dass wir mit unseren Bannern durch die Straßen des kleinen Ortes zogen, weiß ich noch.

---

[38] Nysa Kłodzka.

Wartha

Wartha: Wallfahrt, 1930er Jahre

Dort, wo die Wasser der Neisse die Gebirgsumrahmung des Glatzer Landes durchbrechen, liegt Wartha, der Wallfahrtsort der schlesischen Jugend. Jedes Jahr im Mai trifft sich an einem Sonntage hier die männliche, an einem weiteren die weibliche Jugend. Sie bitten die Gottesmutter um Frieden und Wohlfahrt für ihr Land, sie bitten um ihren mütterlichen Segen für ihr sich entfaltendes, junges Leben.

Wir sind so leer, erfülle uns mit Liebe und mit Leben!
Wir sind allein, enthülle uns den Weinstock und die Reben!
Wir sind verirrt, geleite uns, dass wir den Weg nicht fehlen!
Wir sind verarmt, bereite uns zur Ewigkeit die Seelen!

Schaufensterbummel in Neustadt O.S.

In unserer Heimatstadt gab es zahlreiche kleinere Geschäfte, die recht schlecht vom Umsatz lebten und oft anschreiben mussten. Aber alle lebten irgendwie; Pleiten wurden kaum bekannt.

Auf dem Schulweg und bei anderen Gelegenheiten kam ich an den vielen Schaufenstern vorbei und blieb nicht selten davor stehen. Das Besehen der Auslagen bewirkte in mir selten ein Verlangen nach dem Ausgestellten, weil die Befriedigung der Wünsche schon aus finanziellen Gründen ausgeschlossen war. Aber da gab es manchmal komische Dinge zu sehen. Da standen bei Schneider-Gottlieb Tassen mit Bartstütze, Tassen mit den merkwürdigsten Sprüchen, Wünschen und Bildern. Groß war die Zahl der Teller und Tassen mit aufgemalten Namen. Vor dem Laden stand allerlei in- und ausländisches Obst in Kisten und Körben.

Bei Pelz, Dietrich und Fischer lagen herrliche Werkzeuge und Bastelmaterialien im Fenster. In den Buchhandlungen waren schöne Bücher mit bekannten Titeln ausgestellt.

Um Neujahr und in der Faschingszeit standen wir Kinder lange vor den bissigen Neujahrskarten, die oft reich von schön bis anstößig illustriert waren. Dann hingen da als Faschingsballmasken die tollsten Gesichter und Tierfratzen. Nicht wenige von ihnen erregten in uns ein leichtes Gruseln.

Die Konditoreien zeigten besonders um Ostern ihr reiches Angebot an Zuckerwaren, wie Eier, Pfefferkuchensteine und -herzen, Osterhasen in allen Größen. Zu Weihnachten lag in einem Schaufenster stets ein fast lebensgroßes Schwein aus Marzipan, umgeben von vielen kleinen Schweinchen.

Hinter einem Schaufenster am Ring sah man die dicke Frau Kunze am Ladentisch sitzen. Sie rauchte meistens eine Zigarre oder gar Pfeife. Ich sah kaum, dass jemand ihr Geschäft betrat. Sie handelte mit Fahrrädern, Schreibmaschinen und Grammophonen. Es gab noch mindestens drei weitere Geschäfte in der Stadt, die ein ähnliches Sortiment führten.

Mit Spielzeug und Küchengeräten waren die Schaufenster von Scherbel-Cohn überladen. Im November 1938 lag alles auf der Straße, bewacht von SA-Männern, zerstört wie so viele jüdische Geschäfte nach jener „Kristallnacht".

Schön war für uns Kinder der in vielen Buden am Ring abgehaltene Weihnachtsmarkt. Abends erstrahlte alles im Licht. Es gab hier so viele Artikel zu kaufen, dass die Stadt- und Landbevölkerung unseres Kreises vom Angebot erdrückt wurde.

Neustädter Originale

Wie jeder Ort in der Welt hatte auch unsere kleine Stadt ihre mehr oder weniger originellen oder zumindest komischen Menschen.

Da gab es den Glöckner (oder Kirchendiener) Rinke. Er wohnte nicht weit von der Kirche entfernt in einer der zahlreichen Gassen. Sah man ihn, so trug er seine rote Kutte, die ihm hinten meist zu lang war und daher im Staub nachschleifte. Ob wohl daher sein Spitzname „Rinke-Zippel" sich herleitete? Während des Gottesdienstes sammelte er die Kollekte (Spenden) der Betenden ein. Wie überall in den Kirchen üblich, schob er jedem den an einem langen Stock befestigten Klingelbeutel unter die Nase. Wer mit dem Opfergeld zögerte, erhielt mit dem Stock einen leichten Schubs, so dass das kleine Glöckchen am unteren

Ende des Sammelsäckchens heftig schepperte. Dazu brummelte Rinke dann etwas wie „faul, geizig, … wohl heute nichts geben?" Das geschah oft so laut, dass sich der Geistliche am Altar umdrehte und fragend in die sonst stille Kirche schaute.

Ein Kaplan besaß die stattliche Größe von 2,14 Metern. Es wirkte beängstigend, wenn er bei seiner Predigt am Rande der Kanzel stand und mit den Händen nervös von einer Seite der Brüstung zur anderen griff.[39]

Seine Predigt ging dann so: „Liebe Leute, fluchet nicht! Au, verflucht, da sticht man sich!"

Der Buchhändler Jitschin saß meist in einer Ecke seines Ladens und las und schrieb. Er kam nur hervor, wenn die Ladenbimmel gar zu heftig tönte. Dann sah man einen fast glatzköpfigen Mann mit Zwicker und herabhängendem Schnauzbart, der einen durchdringend über den Rand seiner Brille hinweg ansah. Dabei wurde auch noch ein frackartiges Oberkleid sichtbar.

In der Stadt lebte auch ein von seinem Orden ausgestoßener Franziskanermönch. Zuweilen sah man ihn auf der Straße in seiner Mönchskleidung, die er immer noch trug. Dem Erzählen nach fühlte er sich zu Unrecht aus dem Orden gejagt.

Es gab auch noch Laternenanzünder, die abends mit ihren langen Stangen durch die Straßen eilten, um die Gaslaternen aufzudrehen. Am Morgen mussten die Laternen wieder gelöscht werden.

---

[39] Unser Vater erzählte immer, dass sie als Jungen dem Kaplan Reißzwecken unter das Altartuch gelegt haben.

Ein Stadtstreicher durchstöberte allen Unrat und suchte nach etwas Essbarem. Gelegentlich ließ er Obst und Gemüse aus den Auslagen der Geschäfte mitgehen. Es war ein armseliges Leben.

Das Altvatergebirge

An ihrem Ostende erheben sich die Sudeten im Altvatermassiv noch einmal bis zu 1450 Metern Höhe. Das Altvatergebirge ist eines der ältesten Gebirge. Seine Berge sind Kuppen und langgestreckte Rücken aus Gneis und Glimmerschiefer. Härteres Gestein blieb oft stehen. So bedecken viele Felsengruppen das Bergland. Im Gestein sind oft Edelmetalle, Schwefel, Eisen und Kupfer eingesprengt. Um Freiwaldau herum liegen reiche Graphitlager. Viele Fahrten lehrten uns die Liebe zu diesen stillen, einsamen Bergen mit ihren Wäldern und rauschenden Bächen.

Ostern 1939 wanderte ich allein für drei Tage ins Altvatergebirge. Am Karsamstag am Nachmittag ging ich von zu Hause fort über Langenbrück[40] und Wildgrund nach Zuckmantel.[41] Hier wurde es schon dunkel. Trotzdem versuchte ich noch, St. Martha auf der anderen Seite des Querberges[42] zu erreichen. Da ich den Weg von vielen Fahrten her kannte, konnte ich es wagen. Etwa um 22 Uhr stand ich auf dem Querbergkamm. Über mir funkelten die Sterne, unten in den Tälern aber funkelten die Lichter der Menschen. Ich übernachtete in Erglervaters Haus.

Nach der heiligen Messe in Obergrund ging ich am Ostermorgen zunächst ins Tal der Schwarzen Oppa. Die Oppa war nun bis

---

[40] Moszczanka.

[41] Zlaté Hory.

[42] Příčný vrch.

Würbenthal[43] mein Weggefährte. Von Würbenthal aus stieg ich im Tale ihrer Schwester, der Weißen Oppa[44], nach der Schäferei. Dort traf ich Freunde und wir übernachteten hier. Vom Peterstein sahen wir dem Sonnenuntergang zu. Es lag noch eine 30 Zentimeter hohe Schneedecke und der Skisport war noch in vollem Schwunge.

Schneelandschaft, 1930er Jahre

43 Vrbno pod Pradědem.

44 Bílá Opava.

Am Morgen ging es auf den Gipfel des Altvaters. Eine herrliche Aussicht war des Steigens Lohn. Nun ging es immer abwärts. An der Schweizerei vorüber ging ich in das Tal der Biele. Auf einem steilen Felsen ruhte ich ein wenig in der Mittagssonne. Im Bieletal erreichte ich Freiwaldau. Über Reihwiesen[45] kam ich nach Endersdorf.[46]

Es begann schon zu dunkeln, als ich Zuckmantel wieder erreichte. Es schien mir nicht lohnend, irgendwo noch einmal um Nachtquartier zu fragen. So nahm ich die restlichen 17 Kilometer vollends unter die Füße und war um 23 Uhr daheim.

Im September 1940 habe ich dieselbe Fahrt noch einmal mit Amanda unternommen. Es war eine der schönsten Fahrten. Der Altvater hatte sich eingehüllt und gewährte nur kurze Ausblicke, wenn die Wolken sich verschoben. Am dritten Tag regnete es ohne Unterbrechung. Wir erreichten vollkommen durchnässt Reihwiesen. Hier hörte es auf und bald lachte die Sonne. Wir machten einen kleinen Umweg über den Koberstein. St. Martha trocknete uns.

---

45 Rejvíz.
46 Ondřejovice.

Gasthof Sankt Martha

Am Morgen zogen wir über den Querberg. Wir guckten mal in die Stollen und gingen dann nach Arnoldsdorf[47], wo wir unsere Räder gelassen hatten. Die trugen uns schnell der Heimat zu. Zwei Tage später begann meine Rekrutenzeit bei den Pionieren in Magdeburg.

Über die Grenze

Die Landesgrenze zur Tschechoslowakei lag nur vier bis sechs Kilometer von meiner Heimatstadt entfernt. Solange ich denken kann, wurde sie von den Bürgern unserer Stadt bei vielen Ausflügen, besonders sonntags, ohne irgendwelche Formalitäten überschritten. Die wenigen Zöllner kannten die meisten der

[47] Jarnołtówek.

Ausflügler und ließen sie nach beiden Seiten passieren. Nur selten gab es Zollkontrollen oder gar Leibesvisitationen. Wenn etwas geschmuggelt wurde, waren es meist Tabakwaren, wie z.B. Pressuvka für Großvaters Pfeife oder Schuhwaren der Firma Bata, die im Tschechischen spottbillig waren. Ich wüsste jetzt aber nicht, was damals aus Deutschland vorteilhaft geschmuggelt worden wäre.

Für Leute über 14 Jahre alt gab es bei der Polizeibehörde gegen eine Gebühr von 50 Pfennig den kleinen Grenzübertrittsschein. Er galt für ein Jahr und wurde ganz selten an der Grenze verlangt.

Uns Jungen führten unsere Wanderungen oft in die benachbarten Gebiete des Altvatergebirges. Drüben sprach man auch Deutsch und so war vieles einfach. Gingen wir wirklich einmal direkt am Zollhaus vorbei über die Grenze, kam es auch vor, dass uns die Grenzer in den Amtsraum führten. Da hieß es meist: „Na, Jungs, wo geht es denn heute hin?“ Wir nannten unser Ziel und durften dann weiterziehen, wenn wir die Frage nach dem Inhalt unserer Rucksäcke beantwortet hatten. Nach den ersten Aufzählungen hieß es dann bald: „Ich weiß schon: Brot, Maggis, Erbswurst, Puddingpulver usw. Nun dann, gut Weg!“ Die letzte uns nachgerufene Warnung lautete oft: „…und kriecht nicht wieder in den ‚Blauen Stollen‘!“[48]Aber gerade dahin wollten wir recht oft.

Als sich um 1937 die Beziehungen der beiden Nachbarstaaten zusehends verschlechterten, kamen reine Tschechen als Grenzer drüben und SA-Typen von hüben zum Zoll. Da merkten auch wir Jungen bald, dass sich in der Welt irgendetwas zu verändern

[48] Ehemaliges Bergwerk am Südende des Querbergs, tschechisch Modrá štola in Zlaté Hory, Jeseník Distrikt, Olomouc Region.

begann. Wir sahen auch die ersten Betonbunker entlang der Grenze entstehen. Das gab uns zu denken. Aber bald schienen sich die Zeiten zu normalisieren, denn das Münchner Abkommen ward geschlossen.

Als Adolf Hitler von Neustadt her eine Fahrt in die Gebiete jenseits der bisherigen Grenze antrat[49], flog ihm gleich am Bahnhof ein Strauß dorniger Rosen ins Gesicht. Nur dieses eine Mal sah ich Hitler: ein böse dreinblickender Mann, der in der Ecke seines Wagens ein Taschentuch ins Gesicht drückte. In den folgenden Tagen sah ich dann von den hohen Bergen an der ehemaligen Grenze aus die Fahrzeugkolonnen der Wehrmacht durch die Gebirgstäler kriechen und fragte mich, wohin das alles führt.

Vereins- und Musikleben in Neustadt O.S.

In der Stadt gab es offensichtlich viele Vereine, die man als Kind und Jugendlicher längst nicht alle kannte. In Erinnerung geblieben sind mir Garten- und Musikvereine, Gesangsvereinigungen, der Verein für Gesundheitspflege, der Gesellenverein, der Schützenverein und die zahlreichen Innungen. Der „Verein für Gesundheitspflege“ hatte eine große Liegewiese mit Badeteich mit einem hohen Bretterzaun umgeben. Manches Astloch in den Brettern wurde zum Guckloch, weil sich herumgesprochen hatte, dass dort Nackedeis zu sehen seien.

Zu den Gesangsvereinen muss man vor allem auch die Kirchenchöre zählen. Der katholische Kirchenchor umrahmte jeden Sonntag das Hochamt und an Festtagen wurde manches Werk berühmter Musiker aufgeführt. Die Leitung des Chores

---

[49] Im Oktober 1938.

übernahm nach 1933 ein Geistlicher, Professor Mockhaus. Er „privatisierte“ und baute sich am Friedhof eine schöne Villa. Von den Sängern aus dem Kirchenchor ist mir Alois Tinschert in Erinnerung geblieben. Alois war nach dem Krieg öfter im Leipziger Rundfunk als Solist zu hören.

Der Gesellenverein entfaltete im Gesellenhaus ein reiches und interessantes Kulturleben. Im Hause befand sich ein schöner Theatersaal, der die Aufführung klassischer, aber auch heimatschnulziger Stücke erlebte. Im Sommer saßen viele Leute gern im Schatten unter den Bäumen des Gartens beim Kaffee oder Bier.

Am meisten beachtet wurden die Mitglieder des Schützenvereins in ihren ordenbeladenen grünen Uniformen. Ein Höhepunkt war das jährliche Schützenfest, bei dem im Schützenhaus „der neue König“ ausgeschossen wurde. Der Ärmste musste dann den ganzen Verein freihalten. Mein Vater, der den Verein als Verein der Gutgestellten nicht leiden mochte, sagte dann, wenn die Schützen festlich durch die Stadt marschiert waren: „Nun trinken sie den König aus!“

In der Bahnhofstraße wurde in den 20er Jahren die Musikschule der Stadtkapelle Simon geschaffen. In den Fenstern und im Garten des Hauses traf man immer übende Bläser und Streicher an. Die Kapelle trat vielen Umzügen voran, angeführt vom Musikmeister, der eine blitzende goldene Brille trug. Später wurde daraus eine SA-Kapelle.

Auch die katholische Jugendorganisation besaß eine kleine Kapelle: die zwei Hörner der Brüder Linke und einige Trommeln, später auch Fanfaren. Die HJ buhlte später sehr um die Bläser, aber sie bekamen sie nicht, denn bereits 1935 wurden die Linke-Jungen zur Wehrmacht einberufen.

Jugendorganisationen

Wie im Kleinbürgertum üblich, gab es auch für die junge Generation viele Möglichkeiten sich zu organisieren. Es gab Sportvereine mit vielen Sektionen wie „Guts-Muths“, „Grün-Weiß“, den Turnverein und die „Deutsche Jugendkraft“.

Viele Organisationen waren kirchlich beeinflusst. So gab es z.B. in der katholischen Jugendbewegung außer den Pfadfindern die „Sturmschar“, den „Kreuzbund“, den „Quickborn“, den „Jungborn“, den „Katholischen Jungmännerverein“ und den Gesellenverein „Kolpingbrüder“. Alle diese Vereine standen unter der indirekten Leitung eines Kaplans, des Präses.

Die Jugendorganisationen der Nazis kamen in unserer Stadt erst kurz vor 1933 in Schwung, dann allerdings mit großen Sprüngen. So mancher aus den Reihen der „Bündischen Jugend“ (Sammelbegriff für die bürgerlich-christliche Jugendbewegung u.a.) trat zu Nazigruppen über, vor allem deshalb, weil deren Angebot an Interessengebieten größer war. So gab es bald Marine-, Segelflieger-, Motorsport- und Reitgruppen. Für manchen spielte auch die billige oder gar kostenlose Uniformierung als Kleidung eine Rolle.

Von den Verboten nach 1933 wurden zuerst die Vereinigungen der Kommunisten (KJV) und der Sozialdemokraten, die „Roten Falken“, betroffen. Leider wurde in unserer Stadt, wie anderwärts vielfach auch, die faschistische Gefahr unterschätzt und so kam es zu keinem Zusammengehen der im Wesen antifaschistischen Vereinigungen.

Bei den Pfadfindern

Wer war es, der mich aufforderte, einmal zu einem Heimatabend der „Deutschen Pfadfinderschaft Sankt Georg“, Stamm Neustadt, mitzukommen? Ich weiß es nicht mehr und ich wurde im Sommer 1931 Mitglied; zunächst ein Wölfling der Gruppe „Bär“. Unser Gruß hieß: „Allzeit bereit!“ In diesem katholischen Jugendbund lernte ich wandernd die weitere und engere Heimat kennen.

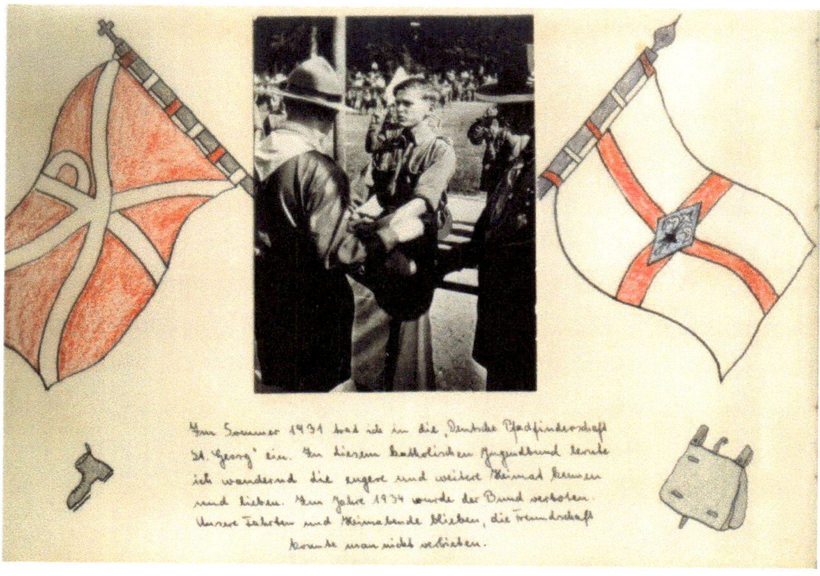

Aus dem Album von Georg Schneider

Wir Pfadfinder sind wohl das freieste Volk,
das unter der Sonne haust.
Mit flatternden Wimpeln, so ziehen wir aus.
Unser Sang durch die Straßen hin braust.
Ihr Jungen, heraus, zieht mit uns in die Welt,
zieht mit uns, Brüder, Seit' an Seit'.
Ja, wir Pfadfinder sind froh und frei.
Unsre Losung heißt: „Allzeit bereit!"

Abzeichen der Pfadfinder, die Kreuzlilie

Pfadfindergruppe in Neustadt O.S. mit Georg Schneider 1931

An den Heimabenden ging es oft recht romantisch zu. Wir saßen z.B. um eine alte eisenbeschlagene Seefrachtkiste, die den großen Bücherschatz des Stammes enthielt. Es waren Geschenke von allerlei Leuten, manches aus dem Nachlass verstorbener Freunde der Jugend. Auf der Kiste stand eine blakende[50] Petroleumlampe und spendete ihr mildes Licht. Wir lernten Liedtexte über Seeräuber und brave Menschen, Lieder zum Wandern und Lieder aus dem Volk. Bücher und Lieder erschlossen uns neue Welten. Wir saßen aus Prinzip auf selbstgebauten Hockern, die meist aus den Brettchen ausgedienter Obstkisten bestanden.

Die Geschichten, von Gymnasiasten vorgelesen, denn ausdrucksvolles Vorlesen war uns Volksschulkindern fremd,

---

50 Rußend, qualmend.

führten uns in ferne Länder und durch gewaltige Abenteuer. Nein, ich bin ziemlich sicher, Karl May war nicht dabei. Dagegen manches Buch und manche Geschichte von Ludwig Thoma, Stevenson, London, Cooper, Rosegger, Dickens, aber auch kleine Gedichte und Erzählungen von Rilke oder Kästner.

Man konnte auch Bücher aus der Kiste ausleihen. Das Interesse an Literatur und Liedgut wurde dadurch sehr gefördert.

Georg Schneider 1932 als Pfadfinder

Neben den Heimabenden machten die Wanderungen in die Umgebung einen bedeutenden Teil unseres Jugendlebens aus. Gewandert wurde meist sonntags früh nach der Messe bei jedem Wetter und zu jeder Jahreszeit. Die Mittagsrast fand ihren Höhepunkt beim Verzehren des feudalen Mittagessens aus Maggisuppe und Brot, auch Pudding, der mit Bachwasser zubereitet wurde. Die „feineren" Jungen fehlten da meist von wegen essen, Schuhwerk beschädigen und schmutzig machen am Sonntag. Doch wir anderen lernten die Heimat und die Natur auf diesem Wege besser kennen und lieben. Als wir über 13 Jahre alt waren, begannen die größeren Wanderungen zu Fuß und auch mit den Fahrrädern. So mancher schwere Weg ist mir in Erinnerung geblieben, wie der Weg zum Koberstein oder gar zum Altvater, aber auch die rasante Talfahrt von der Festung Silberberg.[51] Auf Einzelheiten einzugehen, würde an dieser Stelle jedoch zu weit führen.

Albendorf: Radtour in den 1930er Jahren

[51] Twierdza Srebrnogórska.

Unser Jugendleben war auch stark mit kirchlichem Leben verbunden. Es reichte vom Singen und Beten in den Kirchen, der Teilnahme an den Gottesdiensten überhaupt, bis hin zum Verkauf religiöser Literatur an den Kirchentüren, was uns dann in der Zeit der Nazis manchen Verdruss mit der Polizei einbrachte. Im Jahre 1934 wurde uns durch den Nazistaat jede weitere Betätigung außerhalb der Kirche verboten. Unser Abzeichen, die Kreuzlilie, das blaue Halstuch und der Pfadfinderhut mussten verschwinden. Unsere Fahrten und Heimabende blieben, die Freundschaft konnte man nicht verbieten.

Wir traben in die Weite, das Fähnlein steht im Spind.
Viel Tausend uns zur Seite, die auch verboten sind.
Das Fahrtenhemd im Schranke, das Halstuch und der Hut,
die sagen: „Gott sei Danke, nun geht es uns mal gut.“[52]

[52] Parodie von 1935 auf das Original-Soldatenlied aus dem Ersten Weltkrieg von Buchhorn & Jahn.

Die Gewässer

Oft führten uns die Fahrten an Gewässer unseres Landes. Im Bach suchten wir die Forellen zu erhaschen. Bäche und Flüsse begleiteten unsere Wege mit munterem Geplapper. Auf den Strömen fuhr unser Faltboot. Stille Seen in weiten Wäldern liegen um Falkenberg und Tillowitz.[53] Baden ist eine Wonne in jedem Gewässer gewesen.

Mein Gott, wie schön ist deine Welt!
Der Wald ist grün, die Wiesen blühn,
die großen Ströme ziehn dahin,
vom Sonnenglanz erhellt.
Die Wolken und die Winde fliehn,
das Leben rauscht und braust dahin.
Mein Gott, wie schön ist deine Welt.[54]

---

53 Niemodlin und Tułowice.

54 In: Poverello. Das gesellige Liederbuch für alle Christen, S.58.

Georg Schneider: 1930er Jahre auf dem Stausee Ottmachau[55]

[55] Otmúchow.

Wo die Oppa fließt

Die Oppa, ein linker Nebenfluss der Oder, hat im Altvatergebirge mehrere Quellflüsse. Sie kommen von den verschiedensten Bergen und durchfließen zunächst leise murmelnd, dann plätschernd und schließlich rauschend die Täler und Wälder, die dem Fürstbischof von Breslau[56] in diesem Gebiet gehörten. Viele Wanderungen führten uns an diese Bäche, zu allen Jahreszeiten folgten wir ihrem Lauf.

Oppa-Brücke, 1930er Jahre

[56] Wrocław.

Im Frühling fanden wir viele Stellen, an denen das Wasser ruhiger dahinfloss, noch überfroren. Kleine Eisstückchen schwammen zu Tal. Viele Fische, meist Forellen, tummelten sich im glasklaren Wasser. Wenn wir ans Ufer traten, verschwanden sie schnell unter Steinen oder überhängendem Wurzelwerk der Bäume. Wir „griffen“ sie dann gern in ihrem Unterschlupf. Viele wurden als zu klein befunden und wieder ihrem nassen Element übergeben. Die wenigsten brieten wir, denn oft fehlten uns die Zutaten. Im Frühsommer wimmelte es in der Oppa von Kaulquappen und Wasserjungfern.[57]

Das Flussbett war so rein, die Steine schimmerten im Wasser in vielen Farben. Das Gebirge bestand aus Glimmerschiefer, Quarz und Gneis. Ohne Bedenken konnte man vor allem aus jenen Bächen trinken, die auf ihrer Talreise noch keinen Ort durchflossen hatten.

Der Quellfluss der Oppa, der vom Altvater herabeilt, bildet oberhalb von Karlsbrunn[58] (oder war es der Quell über Gabel?[59]) einen wunderschönen Wasserfall.

Die Quellflüsse der Oppa sind die Weiße, Mittel-, Gold- und Schwarze Oppa.[60] Ab Jägerndorf eilen sie vereint über Troppau[61] der Oder[62] entgegen.

57 Libellen.
58 Karlova Studánka.
59 Vidly.
60 Bílá Opava, Střední Opava, Opavice und Černá Opava.
61 Opava.
62 Odra.

Besonders beeindruckend waren im Altvatergebirge die dichten hohen Nadelwälder. Der Baumbestand konnte oft auf hundert bis zweihundert Jahre an Alter zurückblicken. Die Waldungen standen in guter Pflege. In ihnen lebte viel Wild, das man als Wanderer allerdings nur bei großer Ruhe zu Gesicht bekam. Zwischen den Bäumen ragten verstreut Felsgruppen hervor oder auch Reste von Burgen. Als ich später Erzählungen von Adalbert Stifter las, musste ich immer an das Quellgebiet der Oppa und seine Wälder denken. Alles war so ähnlich.

Der Koberstein[63]

Selbst auf großen Landkarten findet man die Burgruine Koberstein verzeichnet. Sie liegt bei Zuckmantel über dem Tal der Schwarzen Oppa am steilen Hang der 1205 Meter hohen Ulrichkuppe[64] im Altvatergebirge.

In alten Tagen mag an ihrem Fuße eine wichtige Talstraße entlanggeführt haben. Die Burgruine liegt von den beiden Dörfern Reihwiesen und Obergrund gleich weit entfernt. Niemand weiß, ob es eine Burg oder nur ein Wartturm war. Die Reste eines Rundturms erheben sich auf einem wuchtigen Felsen. Es muss ein Turm gewesen sein, wie ihn viele romanische und gotische Wehranlagen zum Schutz der Gegend trugen.

---

[63] Kobrštejn.

[64] Orlik, historisch: Urlichkuppe.

Koberstein, Burgruine

Wir Kameraden der Berge
schauen von oben die Welt!
Leben auf sonnigen Höhen
Wie es dem Herzen gefällt!
Uns ist kein Weg zu steil und zu weit
und keine Schlucht uns zu tief und zu breit.
Wir Kameraden der Berge sind gegen alles gefeit![65]

Das Gestein der Turmreste bröckelte leicht. Von der Oberkante des Felsens, der den Turmrest trug, mochten es etwa acht bis zehn Meter zu der kleinen Plattform auf der Spitze sein. Die Ruine reizte uns durch ihre Romantik, aber auch als günstige Klettergelegenheit. Denn der Turm ließ sich verhältnismäßig leicht erklimmen, wenn man erstmal auf dem Hauptfelsen stand. Deshalb stiegen wir stets, wenn uns weitere Wanderungen an die Schwarze Oppa führten, den Hang zum Koberstein hinan. Oben angekommen, begann die vorsichtige Ersteigung, ohne jedes Hilfsmittel, versteht sich! Das war gefährlich, weil man beim Anstieg Steinplatten aus dem Mauergefüge trat. Erst, wenn einer oben war, konnte der nächste ohne Gefahr von oben folgen. Die Plattform der Spitze war aber höchstens 1,5 m^2 groß und unsere Gruppe musste vorsichtig sein, um einander nicht hinabzustoßen. Ein Sturz hätte schlimme Folgen haben können und das Dorf Obergrund, aus dem man hätte Hilfe holen können, lag eine Wegstunde entfernt.

---

[65] Von Guiseppe Becce und Hedy Knorr, 1930.

Nachforschungen über die Vergangenheit der Burg Koberstein haben für uns Jungen damals nichts ergeben.

Mut und Mutproben

Unsere Vorstellungen von „Mut“ trugen meist eher den Charakter von purem Leichtsinn. Die Mut-Vorstellungen trugen häufig den Schimmer von Aggressivsein, „sich von anderen nichts gefallen lassen“.

Für Pfadfinder gab es damals umfangreiche Prüfungen, deren Bestehen dann dazu berechtigte, die Abzeichen eines Pfadfinders zweiten oder gar ersten Grades zu tragen.

Zu den Prüfungen des zweiten Grades gehörten das Wissen über die Pfadfindergesetze, das Morsealphabet, Kartenlesen, Zelt aufbauen, Pflanzen kennen, Feuer anmachen ohne Streichhölzer usw. Auch eine Mutprobe wurde abverlangt.

An einem dunklen Herbstabend 1932 erhielt ich die Aufforderung, mich zur Mutprobe einzufinden. Die Prüfenden verlangten, dass ich mich zum Denkmal des „Wandervogels“ auf den Koppelhöhen vor der Stadt begebe und dort etwas abhole. Bis hinters Feldschlösschen und vorüber an der „Dicken Eiche“ lief ich im Pfadfinderschritt ziemlich unbekümmert. Doch ein Knacken im nun beginnenden Gebüsch warnte mich. Ich verließ den Waldweg und schlich seitwärts an der Straße zum Kapellenberg[66] hinauf. Plötzlich sprang jemand auf und schlug mit Fäusten wie wild um sich. In der Art, wie der Betreffende schlug, erkannte ich meinen Freund und Mitprüfling Werner Bossmann. Aber in unserem Übereifer gaben wir einander nicht

[66] Berg mit der Wallfahrtskapelle.

zu erkennen, ließen aber voneinander ab und trollten uns. Werner hatte wieder einmal seine Fäuste wie Windmühlenflügel gedreht.

Ich schlich nun weiter, immer auf neue Überraschungen gefasst, aber ich erreichte das pyramidenförmige Denkmal unangefochten. Sichernd wartete ich ab, beinahe wie ein Wild. Nichts geschah. Unter einem Stein lag ein Zettel, den ich schnell ergriff und dann davonraste. Nichts tat sich und ich erreichte unbehelligt die erste Gaslaterne am Schützenhaus.[67] Voller Spannung entfaltete ich den Zettel und las, dass ich zum Aussichtsturm auf der Schwedenschanze kommen sollte, das bedeutete, fast den gleichen Weg noch einmal zu machen, denn Wandervogel und Schwedenschanze lagen einen Kilometer auseinander. Ich schätzte, dass es gegen 23 Uhr sein mochte und beschloss, den noch weiten Weg nach Hause zu nehmen. Müde kroch ich in mein Bett. Mir war egal, ob ich bestehen würde oder nicht.

Im Halbschlaf hörte ich meine Mutter am Fenster. Unten standen die Prüfer und vermissten mich. Sie waren erleichtert, als meine Mutter hinunterrief, ich sei schon im Bett. Meine Prüfer konnten nicht wissen, dass ich armer Teufel weder eine Taschenlampe noch eine Uhr besaß. Darauf hatten sie aber ihren Prüfungsplan aufgebaut! Macht nichts, die Prüfung habe ich trotzdem bestanden.

Dass auch zum Ertragen, Erdulden und Aushalten Mut gehört, lehrte mich das Leben, nicht das Gesetz der Pfadfinder.

---

[67] Südwestlich der Stadt gelegen.

Im Blauen Stollen

Der Querberg überragt den höchsten Berg Oberschlesiens, die Bischofkoppe[68], um fast hundert Meter. Zwei Flüsse, die in seinem Bereich entspringen, deuten darauf hin, dass hier einst Gold geschürft wurde. Der eine Bach ist ein Quellfluss der Oppa und heißt Goldoppa, der andere wendet sich nordwärts nach Oberschlesien und heißt der Goldbach.[69]

Der Querberg ist von alten Bergwerksstollen durchzogen, aber heute noch höchstens ein guter Holzlieferant. Der Bergbau ist hier seit Jahrhunderten eingestellt. Die kleine Stadt Zuckmantel, an der Nordseite des Berges gelegen, lebt großenteils von der Holzwirtschaft. Auf dem Weg zum Blauen Stollen kommt man an einigen Sägewerken, Kistenfabriken u.a. vorbei.

Sobald man den murmelnden Goldbach verlässt, steigt man durch dichte Fichtenwaldung bergan. Der Weg zum Blauen Stollen ist teilweise markiert. Auf einer kleinen Waldlichtung, die ein Nebenarm des Goldbachs durcheilt, stößt man zunächst auf eine lange Holzrinne, die Wasser führt. Folgt man dem Wasser, so steht man vor der verfallenen Verzimmerung des Blauen Stollens. Sogar ein unbeholfenes Schild hängt daran, welches das Betreten des Stollens untersagt und auf die Gefahren hinweist. Wir stiegen trotzdem ein. Bald umfing uns tiefes Dunkel. Wir mussten die mitgeführten Grubenlampen entzünden. Die Karbidflammen brannten ruhig.

Nachdem der lange Einstiegsstollen (der Mund) zu Ende war, ging es auf alten Leitern (Fahrten) tiefer ins Innere des Berges.

68 Über die Bischofkoppe verläuft die Grenze zwischen Polen und Tschechien: Biskupská kupa (tschech.) bzw. Biskupia Kopa (poln.).

69 Zlatý potok.

Ein weitverzweigtes Stollensystem tat sich vor uns auf. Überall tropfte Wasser von den Wänden. Im Schein der Lampen sahen wir nun eine blaue Substanz sich an den Stollenwänden hinziehen. Sie gab dem Bergwerk den Namen. Art und Herkunft des Minerals blieben uns unbekannt.[70]

An manchen Stellen sammelte sich Wasser und bildete kleine „Seen". An einer Stelle entdeckten wir hoch über uns ein Stück Himmel. Als wir wieder am Tageslicht waren, versuchten wir diese Stelle zu finden. In einer Fichtenschonung entdeckten wir das ungesicherte Einstiegsloch. Nun konnten wir immer mit Mutters Wäscheleine in den Blauen Stollen steigen, ohne das Verbotsschild zu missachten.

1938 herrschte in der Kunzendorfer Straße unserer Stadt große Aufregung: Ein Jugendfreund, der zur Wehrmacht einrücken sollte, war seit Tagen vermisst. Er soll einmal verzweifelt gerufen haben: „Ehe ich einrücke, gehe ich in den Blauen Stollen!" Diese Erinnerung trog nicht. Ein Suchtrupp fand ihn im Blauen Stollen. Er hatte sich dort im Innern mit einem selbstdurchbohrten Tesching[71] erschossen.

Badefreuden am Schustertempel (-tümpel)

Unsere beliebteste Badestelle war weder ein Tümpel noch gar ein „Tempel". Vielmehr bildete der Prudnik am Fuße des Zeisigberges, der aus einem großen Lager von Schwemmsand bestand, eine etwa 200 Meter lange und an der tiefsten Stelle 1,5 Meter messende, ganz langsam dahinfließende Flusspartie. Nach beiden Richtungen stieg das Flussbett bis auf etwa

---

[70] Blaue Färbung durch das Mineral Linarit, auch Kupferbleispat genannt.

[71] Handfeuerwaffe mit kleinem Kaliber.

15 Zentimeter an. Das machte diesen Teil des Flusslaufs auch zum idealen Gebiet, um das Schwimmen zu erlernen. Ich glaube, wir haben es frühzeitig erlernt, viel früher jedenfalls als Radfahren.

Das Gefühl vom Wasser getragen zu werden bekam man bald beim sogenannten „Hundesprudel“. Man schlug wie ein Hund mit den Händen auf das Wasser und strampelte dazu kräftig mit den Beinen. Man schwamm dabei nicht schnell, blieb aber eben über Wasser.

Beiderseits des Flusses erstreckten sich hier leicht ansteigende Ufer, die mit einem wilden Wiesenteppich bewachsen waren. Hier legten wir unsere ärmliche Kleidung ab und schlüpften in die von Muttern genähte Badehose. Die Badenden waren fast alle männlichen Geschlechts. Trotzdem trugen alle sittsam ihre Badehose.

In den Jahren von 1929 bis etwa 1932 wurden für uns Jüngere die Badehosen der Älteren (meist Arbeitslose) interessant. Die Hosen bestanden oft aus rotem Stoff und zeigten auf der Vorderseite recht herausfordernd Hammer und Sichel, Sowjetstern oder Hakenkreuz. Das konnte nicht lange gut gehen. Es gab bald Sticheleien und schließlich Schlägereien am Strand und im Wasser. Nur in dem Moment, wenn ab und zu ein Polizist auftauchte, um die „Wildbadenden“ zu vertreiben, herrschte Einigkeit. Alle ergriffen dann seelenruhig ihre Sachenbündel und wateten ans gegenüberliegende Ufer. Bis der Gesetzeshüter über eine entfernte Brücke ans andere Ufer gelangte, hatten alle abermals die Seiten gewechselt. Aber eines Tages sah es schlimm aus, denn an beiden Ufern tauchte drohend je ein Uniformierter auf. Offensichtlich hatten sich die Bauern, denen die angrenzenden Felder gehörten, beschwert, weil sich manche gar

Schamvollen im Getreide umzogen. Was war in dieser Situation zu tun? Die Großen steckten kurz die Köpfe zusammen und nickten sich dann lachend zu. Daraufhin gingen alle an das Ufer, an dem, nun näher gekommen, ein kleiner Polizist mit dem Spitznamen „Mücke-Fatz“ zu erkennen war. Man ließ ihn ruhig herankommen und als er anfing zu lamentieren und die ersten aufschreiben wollte, flog er plötzlich in seiner grünen Uniform und dem Tschako ins tiefste Wasser. Daraufhin rannten alle Badegäste lachend davon. Der andere Polizist half seinem Amtsbruder wieder aus dem Wasser.

Ich weiß nicht mehr, ob uns die Abzeichen auf den Badehosen oder dieses Ereignis das weitere Baden im „Tempel“ verleideten. Wir zogen wieder öfter zu Paches Ziegeleiteichen.

Osterfahrten 1934 und 1935 nach Würbenthal

Das kleine Städtchen Würbenthal am Zusammenfluss der Oppabäche war unser Wanderziel. 1934 ging ich allein mit Kurt Paschke diesen herrlichen Weg. Nachdem wir das bekannte Gebiet um den Querberg verlassen hatten, führte unser Weg an der Schwarzen Oppa entlang durch ein schönes Tal. Würbenthal ist ein richtiges Bergstädtchen mit Erz- und Holzindustrieanlagen. Den Rückweg nahmen wir über Bergkuppen. Am nächsten Tage begann meine Lehrzeit.

Im Jahre 1935 wählten wir uns an den Osterfeiertagen noch einmal dasselbe Wanderziel. Einige andere Jungen hatten sich uns angeschlossen. Am Fuße des Querberges wurde erst der „Blaue Stollen“ mal gründlich untersucht, ebenso einige andere Stollengänge und Höhlen. Über Maria-Hilf und St. Martha gelangten wir an die Oppa. Auf einer Wiese genossen wir die herrliche Ostersonne.

Georg Schneiders Wandergruppe 1935

Aus meiner Lehrzeit

Gegen Ende meiner Schulzeit beunruhigte mich immer mehr der Gedanke, noch keine Lehrstelle zu haben. Mein Vater, der zwar durch seine Mitgliedschaft im Männergesangverein „Treue“ viele Lehrmeister, Geschäftsleute usw. kannte, war einfach zu schüchtern, um eine Bitte in dieser Richtung an jemanden heranzutragen. Ich hatte ja keinen besonderen oder gar ausgefallenen Berufswunsch. In unserer Stadt dominierten vor allem die Berufe Weber, Tischler und Schuster. Die Webereien schieden für mich aus, denn sie stellten meist nur Leute ihrer eigenen Beschäftigten ein. Auch zu Büro- oder Geschäftsstellen bestanden keine Beziehungen. Keiner half mir. Berufsberatung und -vermittlung gab es bei uns damals noch nicht. Also zog ich los, von Werkstatt zu Werkstatt. Mir war egal, ob Bäcker oder

Schuster. Freundliche Absagen und schroffe Abweisungen wechselten sich von Tag zu Tag ab. Doch eines Tages erklärte sich der Tischlermeister Heisig in der Nachbarschaft bereit, mich für vier Jahre Lehrzeit anzunehmen.

Ich war klein und schwächlich und die Tage wurden sauer. Mein Meister baute mir ein Podest, damit ich auf die Hobelbank hinaufreichte. Viele Tage stand ich in Bergen von Schruppspänen. Dann begann der Bau von Fußbänken, es folgten je nach Aufträgen Tische und Kinderbetten. Im letzten Lehrjahr baute ich Küchen und Teile von Schlafzimmern. Erst im letzten Halbjahr meiner Lehrzeit erhielt ich sonnabends bei der Lohnzahlung an die Gesellen eine bis drei Mark.

Der Altgeselle Paul ärgerte oft uns Lehrjungen. Es setzte Schimpfe und Prügel, wenn wir nicht gleich gehorchten. Doch eines Morgens brachten wir ihn aus der Fassung. Wir Lehrjungen waren früh die ersten und abends die letzten in der Werkstatt. Wir mussten aufräumen und im großen Leimofen Feuer anmachen. Paul trug bei seiner Arbeit Holzlatschen, die wir ihm vor seiner Bank bereitstellen mussten. Wir leimten die Latschen am Holzfußboden der Werkstatt fest. Paul stieg früh hinein und – kam nicht vom Fleck. Schließlich stimmte er in aller Gelächter mit ein und ging nun gnädiger mit uns um.

Beim Oberflächenbearbeiten der Möbel wurde Brennspiritus verwendet, vor allem beim Polieren. Während der Frühstückspause erhielten die Hühner unseres Hauswirts von uns manchmal Brotbrocken durch die Werkstattfenster zugeworfen. Wir erfreuten uns dann an ihrem Streit. Einmal wurden die Bröckchen in Spiritus getaucht und dann den Hühnern vorgeworfen. Bald torkelten sie durcheinander, besonders der verfressene große, bunte Hahn.

In unserer Werkstatt gab es keine Holzbearbeitungsmaschinen. Zu umfangreicheren Arbeiten fuhren wir mit dem Holzkarren in andere Werkstätten, wo manches ungewohnt und fremd war. Oft mussten wir warten, bis die Maschinen für uns frei waren. Wir Jungen sackten Späne ein oder inspizierten das Terrain. Da fanden wir im Sägewerk Pietsch Eier von Hühnern, die niemand suchte. Die Eier der Truthühner hingegen wurden bald von uns gemieden. Sie lagen tagelang an der prallen Sonne und stanken dann beim Öffnen entsetzlich.

Waren die Maschinen für uns frei, mussten wir tüchtig ran beim Zulangen und Abnehmen der Hölzer, denn alles verlief noch im Maschinenstundentarif. Der Meister wollte möglichst billig davonkommen. Einmal wollte der Meister die Löcher für die Beine eines vornehmen Tisches, den er in Auftrag hatte, einbohren. Er ließ sich auf dem Bohrtisch nicht gut befestigen, da die Tischplatte oval geformt war. Ich sollte also die Platte entsprechend während der Bohrarbeit halten und der Meister legte meine Hand dazu an die notwendige Stelle. Dann schaltete er die Maschine ein und ließ den 16 mm-Bohrer arbeiten. Auf einmal schaute der Bohrer dicht unter meiner rechten Hand aus dem Holz. Der Meister fluchte laut über die verdorbene Tischplatte, denn er hatte vergessen, die Tiefe des Bohrlochs einzustellen. Mein aus anderen Gründen bleiches Gesicht bemerkte er nicht.

Die Maschinen besaßen noch keine Einbaumotoren, sondern wurden über lange Transmissionen durch breite lederne Treibriemen bewegt. Das Ein- und Ausschalten war für mich infolge der ausgelösten oder beendeten Heulerei des Ganzen sehr beängstigend. Nicht selten riss solch ein Riemen und sauste durch die Halle. Auch reißende oder von der Rolle fallende Bandsägeblätter waren stets gefährlich.

Herr Taubert war ein naher Verwandter unseres Meisters und kam auch als Kunde öfter in unsere Werkstatt. Er lebte im Sommer von der Schaustellerei und betrieb Losbuden. Als Attraktion wollte er ein neues, von ihm entworfenes Glücksrad auf den Platz bringen. Viele Stunden wurde an dem mir blödsinnig angeordnet erscheinenden Gerät umhergebastelt. Ich fragte mich oft, was das bloß kosten solle. Aber es wurde fertig und Herr Taubert lobte mich dem Meister gegenüber sehr. Da schob mir der Meister zwei Mark auf die Hobelbank herüber. Ich wollte schon den Mund zu einem „Dankeschön, Meister!" öffnen, da sagte er zu mir: „Hol' mir mal eine Schachtel Zigaretten!"

Auf Arbeitssuche

1938 erhielt ich als nun ausgelernter Geselle für rund 50 Wochenstunden einen Lohn von zehn Reichsmark ausbezahlt. Davon konnte ich nun meiner Mutter ein kleines Kostgeld zahlen. Doch die Freude dauerte nicht lange, denn schon nach einem halben Jahr schickte mich der Meister aus Mangel an Aufträgen nach Hause. Er meinte, ich solle nicht anderswo arbeiten, denn sobald er „etwas" habe, ließe er mich wieder holen, aber das Ganze war mir zu vage. Drei Freunden aus der Jugendbewegung passierte kurz zuvor Ähnliches. Sie fanden alle drei in der mitteldeutschen Stadt Köthen, die uns bis dahin völlig unbekannt war, Arbeit in ihrem Beruf. Den Handwerksmeistern standen dort große Aufträge ins Haus, denn im ganzen Gebiet erlebte man durch die Firma Junkers in Dessau einen großen Aufschwung. Bei der Bautischlerei Richard Binder in der Wallstraße in Köthen fand auch ich sofort Arbeit. Im Dezember 1938 bewarb ich mich um eine Gesellenstelle und trat diese Arbeit am 1. Januar 1939 an.

Köthen Wallstraße, ehemalige Bautischlerei Binder

Hier wurden Fenster und Türen zu Hunderten angefertigt und auf den Baustellen um Köthen durch die Gesellen der Firma eingesetzt. Ich begann meine Arbeit für einen Wochenlohn von 18 Reichsmark. Für vier Reichsmark konnte ich ein kleines Durchgangszimmer in der Wallstraße 18 mieten. Meiner Mutter konnte ich kaum etwas schicken, denn das Leben außerhalb der Familie ist teuer, auch wenn man noch so sparsam ist.

Köthen: Arbeitskollegen um 1939, Georg Schneider hinten links

Köthen, Wallstraße 18, 2020

In späteren Jahren musste ich noch zweimal auf Arbeitssuche gehen. Als ich 1943 von der Wehrmacht entlassen wurde, fand ich nach einigen Nachfragen beim Meister Preiß in Neustadt O.S. Arbeit. Sie fiel mir wegen meiner Verletzungen sehr schwer. Aber die Arbeit machte auch Freude, denn es gab gute Aufträge. Oft musste ich den Meister vertreten, weil er zu dieser Zeit häufig Dienst bei der „Technischen Nothilfe“ hatte.

Als uns 1945 die Front erreichte, kam ich mit meiner Familie nach dem Städtchen Zwittau. Hier fand ich Arbeit beim Tischlermeister Voit. Die Hauptarbeit bestand hier im Anfertigen kleiner Wagen für die Flüchtlinge, die ihren Weg weiter westwärts fortsetzen wollten. Mit unserer „Aussiedlung“ ins verbliebene Restgebiet des ehemaligen Deutschen Reiches ging dieses Arbeitsverhältnis im August 1945 schon zu Ende.

Als Bürger von Köthen in Anhalt

Ein ehernes Brummen begrüßte mich, als ich Anfang Januar 1939 in Köthen dem Zug entstieg. Ich glaubte, dass sich ein großes Flugzeuggeschwader über der Stadt befände. Aber die Mitreisenden klärten mich darüber auf, dass das starke Motorengeräusch von den Prüfständen der Junkers-Motorenwerke herstamme. Dieser Betrieb war es auch, der die soziale Struktur und den Arbeitsrhythmus der Stadt bestimmte. Die Einwohnerzahl wuchs durch zuwandernde Arbeitskräfte stetig an. Köthen war auch vor kurzem zum Standort für Einheiten der Luftwaffe geworden. Außerdem zog ein Polytechnikum viele Studenten herbei.

Köthen (Anhalt) Rathaus

Köthen (Anhalt) St. Jakob

In den Straßen fielen mir als erstes die Spiegel in vielen Fenstern der Wohnungen auf. Das waren, wie man mir erklärte, sogenannte Spione. Man konnte darin alle auf der Straße Vorübergehenden in beiden Richtungen beobachten, während man bequem am Fenster saß.

Die Umgebung der Stadt war für uns Menschen aus den Bergen sehr öde. Kein Wald, nur kleine Büsche, weite Feldflächen, dazwischen die aus rotem Porphyr erbauten Landstraßen. In der näheren Umgebung waren nur die Elbe und ihr Auenwald, die Saale und der Petersberg landschaftlich interessant.

Am Feldrain bei Köthen, um 1939

Die meisten meiner Einkäufe erledigte ich im Wesentlichen in zwei, drei Läden. Das waren Fleischer und Lebensmittelladen sowie ein kleiner Süßwarenladen in der Magdeburger Straße. Zum Essen gingen wir jeden Tag zur Gaststube der Fleischerei Markgraf in der Halleschen Straße. Dort gab es für 50 Pfennig ein schmackhaftes Mittagessen.

Zuerst fand ich eine Bleibe in Form eines Ganges zwischen zwei Zimmern bei einem Schneidermeister in der Wallstraße 18. Dann zog ich zu meinen Jugendfreunden aus der Heimat, die schon vor mir in Köthen Arbeit aufgenommen hatten. Mit Gerhard Geiger, Alfons Wolf und Georg („Peter") Johnson bewohnte ich in der Tannenbergstraße 2 ein Zimmer im neugebauten Haus der Familie Gutjahr, die ebenfalls aus Oberschlesien zugezogen war. Wir wohnten in der ersten Etage, konnten uns aber im ganzen Haus frei bewegen. Doch der beginnende Zweite Weltkrieg führte auch hierin bald zu Veränderungen. Gerhard und Alfons wurden zum Militär einberufen, während Gutjahrs Sohn heiratete und unser Zimmer benötigte. Ich zog aus und fand in der Saarstraße bei Frau Fischer, die hier mit einer Tochter lebte, ein kleines Zimmer unterm Dach. Das war meine letzte Wohnung vor der Einberufung im Oktober 1940.

Köthen St. Anna[72]

Wir vier Neustädter versuchten in Köthen eine katholische Jugendgruppe aufzubauen. Wir trafen uns oft in der Wallstraße, wo die Kapläne wohnten. Neben den heimlichen Heimabenden unternahmen wir auch viele Wanderungen. In guter Erinnerung blieb mir eine Wallfahrt nach Schwanebeck bei Halberstadt. Aber die Gestapo hatte auch in Köthen scharfe Augen und die Kapläne rieten uns von allzu aktiver Arbeit ab.

In der arbeitsfreien Zeit haben wir vier Kameraden aus unserer alten Gruppe jede Gelegenheit ausgenutzt, um Mitteldeutschland kennenzulernen. Im Südosten von Köthen liegt ein

[72] Hier war die Familie zunächst organisiert. In den 1950er Jahren traten Amanda und Georg aus Enttäuschung aus der katholischen Kirche aus.

Wildschutzgebiet, die Mosigkauer Heide. Sie war für uns das nächstliegende Waldgebiet. Hier wechselt Kiefernwald mit Buchenwald.

Heidehegetor um 1939

Einige Sonntage fuhren wir nach Magdeburg, um den Dom und die Stadt zu besichtigen.

Magdeburg: Dom & Liebfrauenkloster

Die Nachbarstadt Bernburg habe ich ein halbes Jahr lang jeden Tag als Arbeitsstelle aufgesucht. In den Feierabendstunden sah ich mir diese Stadt an, besonders das Schloss und den Schiffsverkehr auf der Saale.

Nachmittagsausflüge machten uns mit den umliegenden Dörfern bekannt. Einige besuchten wir am Vormittag, um die Kirchen einmal zu sehen.

Fast zwei Jahre habe ich in der Bautischlerei bei Meister Binder gearbeitet. Die Arbeit war oft eintönig und langweilig. Es wurden Türen und Fenster in Mengen hergestellt. Ich habe in allen Arbeitsphasen mitgearbeitet: vom Zuschnitt bis zum Fertigschleifen auf der Bandschleifmaschine. Ferner habe ich auf drei großen Baustellen als Einsetzer und Anschläger gearbeitet: Köthen, Bernburg und Harzgerode.

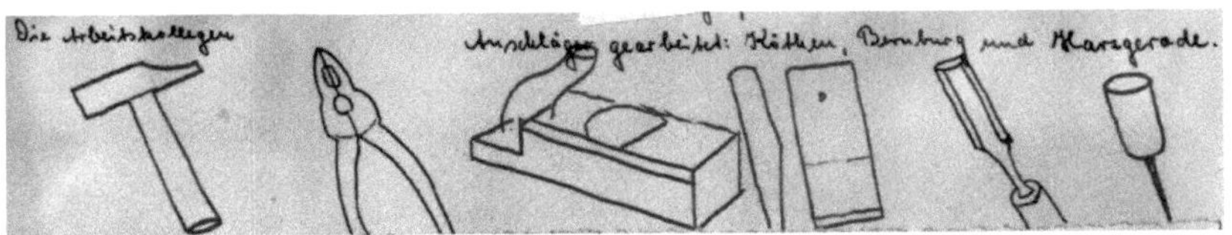

Werkzeuge, aus dem Album von Georg Schneider

Wallfahrt nach Schwanebeck

Schwanebeck: Wallfahrtskirche

Am 18. Juni 1939, einem Sonnabend, fuhren wir nachmittags mit den Rädern nach dem etwa 70 Kilometer entfernten Schwanebeck. Hier treffen sich alljährlich die Landarbeiter zu einer Wallfahrt. In diesem Jahr waren es Oberschlesier, Ungarn, Polen und Italiener, die hier unter der tausendjährigen Linde[73] das Messopfer feierten. Die Predigt wurde in drei Sprachen gehalten. Wir trafen hier einen Priester, der eine Zeit in unserer

[73] Die Wallfahrtslinde von Schwanebeck gibt es heute noch.

Heimatstadt Neustadt das Pfarramt verwaltete: Herr Administrator Zinke.

Schwanebeck: Pfarrer Zinke (Breslau) 1939

Aus allen Gemeinden unserer Heimat waren Kuchenpakete für die Erntehelfer angekommen. Wir halfen gerne beim Essen! Am Nachmittag fuhren wir nach Halberstadt.

Schwanebeck: Wallfahrt, am Kuchenpaket aus Oberschlesien, 1939

Dom zu Halberstadt

Halberstadt: Dom St. Stephanus und St. Sixtus, 2020

Der Dom zu Halberstadt ist eine der schönsten Kirchen des Harzvorlandes. Das gotische Bauwerk ist schon 700 Jahre alt. Sein Inneres ist von den Bilderstürmern fast verschont geblieben. Heute gehört das Gotteshaus den Protestanten. Das Kloster ist zum Teil als Heimatmuseum eingerichtet. Wandelhallen und Klostergarten der Liebfrauenkirche am Domplatz lassen ferne Zeiten lebendig werden.

Der Naumburger Dom

Wir hatten durch Bücher und Zeitungen von seinen herrlichen Bildwerken erfahren. Die Karte sagte uns, dass Naumburg 85 Kilometer von Köthen entfernt liegt. Am 16. Juli 1939 und am 14. Juni 1940 waren wir mit dem Fahrrad in Naumburg. Die Strecke bis Naumburg ist gleichförmig und uninteressant.

Der Dom zeigt sich von außen als schönes, das Stadtbild beherrschendes Bauwerk. Der Innenraum ist nackt und kahl bis auf einige Grabplatten und die berühmten Stifterfiguren im Chor, von einem heute unbekannten Meister geschaffen. Jede Figur ist aus dem Pfeiler gehauen.

Naumburger Dom

Die Stadt selbst liegt schön am Zusammenflusse von Saale und Unstrut. Im Süden beginnen die Hügelketten des Thüringer Landes. Das Stadtbild bietet viele mittelalterliche Winkel, die an die Zünfte erinnern.

Burgen an Saale und Unstrut

Der Heimweg von Naumburg führte uns eine Weile am schönen Unstruttal aufwärts. Dann geht es über eine Hochfläche, reich an Feldern, gegen Querfurt. Querfurt ist ein unbedeutendes, ödes Städtchen. Danach wird das Landschaftsbild wechselvoller. Unser Weg streift das Mansfelder Kupferbergbaugebiet. Die Straße führt um einen schönen See herum. Dann geht es abwärts ins Saaletal bei Wettin. Eine Fähre brachte uns hinüber. Nach 20 weiteren Kilometern sahen wir Köthens Kirchtürme über der Ebene stehen.

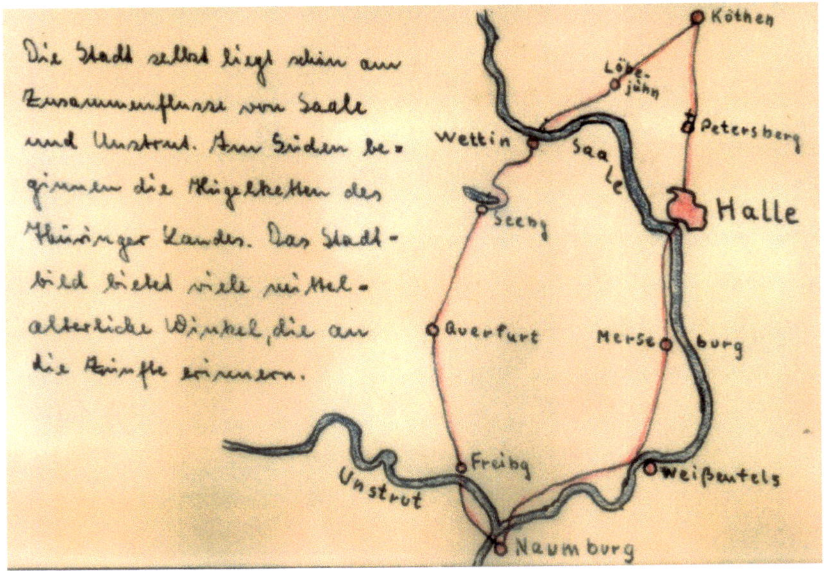

Saale-Unstrut-Tour, Zeichnung aus dem Album von Georg Schneider

Petersberg bei Halle

Der Petersberg ist von Köthen aus der nächste „Berg“ und ist nur nach einem 18 Kilometer langen Fußmarsch durch einförmiges Flachland zu erreichen.

Wanderung von Köthen zum Petersberg um 1939, Zeichnung von Georg Schneider

Der Tagebau Edderitz bietet unterwegs eine Abwechslung. Hier fördert man Braunkohlen.

Edderitz: Grubenbahn

Auf dem Petersberg selbst steht eine um das Jahr 1000 erbaute romanische Kirche, die zu einem Kloster gehört haben soll. Sonst gibt es hier noch einen Steinbruch und etwas Wald.[74]

---

74 Genauer gesagt wird vermutet, dass die als Rundkapelle erbaute erste Kirche auf dem Petersberg um das Jahr 1100 entstand und vielleicht einen Vorgänger besaß, der als Taufkapelle fungierte. Sie ist aber wahrscheinlich der erste Bau hier, da sie Parallelen zu Kirchengründungen Wiprecht v. Groitzsch' (um 1050-1124) aufweist, der erst im frühen 12. Jahrhundert, also unmittelbar vor seinem Tod, hier an maßgeblichem Einfluss gewann. Südlich neben dieser späteren Pfarrkirche wurde direkt nach dem Tod Wiprechts mit dem Bau eines wettinischen Hausklosters - eines Augustiner-Chorherrenstiftes - samt Klosterkirche begonnen, das im Jahr 1146 weitgehend fertiggestellt wurde. Die übertreibende Frühdatierung ohne jegliche Belege ist ein typisches Zeichen der Geschichtsverfälschung der NS-Herrschaft.

Elbefahrten 1940

Lied an der Elbe (1926)

Strom der Schwere,
über deinen Wassern
kreist der Möwen feuerndweißes Spiel,
ziehn die Schiffe vieler Hafenpforten
über alle Meere ihren Kiel.

Wildernd pocht die Flut an deine Deiche,
doch die Strande steigen burgenhaft.
Und die Wasser schon gebändigt,
tragen wimpelhoch die Banner deiner Kraft.[75]

Manchen Sonntag verbrachten wir bei Aken an der Elbe. Wir schwammen im Strom, fuhren im Faltboot und lagen faul am Strande im heißen Sand. Bei trübem Wetter sahen wir den Schiffen nach und machten uns mit Spielen warm. Wenn die Sonne tief stand, dachten wir an den Heimweg. Auf dem Rade gondelten wir gemütlich heim oder fuhren um die Wette.

---

[75] Friedrich Schnack in: Wandervogel-Liederbuch, 2007.

Sohn Winfried an der Elbe, etwa 1954

Zoo in Halle

An einem Wintersonntag 1939 besuchten wir den Zoo in Halle an der Saale. Der Zoo ist schön um einen Hügel herum gruppiert. Freigehege wechseln mit Schauhäusern ab. Alle wichtigen Tiergattungen sind vertreten. Einige Insassen haben wir auf die Platte gebannt.

Halle: Zoo 1939, Steinbock

Halle: Zoo 1939, aus dem Album von Georg Schneider

In den Raubtierhäusern wird einem die Luft knapp. Das Lama hatte uns natürlich längst angespuckt, als wir die Warnung lasen! Die Saale war eisfrei, aber dafür umso schmutzhaltiger.

Quedlinburg

An einem Maisonntag 1939 fuhr ich mit dem Rade nach Quedlinburg. Ich wollte mir diese Stadt und die Stiftskirche einmal ansehen. Mein Rad taugte nicht mehr viel, es meuterte dauernd. Gegen Mittag hatte ich endlich die 63 Kilometer lange Straße hinter mich gebracht.

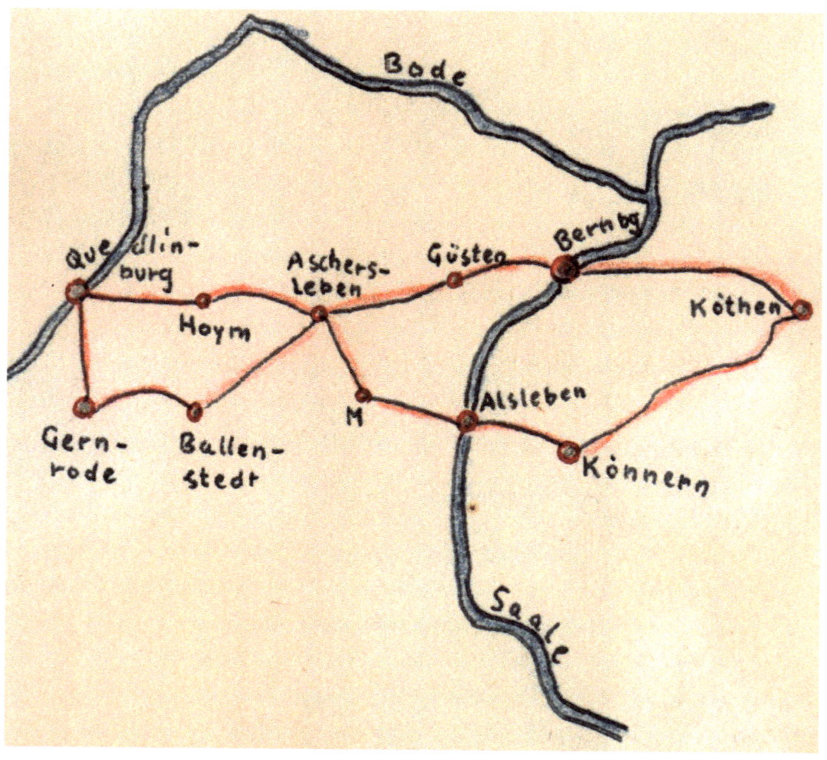

Karte der Radtour nach Quedlinburg 1939, aus dem Album von Georg Schneider

Ich schob mein Rad den Burgberg hinan und kam gerade noch zur rechten Zeit, um mich einem Besichtigungsrundgang einer kleinen Gesellschaft anschließen zu können. In den Räumen des Schlosses hat man ein reichhaltiges Heimatmuseum eingerichtet. Zahlreiche Urnen und Werkzeuge aus den verschiedenen Epochen der Ur- und Frühgeschichte, reichgeschnitzte Möbel, leuchtende Teppiche, Ölbilder, alte Bücher und viele Urkunden aus dem Mittelalter sind in mehreren Räumen sinnvoll geordnet aufbewahrt. Auch an alten Waffen fehlt es nicht.

Quedlinburg: Burgberg

Mit dem Fahrrad von Köthen an die Nordsee

Anfang August 1939 erhielten wir unsere sechs Tage Jahresurlaub. Da war unser Plan, einmal an die Nordsee zu fahren, schon fertig. Ich hatte mir Vaters altes Fahrrad, Baujahr 1905, nach Köthen mitgenommen und wollte darauf die Fahrt unternehmen. Das Rad hatte eine sehr große Übersetzung, keine Vorderradbremse und eine schwer gangbare Lenkung.

Um Zeit hinzuzugewinnen, starteten wir bereits am Sonnabendnachmittag nach der Arbeit. Wir, das waren meine Freunde von daheim und zwei Köthener Jungen. Die Räder waren mit Rucksack und Seitentasche hochbepackt.

Die erste Etappe führte uns bis in die Gegend von Salzgitter, wo wir dann gegen zwei Uhr morgens vom Schlaf übermannt wurden und in irgendeinem Gebüsch schliefen, bis uns der morgendliche Lärm auf der Landstraße weckte. Die zweite Tagestour führte am Steinhuder Meer vorbei bis kurz vor Nienburg. Am dritten Tage erreichten wir Bremen. Wir sahen Dom, Rathaus und Roland.

Am Nachmittag bot sich uns auf der Weiterfahrt ein eigenartiges Schauspiel: Als wir uns Bremerhaven näherten, erblickten wir hoch über die Silhouette der Stadt ragend einen Ozeanriesen; es war die „Bremen“. Im Hafen angekommen, bestaunten wir den Riesen zunächst von außen und begaben uns dann ins Innere. Doch wir kamen nicht weit, denn ein Offizier hinderte uns an der Besichtigung, die früh noch gestattet war. Das Schiff lief dann auch aus. Es war der 6. August 1939. Die „Bremen“ kehrte nicht zurück.

Bremen

Im Dunkeln erreichten wir das kleine Dorf Wremen[76], gleich hinter den Weserdeichen. Wir eilten an den Strand, die Wellen schlugen hoch an den Deich. Der Fischer, unser Quartierwirt, bot uns Krabben zum Abendbrot an. Aber wir konnten an diese „Engerlinge" nicht ran. Am Morgen fingen wir Aale, die uns die Wirtin zubereitete.

---

76 Liegt nördlich von Bremerhaven.

Bei Cuxhaven sah ich zum ersten Mal das offene Meer. Wetter und Sicht waren gut. Auf einer Brücke über die Oste mussten wir „Brückenzoll“ entrichten. In Himmelpforten fanden wir bei einem Bauern in der Scheune Quartier. Er hatte nur Angst, dass wir rauchen könnten. Früh gab es kuhwarme Milch.

Am späten Nachmittag trafen wir in Hamburg-Altona ein, wo zwei meiner Tanten wohnten (Anna und Klara). Der Hafen, die Reeperbahn und Sankt Pauli blieben uns in guter Erinnerung. Die Tanten brachten uns unter.

Klara Frech (geb. Weiner) 1942

Der letzte Sonntag sah uns auf der Landstraße. Rund 280 Kilometer mussten wir fahren, um pünktlich heimzukommen! Über Uelzen, Salzwedel und Gardelegen kamen wir bis Magdeburg. Da wurden wir langsam wund und die letzten 50 Kilometer bis Köthen wurden zur Strapaze.

Die ganze Fahrt hatte einen Vorteil: Es gab längst nicht so viele Autos wie heute. Man konnte die Landstraßen als Verkehrsteilnehmer benutzen. – Am nächsten Tag standen wir am Arbeitsplatz, voller Erlebnisse, müde, aber gesund!

Zwei Wochen später trennten uns die Einberufungen zur Wehrmacht.

Harzwanderungen

Harzgerode: Siedlung um 1939

Im Sommer 1940 schickte mich Meister Binder in eine Siedlung bei Harzgerode, um dort in die neu errichteten Siedlungshäuser Türen und Fenster im Akkord einzusetzen. Die Arbeit versprach guten Lohn zu bringen. Hinzu kam die „Auslösung“, eine Art Tagegeld. Ich fuhr mit Gerhard Geiger hin. Wir sahen bald, dass das Angebot günstig war und nahmen die Arbeit an. Von Montag bis Freitag arbeiteten wir den ganzen Tag über, um uns die beiden letzten Tage freizuhalten. Neben den Fahrten zurück nach Köthen nutzten wir etliche Wochenenden, um bei schönem Wetter Wanderfahrten zu unternehmen.

Eine Fahrt führte uns zum Brocken. Wir kamen erst spät an der Steinernen Renne an und mussten im Finstern den unbekannten Weg bergan. Nicht weit vom Ziel entfernt beschlossen wir, unter einem Felsvorsprung vor dem eisetzenden Nieselregen Unterschlupf zu suchen und zu übernachten. Als es gegen drei Uhr morgens immer stärker regnete, floss uns das Wasser vom Felsen herab auf Kleidung und Gepäck. Wir entschlossen uns weiterzuwandern. Der Regen hörte nicht auf und wir erreichten den Brocken ohne viel zu sehen.

Erst gegen Mittag zerrissen die Regenwolken und gaben uns eine herrliche Aussicht frei, der Aussicht vom Altvater vergleichbar. Aber wir mussten an den langen Rückweg bis Harzgerode denken. Unten in Hasselfelde standen unsere alten Fahrräder bereit.

Brocken-Wanderung 1940

Auch die Teufelsmauer war ein lohnendes Wanderziel. Wir fuhren mit der Bahn bis Blankenburg, wanderten nach Cattenstedt und dann an der Teufelsmauer entlang in Richtung Thale. Ab und zu erklommen wir einen der bizarren Felsen. Bei Thale suchten wir den Bodekessel auf und erstiegen zu beiden Seiten der Bode sowohl den Hexentanzplatz als auch die Rosstrappe. Das romantische Bodetal aber lernte ich erst viel später kennen.

Teufelsmauer 1940

Wir entschlossen uns, für eine größere Wanderung noch einige der wenigen Urlaubstage hinzuzunehmen. Dieses Mal wanderten wir durch Berg und Tal über Güntersberge, Benneckenstein, Zorge zur Odertalsperre. Wo es uns passte, übernachteten wir einfach im Walde. Wir sahen auch Andreasberg, Clausthal-Zellerfeld, Braunlage und Sorge. Aber bis Goslar, wie wir es uns vorgenommen hatten, kamen wir nicht, denn die Zeit wurde uns zu knapp. Also trabten wir „heimwärts".

Damals war der Harz noch weithin unberührtes Gebiet. Aber die schönen literarischen Werke Goethes und Heines über ihre Harzwanderungen waren uns damals ebenfalls noch unbekanntes Gebiet.

Erinnerungen an die kurze Rekrutenzeit

Urplötzlich wurde ich Ende August 1939 einberufen. Wir blieben in Zivil und mussten in der Infanterie-Kaserne in Dessau-Ziebigk jeden Tag neue Untersuchungen über uns ergehen lassen. Jeden Tag wurden welche wieder entlassen. Am Morgen des 1. September 1939 hörten wir im Radio vom Überfall auf Polen. Die Hoffnungen auf Entlassung sanken. Doch am nächsten Tag stellte man mich zu einem kleinen Haufen von Rekruten. Ein Leutnant trat zu uns und erklärte, wir seien „der letzte Dreck der Nation" und gehörten auf den Misthaufen! Wir erhielten schnell unsere Entlassungspapiere und standen schon am nächsten Morgen wieder an unseren Arbeitsplätzen. Vergaß uns der Krieg? Nein, denn Ende September 1940 flatterte mir erneut eine Einberufung auf den Tisch. Man ließ mir diesmal zehn Tage Zeit. Ein kurzer Urlaub daheim wurde dadurch möglich.

Georg Schneider: links 1938 (Wehrpass), rechts im Sommer 1940

Doch am 5. Oktober 1940 musste ich schon einrücken, diesmal ging es zum Pionierbataillon 4 in Magdeburg. Die Rekrutenzeit begann. Alles verlief wie allgemein bekannt: exerzieren, Schießübungen, Marschübungen, grüßen lernen, Appelle jeder Art, schikanöse Reinigungsarbeiten, z.B. drei Treppen vom Parterre bis unter den Boden mit der Zahnbürste reinigen.

> Wir sind Pioniere, der Stolz der Armee!
>
> Wir schlagen die Brücken, durchqueren die See!
>
> Kein Wasser ist uns tief genug,
>
> zu breit ist uns kein Strom.
>
> Wir sind Pioniere der Luftlandedivision.

Ob Scharten, ob Bunker, ob Minen, ob Draht,
wir hindern uns wenig als Männer der Tat.
Und ruft man uns zu Hilfe, so sind wir da auch schon.
Wir sind Pioniere der Luftlandedivision.[77]

Georg Schneider im Herbst 1940 in Magdeburg

Einige Dinge aber waren anders als bei anderen Einheiten. So waren alle Übungen auf der Elbe gefürchtet. Es war bereits empfindlich kalt und die Elbe führte leichtes Hochwasser. Wenn es da hieß, im Zweimann-Floßsack gegen den Strom zu paddeln, dann gab es lange Gesichter und nasse Füße. Der kleine Floßsack[78] ließ sich nur beherrschen, wenn man einen Stiefel ins Wasser eintauchte. Auch das Rudern und Bewegen der Pontons musste geübt werden. Zehn Mann mussten einen Ponton auf den Schultern zu Wasser bringen. Da durfte keiner stolpern oder sich

[77] Soldatenlied 1940. In: Liederbuch der Fallschirmjäger, 1983.
[78] Mit einem Schlauchboot vergleichbar.

klein machen, sonst lagen wir alle lang und das Üben ging in Strafexerzieren mit dem immer wieder erschallenden Kommando „Trägertrupp marsch!“ über. Gegen den Strom kam unser Ponton immer wieder von den Brücken weg. Zum Schluss nahm uns das Motorboot des Übungsplatzes zum Rücktransport in Schlepp. Wir wünschten uns zum Teufel, denn nun erfolgte erneuter „Schliff“ unter den übelsten Beschimpfungen.

Nach Übungen im Herrenkruggelände hieß es oft: „Kompanie – weggetreten! In 15 Minuten an Ort und Stelle zum Appell angetreten!“ Wie sollte man in so kurzer Zeit alles säubern? Die alten Hasen wussten Rat: In den Baderaum und alle Kleidung und Waffen abwaschen! In 15 Minuten stand die Kompanie sauber aber von Wasser triefend. Die kontrollierenden Unteroffiziere grinsten, während uns der Kompaniechef von seinem Gaul herab mit dem eingeklemmten Monokel gelangweilt besah.

Jeden Sonntagmorgen gab es „Singen“ in der Turnhalle, das heißt Liedübungen für die täglichen Ausmärsche. Nur Kirchgänger bekamen gelegentlich frei. Da ging auch ich nun oft zur Kirche.

Als „Besatzer“ in Frankreich

Eines Tages Ende November hieß es, wir seien nun ein Marschbataillon und kämen zu verschiedenen Einheiten als Ersatz. Wir bestiegen die üblichen Heerestransportmittel der Neuzeit, nämlich mit etwas Stroh ausgelegte Viehwagen. Die Reise führte uns bald westwärts und die meisten tippten auf Frankreich. Sie behielten recht, denn nach vier Tagen konnten wir die Waggons verlassen. In Erwartung der nun kommenden Dinge vertraten wir uns auf dem Güterbahnhof von Saint Quentin die Beine. Bald erschienen Offiziere, die meisten hoch zu Ross. Ein großer Oberleutnant fragte laut, ob unter den Neuen ein Schneider sei. Ich rief laut: „Hier!“ und musste nun erfahren, dass der Herr Oberleutnant wegen seiner ungewöhnlichen Körpergröße einen Leibschneider suchte. Es gab viel Gelächter, aber er behielt mich als seinen ersten „Ersatz“.

Georg Schneider (2. v. l.) 1940, Weihnachten in Saint Quentin

Lastwagen der Kompanie brachten uns nach dem kleinen Ort Fontaine-lès-Clercs an der Somme, wo die 1. Kompanie des Pionierbataillons 267 stationiert war. Wir wurden zu dritt in Häusern des Ortes untergebracht, die fast alle leerstanden. Bald begannen die schon bekannten Übungen am nahen Oise-Aisne-Kanal. Unheimlich waren mir hier die nächtlichen Wachgänge um das sonst leere Dorf. Nicht mal Hunde bellten! Es war nur oft sehr kalt.

Einmal rückten wir aus zum Übungswerfen mit erbeuteten französischen Ei-Handgranaten.[79] Die Kompanie stand in Wartestellung, während etwas weiter weg einer unserer Leutnants den Unteroffizieren und Feldwebeln die Handhabung der Granate erklärte. Seine letzten Worte, die wir in Fetzen vernahmen, lauteten: „… Wenn ich diesen Bügel hochschnappen lasse, dann …“ Ein gewaltiger Knall zerriss die Stille des Feldes, alle lagen am Boden. Die Granate war in Höhe ihrer Gesichter explodiert. Es war schrecklich. Tote und Verwundete ohne Feindeinwirkung! Mein Unteroffizier bekam fast 200 kleinste Splitter ab. Wir sahen ihn erst in der Sowjetunion wieder.

Vor dem Kompaniegebäude musste Tag und Nacht ein Posten stehen, ganz wie vor Kasernen. Der Oberleutnant kam aus der Tür; ich eilte zum Wachhaus, um „Männchen“ zu machen, das heißt zu präsentieren. Im Vorbeigehen fragte mich der Oberleutnant: „Posten, wie spät?“ Ich brüllte: „Kurz vor zwölf, Herr Oberleutnant!“ Die Antwort lautete: „Drei Tage Bau wegen Sprechens unter präsentiertem Gewehr!“ So gemein konnte es manchmal zugehen.

---

79 Vermutlich „Fusante 1“ oder kurz „F 1“, setzt bei Detonation zahlreiche Splitter frei.

Zu Neujahr trank ich den ach so süßen „Triple Sec". Über die Deichsel eines Pontonwagens gelehnt, gab ich das schöne Hasen-Essen von mir. Zu meinem großen Verdruss stellte ich außerdem am nächsten Tage fest, dass ich beim Gang durchs Dorf all mein Geld verloren hatte. Es fand sich nicht wieder.

Wie die Offiziere in Frankreich lebten

In Saint Quentin teilte man mich eines Morgens beim Appell als Ordonnanz für das Offizierskasino des Standortes ein. Unsere „Herren" müssen da irgendwie an der Reihe gewesen sein. Ich hatte so etwas noch nie gemacht. Warum hielt man mich hier für einen Kellner? Beurlaubt bis zum Abend und kurz belehrt durch einen Unteroffizier begann dann am Abend dieses komische Abenteuer. An großen Tafeln saßen die Offiziere und warteten auf die Bedienung. Wir trugen auf, darunter manches, was wir nicht kannten und noch nie gesehen hatten. Dann mussten wir Gläser und Getränke servieren. Laut erzählten sich die Herren in Gruppen, was sie alles auf dem vorangegangenen Feldzug in Frankreich erlebt hatten. Vieles klang einem Zuhörer wie Angler- oder Jägerlatein in den Ohren.

So erzählte z.B. unser Kompaniechef, wie sie auf dem Vormarsch schon geplündertes Gut wieder vom Wagen warfen, um es am nächsten Ort gegen Besseres einzutauschen, so etwa trockene gegen gefüllte Kekse oder billigen Wein gegen bessere Sorten usw. Einmal hätte die Kompanie als erste Einheit eine große Sektkellerei erreicht, aber es fehlte an Fahrzeugen, um den Fund sicherzustellen. Kurz entschlossen griff man zum Spaten und stach vor der Einfahrt in die Fabrik kleine Kreise in den Sand. Dazu stellte man ein Schild mit der Aufschrift „Achtung, Minen!" Die nachfolgenden Einheiten sahen zunächst das Firmenschild, dann das Warnschild und unseren zurückgelassenen Posten. Sie fuhren verunsichert weiter. Endlich seien die Wagen seiner Kompanie, damals noch pferdebespannt, eingetroffen und wären zum Entsetzen anderer einfach in den Hof gefahren, um für den Divisionsstab tüchtig aufzuladen. Ja, so machte man sich bei Vorgesetzten beliebt!

Zu vorgeschrittener Stunde wurden die Gespräche immer lauter, dann kam das Ballett eines Fronttheaters in den Saal und es ging drunter und drüber. Unser kleiner Leutnant Schumann war schon lange blitzeblau, als er seine Pistole aus der Tasche fummelte und um sich schoss. Bevor man ihn festhalten konnte, hatte er eine herrliche Uhr und viel Porzellan an den Wänden zerschossen. Ja, das waren Helden!

Der Putzer unseres Oberleutnants fuhr mit dem größten LKW der Kompanie, einem Dreiachser Büssing, zusammen mit dem Schirrmeister nach Deutschland, um „Ersatzteile“ für die Ausrüstung zu holen. Der LKW fuhr dann die Wohnorte der Offiziere ab, um deren Damen viel Beutegut zu überbringen. Sie taten das im Kleinen, wovon ich dann von Göring und anderen lange nach dem Krieg erfuhr. Der Putzer hat es mir an dem Tag verraten, als er feststellte, dass wir beinahe Nachbarn waren. Er stammte aus dem kleinen Städtchen Leobschütz.[80]

Am Gestade des Ärmelkanals

Wir wurden wieder verlegt. Es ging nordwärts. Um die kleine Stadt Bergues[81] herum sah die Landschaft wüstenähnlich aus. Überall lagen die Trümmer von Kriegsgerät und Bussen umher.

---

[80] Głubczyce.

[81] Niederländisch: Bergen.

Hier schlug man in der Schlacht um Dünkirchen die gestrandeten Engländer 1940 zurück. Unser neuer Standort wurde St. Malo, ein Stadtteil von Dünkirchen mit ausgedehntem Hafengebiet. Da sah ich viele während der Kampfhandlungen beschädigte Schiffe liegen, darunter englische Transporter und Kriegsschiffe.

Es gab hier nur Wachdienste und kleine Übungen. Nachts überquerten die englischen Bomber und Aufklärer den Ort. Es gab ständig Fliegeralarm. Also verschliefen wir die Tage.

Für kurze Zeit wurden wir über die nahe belgische Grenze in den Badeort De Panne verlegt. Der Sandstrand zog sich breit dahin. Bei Ebbe konnte man zu einem gestrandeten englischen Zerstörer gelangen. Es fand sich nichts Bemerkens- oder gar Mitnehmenswertes darin. Wer weiß, wie viele Landser schon vor uns das Wrack durchstöbert hatten! Aber etwas anderes erweckte unser Interesse: Unmittelbar am Strand erhob sich wenige Meter von der französischen Grenze entfernt ein mächtiger Bau. Wir glaubten, es sei ein großes Hotel gewesen. Eine Besichtigung aber lehrte uns, dass wir es mit einem Sanatorium zu tun hatten, in dem vor dem Kriege hunderte verkrüppelter Kinder betreut worden waren. Im Keller fanden wir noch zahlreiche Bilder der Kinder, denen der Krieg zu ihrem Unglück neues Leid zugefügt hatte. Wo mochten sie sein, hatte man sie rechtzeitig evakuiert? Niemand wusste eine Antwort.

Eines Tages mussten wir mit aufgesetzter Gasmaske am Strand ein Übungsschießen absolvieren. Die Scheiben standen in etwa 200 Meter Entfernung unmittelbar am Ufer des Meeres. Bei dieser Übung musste ich feststellen, dass ich mit der Maske besser schoss als normal.

Bei gutem Wetter konnte man die englische Küste ahnen. Es gab hier viele klare Wintertage. Man konnte am Gestade zeitweise vergessen, warum man eigentlich hier in diesem fremden Land war.

Frühling in Belgien

Die kleine Stadt Andenne liegt an der Maas zwischen Huy und Namur. Jeden Tag sahen wir den schnellen Nahverkehrszug zwischen diesen Orten hin und her eilen. Indessen floss die Maas ruhig und breit durch das weite Tal. Übungen im Übersetzen und Bauen von Pontonbrücken bestimmten hier in den wenigen Wochen den Tagesablauf.

Georg Schneider 1941 in Andenne, Belgien

Das Leben in der Stadt verlief ruhig; die Bewohner störten sich kaum an unseren täglichen Märschen durch die Straßen. Von der großen Brücke aus, die über die Maas führte, sahen viele Leute unseren Übungen auf dem Fluss zu.

> Was kümmert uns Regen, was schert uns der Wind.
>
> Uns lacht jedes Mädel, uns kennt jedes Kind.
>
> Ihr Herz schlägt jedem und nach uns steht ihr Sinn,
>
> wenn blitzenden Auges durchs Städtchen wir ziehn.[82]

Ging man einkaufen, gab es reservierte, aber nicht abweisende Bedienung. Bei einem Bäcker kaufte ich jeden Morgen köstliches Gebäck, das ich später nirgends wieder sah. Es bestand aus einem runden Kuchen, der obenauf schaumig geschlagenes Ei hatte, ähnlich einem österreichischen Baiser.

Auf Spaziergängen in der Umgebung erzählte mir mein Kamerad, Fritz Meyer, mit Begeisterung von seinen Bienen in Harderode im Weserbergland. Er hatte nur seine Mutter. Sein Vater war kurz nach dem Ersten Weltkrieg verstorben. Fritz wusste damals noch nicht, dass er zum maßlosen Leid seiner Mutter am 19. November 1941 vor Moskau fallen sollte.

Im April 1941 nahmen wir in Westvleteren in Westflandern Quartier. Der Ort liegt nördlich von Poperinghe und ist sicher auch heute noch ein reiches, anheimelndes Bauerndorf. Hier wird Flämisch gesprochen, das heißt wir konnten uns einigermaßen

---

82 Wir sind Pioniere. In: Liederbuch der Fallschirmjäger, 1983.

verständlich machen, zumal ein Teil der Kompanie aus dem plattdeutschen Sprachraum stammte. Hier gab es nirgends Gewässer, also wurden wieder Fußdienst, Schießübungen, Minenverlegen usw. großgeschrieben. Schön war immer der Sonntagmorgen. Von der nahen Kirche läuteten die Glocken und alles strömte zur Messe als gäbe es nur Frieden in der Welt. Nach dem Gottesdienst sammelten sich die Männer mit Armbrust oder Bogen bewaffnet auf dem Hofe unserer Unterkunft. An einer Mauer hingen große Hirschgeweihe, auf deren Enden man Tonpfeifen steckte. Nach uns unbekannten Regeln wurde nun darauf geschossen und ein Tagessieger ermittelt. Die Männer forderten uns öfter auf mitzumachen. Allein die Offiziere verboten uns bald auch das Zuschauen, damit es nicht zu Fraternisationen führte! Das Schießen an sich wurde nicht verboten, obwohl es auf dem Hof unseres Quartiers stattfand. Schließlich wollten sich die Offiziere nicht das wohlige Leben in diesem Ort verderben!

Das Nachbardorf hieß Langemarck. Am Horizont zeigte sich bei guter Sicht der Berg Kemmel bei Ypern. Große Gräberfelder deutscher Gefallener aus dem Ersten Weltkrieg stimmten uns nachdenklich, auch über unseren weiteren Lebensweg. Unter den Gräbern befand sich auch das meines hier gefallenen Onkels Wilhelm Weiner.

Im französischen Kohlenpott

Unser neuer Standort in Frankreich wurde Denain, ein etwa 40 000 Einwohner zählender Ort in der Nähe von Lille. Wir waren in einem Schulgebäude mitten in der Stadt untergebracht. In der Nähe gab es kein Gewässer. Wir exerzierten also täglich wie Infanteristen, manchmal auf dem Markt zum Gaudium der

Franzosen, wenn man uns schliff. „Einzelgriffe! Der erste anfangen!“, „Grüßen, der erste anfangen!“ usw.

Georg Schneider bei Denain 1941

Hier lernte ich einige französische Lebensgewohnheiten kennen. Zum Frühstück holten wir uns z.B. oft eine Flasche Rotwein und eines der bekannten langen Brote aus Weizenmehl.[83] Manchmal saßen wir separat im Lokal und vernahmen um uns herum die fremde Sprache. Oft sangen die Franzosen am Tisch.

Einmal fand plötzlich ein Appell statt, bei dem wir unsere „Eiserne Ration“ vorweisen mussten. Bei Weigelts Willi blieben die Kontrolleure stehen. Was war? Seine Schweinefleischbüchse war um 5 mm höher als die anderen. Ein wachsames Auge hatte das entdeckt. Willi zuckte die Schultern, er fand keine Erklärung.

83 Baguette.

Nun wurde das Büchschen geöffnet: Drei kleine Sardinen schwammen darin! Willi erhielt eine Verwarnung aber keine Strafe, weil er fast jeden Abend mit den Unteroffizieren soff.

Die Stadt Lille, die wir zum Duschen aufsuchten, erinnerte mich stark an Halle. Es gab überall das gleiche Bild: enge Straßen und Gassen, graue Häuser, Kohlendreck. Die Straßen stiegen oder fielen. Nach dem Duschen traten wir in eine kleine Konditorei ein. Hier gab es bereits damals Selbstbedienung. Man suchte sich Leckeres zusammen, zahlte an der Kasse und erhielt zum Gebäck tatsächlich eine Tasse Kaffee! Ein kleiner älterer Mann klopfte uns auf die Schulter und sagte in reinstem Deutsch: „Na, Jungs, wie lange denkt ihr denn das so zu machen?" Welch ein Mut, fand ich. Die Kameraden antworteten: „Ach, guter Mann, das bleibt nun immer so. Leben wie Gott in Frankreich!" Er sagte daraufhin: „Na, na, wir sprechen uns in drei Jahren wieder!" Er sollte recht behalten.

Auf Wache sahen mich alle Franzosen eines Tages seltsam komisch an. Nach dem Dienst fragte ich die anderen, ob sie ähnliches bemerkt hätten. Sie bestätigten alle meine Beobachtung, fanden aber auch keine plausible Erklärung. Erst der nächste Tag brachte uns die Aufklärung. Eine Französin erklärte uns, dass gestern der „Tag des Auges" gewesen sei??? „Ja, es ist der Tag der Jeanne d'Arc. An diesem Tag muss jeder patriotische Franzose einem Deutschen feindlich ins Auge blicken." Und die Objekte dafür waren wir Wacheschiebenden auf dem Bürgersteig mitten in Denain.

Der Juni des Jahres 1941

Nach viertägiger Eisenbahnfahrt rollten wir über die Grenze Polens im oberschlesischen Industriegebiet. Neu waren hier die bettelnden Kinder entlang der Route. In einer Sandgegend zwischen den Städten Radom und Kjelzy[84] endete die Fahrt. Hier lag ein großes Barackenlager in den Hügeln des Heiligkreuzgebirges.[85]

Viele anstrengende Geländeübungen und große Hitze ließen uns die Tage sauer werden. Plötzlich wurden die Übungen abgebrochen. Wir lagen im heißen Sand und hatten nur noch Unterricht! Auf nagelneuen Bildtafeln zeigten uns die Offiziere sowjetische Waffensysteme bis hin zu Panzern und Geschützen. Dann kamen sowjetische Uniformen und Rangabzeichen an die Reihe. Zwischendurch buchstabierten wir nach der Einführung ins russische Alphabet an einfachen Ortsnamen in Russisch herum. Wir sahen einander gelegentlich groß an, wussten aber nichts Genaueres über den Sinn der Belehrungen und Übungen. Bald gab es Postsperre. Es folgte eine große Parade der gesamten Infanteriedivision 267 vor ihrem neuen General. Das war auf irgendeiner Landstraße. Am nächsten Tag wurden beim Morgenappell Beförderungen ausgesprochen. Ich wurde Gefreiter. Am Nachmittag betranken wir uns alle am billigen warmen Fusel, den es mittags gab. In den Baracken war es auch am Abend noch sehr heiß. So lagen wir alle blau im Sand und kotzten wie die Reiher. Der Morgenappell! Fürchterlich! Aber dieses Mal kein Strafexerzieren. Am anderen Abend folgte „Großer Zapfenstreich". Wir Pioniere fungierten mit als

---

84 Kielce.

85 Góry Świętokrzyskie.

Zuschauer. Die Parade wurde vom Infanterieregiment 487 durchgeführt, alles junge Kerlchen, viel jünger als ich. Es war irgendwie feierlich, beinahe unheimlich. Zwei Monate später sollte ich einen großen, mit vielen Birkenkreuzen besetzten Friedhof sehen, über dessen Zugang stand: „Hier ruht das Infanterieregiment 487". Das war bei Jelnja.

Nun kamen wir an die Demarkationslinie zwischen Deutschland und der Sowjetunion. Nach einem kurzen Lehrgang über Gaskriegsabwehr in der alten Festung Demblin musste ich meine Truppe suchen. Sie lag in einem Wald, wo es nur so von Mücken um die Zelte wimmelte. Wie Afrika-Forscher erhielten wir große Flornetze. Am Morgen des 21. Juni 1941 hieß es plötzlich, wir sollten uns in lumpig aussehende Polen verwandeln! Die Offiziere erschienen in grünen Grenzer-Uniformen. Wir zogen als wilder Haufen an den Fluss Bug. Unser Auftrag lautete eine Zufahrtsstraße zu einer für morgen geplanten Brücke zu schaffen. Wenn die Offiziere Zigarettenstummel wegwarfen, mussten wir uns wild darauf stürzen, damit die sowjetischen Grenzer keine Soldaten, sondern Polen in uns sahen. Ja, die Offiziere unterhielten sich sogar mit denen auf der anderen Seite über den stillen Fluss hinweg. So wurde der Überfall auf die Sowjetunion vorbereitet, trotz Vertrag!

Wie ich den Überfall auf die Sowjetunion miterlebte

Georg Schneider im Juni 1941 am Bug

Im Osten kündigte sich der neue Tag an. Wir lagen seit Mitternacht am Uferdeich des Bug neben unseren großen Neumann-Floßsäcken. Der Fluss zog ruhig dahin, erste Vogelrufe erklangen. Da! Weit weg ein Kanonenschuss! Plötzlich brüllte alle Artillerie los, die hier in Stellung gegangen war. Dicht hinter uns standen die 15er Langrohre unseres Artillerieregiments. Die Druckwellen der Abschüsse hoben uns fast vom Boden. Bald sahen wir jenseits des Flusses Rauchsäulen und Brände aufsteigen. Nach einer Stunde hörte das Schießen ebenso schnell auf, wie es eingesetzt hatte. Trillerpfeifen! Das ging uns Pioniere an! Wir erhoben uns und schleppten die Floßsäcke ans Wasser. Schnell saßen wir drin und los ging's, dem anderen Ufer zu. Mitten im Fluss lag eine Sandbank, auf der wir bald festsaßen. Nun setzte vom jenseitigen Ufer Maschinengewehrfeuer ein. Ich befand mich erstmals in gegnerischem Beschuss. Wir schoben den Floßsack ins tiefere Wasser und erklommen kurz darauf das sowjetische Ufer. Erst gegen Mittag war die kleine Grenztruppe niedergekämpft. Da lagen sie mit offenen Augen in ihrem Blut, nur dürftig bekleidet, sie waren nicht mehr dazu gekommen sich anzuziehen. An den Maschinengewehren hatten sie für eine schnelle Gurtführung Bretter ausgelegt. Über die von unserer 2. und 3. Kompanie gebaute Brücke rollten schon die Nachschubkolonnen, während hier am Ufer der Kampf noch tobte.

In einer Schonung bezogen wir für die Nacht Stellung. Heftiges Maschinengewehrfeuer ließ uns mitten in der Nacht hochschrecken. Was war passiert? Zwei unserer Leutnants waren vor die Postenkette gegangen, um im Stil des Kasernenhofs die Wachposten zu kontrollieren. Als sie auf den Anruf der Wachenden nicht antworteten, gab der Unteroffizier, in der Meinung den „Feind“ vor sich zu haben, dem Maschinengewehrschützen den Befehl, das Feuer auf die Unbekannten zu eröffnen. Kamerad Neubauer zog durch. – Nach einem halben Jahr traf er wieder bei der Kompanie ein. Ein Kriegsgericht hatte den Unteroffizier und ihn freigesprochen. Aber beide hatten von da an durch die Offiziere der Kompanie keine guten Tage mehr. Beide wurden als „Mörder“ betrachtet und daraufhin in eine andere Einheit versetzt.

Entsprechend dem Plan des Befehlshabers der Heeresgruppe Mitte rollten wir in den folgenden Wochen hinter den kämpfenden Verbänden her. Vom LKW aus sahen wir viel Kriegsgerät in den Straßengräben durch die Pripjet-Sümpfe liegen und passierten Dörfer und kleine Städte, wie z.B. Sluzk, von denen oft nur noch die Kamine der zerschossenen und niedergebrannten Häuser in den sommerlichen Himmel ragten. Mitte Juli erreichten wir die Beresina bei Bobruisk.

Brückenschlag über die Beresina

Es ist immer ein merkwürdiges Gefühl an Stätten zu stehen, an denen sich einst Weltgeschichte abspielte. So auch hier an der Beresina bei Bobruisk, wo Napoleons Armee zum wiederholten Male bei ihrem Russlandfeldzug geschlagen wurde.[86] Was „blühte“ uns hier und ostwärts des Flusses?

Zunächst bauten wir dicht bei der Stadt aus groben Baumstämmen mit Hilfe einer Dampframmfähre eine feste Holzbrücke, deren Fahrbahn schwerste Lasten tragen sollte. Sie lag nur einen reichlichen Meter über dem Wasserspiegel. Wir trugen bei der Arbeit nur die Badehosen. Zwischendurch kühlten wir uns immer wieder durch einen Sprung in das herrliche Wasser ab. Eines Tages musste stromauf jemand Handgranaten zum schnellen Fischen ins Wasser geworfen haben, denn plötzlich schwammen große Fische an der Oberfläche, die entweder betäubt oder getötet waren. Ich sprang auch von der Brücke nach solch einem Fisch und erhaschte einen großen Barsch.

[86] Im September 1812 scheiterte Napoleons Russlandfeldzug.

Aufschreiend ließ ich ihn aber sofort wieder los, denn ich hatte mich an seinen stachligen Rückenflossen empfindlich verletzt.

Beim Bau halfen uns auch sowjetische Kriegsgefangene. Sie mussten das schwere Gebälk aus einem nahen Sägewerk herbeischleppen. Ich erinnere mich noch, wie geschwächt viele von ihnen schon waren und wie gierig sie sich auf das von unserer Feldküche zubereitete Essen stürzten.

Als die Brücke fertig war, hörten wir immer noch ziemlich nahe die Abschüsse und Einschläge der Artillerie. Es wurde am Dnepr bei Stara Bishow um den Übergang gekämpft. Während dieser Kämpfe erlebte ich einiges mit, was der sowjetische Frontberichterstatter Simonow viele Jahre später in seinem Roman „Die Lebenden und die Toten" beschreibt. So z.B. sahen wir dem Luftkampf über Bobruisk zu, bei dem eine Messerschmitt 209 eine ganze Kette sowjetischer Bomber abschoss. Diese anfänglich starke Überlegenheit der Deutschen wird von Simonow mit großer Bitterkeit festgestellt.

In das hohe Ufer der Beresina hatte man früher große Stollen getrieben. Neugierig öffneten wir eine der davor befindlichen schweren Holztüren. Eisige Kälte schlug uns entgegen. Hier waren riesige Mengen vom Wintereis des Flusses eingelagert!

Zum Abschluss der Brückenbauarbeiten gab es ein riesiges Schweineschlachtefest. Erbsen mit Speck und nach Wochen der Entbehrung Fleischgerichte aller Art! Dann aber kamen wir von den abseits der Zelte errichteten Latrinen kaum noch herunter. Es zerriss uns förmlich.

Zwischen Beresina und Dnepr

Wir fuhren nachts auf unseren drei Renault-Mannschaftswagen südwärts und kamen bei dem Ort Paritschi wieder an die Beresina. Hier gab es eine der schon im alten Russland erbauten Holzbrücken. Beiderseits des Flusses führte ein langer Damm bis auf etwa zwölf Meter über dem Flussbett entlang. Dann verband eine kunstvolle Holzkonstruktion die beiden Ufer. Diese Brücke aber war bereits von den zurückweichenden sowjetischen Truppen verbrannt worden. Um die notwendigen Pionierarbeiten abschätzen zu können, begab sich unser Kompaniechef in Begleitung des Spießes, seines Fahrers und zweier Begleiter (davon war ich leider der eine) auf die Höhe der diesseitigen Rampe. Die letzten Schritte ging er allein. Auf dem anderen Ufer befand sich noch ein kleines Brückenhäuschen, das nicht mit verbrannt war. Aus diesem Erker in etwa 150 Metern Entfernung blitzten mehrere Schüsse auf. Unser Oberleutnant sank um. Als wir nach kurzem Abwarten zu ihm traten, sahen wir, dass er sofort tot gewesen sein musste. Ein Schuss hatte ihn mitten in die Stirn getroffen.

Am Nachmittag desselben Tages wurden wir plötzlich mit starkem MG-Feuer angegriffen. Alles ging sofort in Deckung und versuchte den Gegner auszumachen. Ich warf mich in eine Furche eines kurzen Kartoffelfeldes in einem Bauerngarten. Auf einmal umschwärmten mich hunderte Bienen und stachen wie wild um sich. Mehrere Schüsse hatten ihre Körbe getroffen. Am Abend fanden wir in den Bienenkörben volle Waben, aber wie den Honig herausbekommen? Wir füllten Kochgeschirre und Töpfe mit den zerstückelten Waben und machten sie heiß. Nun schwamm das Wachs oben, aber der Honig schmeckte brennend scharf, er war ungenießbar.

Auf einer Wiese am Dnepr watschelte eine große Schar Gänse. Das wäre was! Wir spalteten von der großen schnatternden Herde kleine Gruppen ab und schlugen sie mit langen Stangen vor die Hälse. Wir kamen mit etwa 30 Gänsen zurück. Unser Küchenjunge hieß uns, die Gänse sofort zu rupfen, aber mitten im Sommer geht das sehr schlecht. Mitten im Rupfen ereilte uns der Alarmruf zur sofortigen Weiterfahrt nach Norden. Die Gänse kamen halb gerupft in große Wannen, die wir mit Wasser füllten. Dann schoben wir die Wannen unter die Sitzbänke auf den Renaults. Nach tagelangen Fahrten und kleineren Gefechten stellte einer plötzlich fest, dass es auf unserem LKW gewaltig stinken würde. Es waren die Gänse. Während der Fahrt flogen die Wannen vom Wagen.

In Ruhestellung

Ich war zum „Putzer“ des Oberfeldwebels Broas aus Hamburg avanciert und durfte bei manchem Einsatz der Kompanie im Quartier bleiben. In einer kleinen, noch nicht sehr zerstörten Stadt bekamen wir „Zunder“ von der sowjetischen Artillerie. Es hieß, die Moskauer Artillerieschule schieße sich auf uns ein. Da flogen die Fetzen! Allein im Quartier wusste ich nicht, wo und wie ich mich vor den immer in der Nähe einschlagenden Koffern schützen sollte. Schließlich entschied ich mich für eine Innenwand, dicht am Kamin. Da lag ich voller Angst und erwartete sehnsüchtig die Rückkehr der Kameraden. Als sie kamen, hörte ich, dass mehrere gefallen seien.

Bald gab es eine längere Einsatzphase, immer vorn. Endlich erhielten wir hinter der Front einige Tage Ruhe. Zunächst verschliefen wir fast drei Tage in flachen abgedeckten Erdlöchern. Dann brachten wir unsere persönlichen Sachen in

Ordnung. Wir durften endlich auch wieder Briefe schreiben. An der Feldküche spielten sie den ganzen Tag dieselbe irgendwo unterwegs gefundene Schallplatte ab: „Roter Mohn, warum welkst du denn schon …"[87] Es war zum Auswachsen!

Der Kompaniechef hatte in einem der wenigen noch bewohnten Häuser in der Nähe ein schönes Mädchen entdeckt. Der Chef balzte ärger als jeder Pfau, aber es half nichts. Er hatte gewettet, dass er sie „so herumkriege". Da ging er schließlich hin und schoss vor Wut alle schönen Zuchttauben auf dem Dach des Hauses ab.

Fast jeden Tag überflogen uns nun sowjetische Jäger vom Typ „Rata". Einmal flogen plötzlich ganz tief zweimotorige Maschinen an. Wir hielten sie für unsere „He 111", aber Irrtum! Es krachte im Dorf und zwischen unseren Autos. Wir saßen gerade beim Mittagsmahl, etwas ganz Seltenes im Feldzug. Unser Holzhaus erzitterte, dass die Kochgeschirre auf dem Tisch hochsprangen. Instinktiv gingen wir in Deckung, soweit sich solche bot. Wir warteten voller innerer Spannung auf die Detonation der Bombe. Es blieb still. Wir traten zaghaft vor das Haus und sahen dicht daneben eine tiefe Röhre im Erdreich, ähnlich einem Fuchsbau. Ein Blindgänger! Ich weiß nicht mehr, wie schnell wir unsere Sachen und das Essen ergriffen und in heller Flucht das nunmehr ungastliche Haus verließen.

Wenn es abends etwa 22 Uhr war, konnte man darauf warten, dass bald mit lauterwerdendem Motorengeräusch ein „UvD" herankam. Es handelte sich um einen kleinen sowjetischen Doppeldecker, der über uns angelangt seinen Motor drosselte und nun offensichtlich selbstgebastelte kleine Bomben aus ganz

---

[87] Von Rosita Serrano.

geringer Höhe auf uns abwarf. Einige gingen nicht los. Wir stellten fest, dass es Konservenbüchsen waren, die Sprengstoff und krumme Nägel, kleingehackte Eisenteile und anderen Schrott enthielten.

Weite Ebenen, große Wälder und Ströme

In einem riesigen Getreidefeld hatten sich versprengte Sowjetsoldaten eingegraben. Wir lagen uns drei Tage in Schützenlöchern im reifen Weizen gegenüber. Endlich trafen Sturmgeschütze ein und vertrieben den Gegner.

Die Sturmgeschütze mussten wir nun beim weiteren Vordringen begleiten. Es bestand Minengefahr. Wir fuhren aufgesessen auf den Panzern mit. Von Zeit zu Zeit hielten sie an. Dann mussten wir eine Strecke vor ihnen nach Minen absuchen. Das war leichter gesagt als getan. Unsere Suchgeräte sprachen nicht an, weil die Rote Armee fast ausschließlich in Holzkästen verpackte Minen verlegte. Also half nur das vorsichtige Einstechen der langen Suchstäbe. Am Nachmittag konnten wir eine Strecke weit unbesorgt weiterfahren. Ein Autokonvoi kam uns entgegen. Die Ferngläser ließen sowjetische Fahrzeuge erkennen. Das war zunächst nicht ungewöhnlich, denn auch unsere Kompanie fuhr sowjetische Beutefahrzeuge. Wir hielten sie an, als sie nahe genug heran waren. Die Autos hatten sowjetische Besatzungen. Sie waren sehr verblüfft darüber, plötzlich auf uns gestoßen zu sein. Die Untersuchung der Ladungen ergab, dass wir einen reichen Fang gemacht hatten. Ein mit großen Kisten beladener LKW enthielt Millionen nagelneuer Geldscheine in allen Nenngrößen! Zwei weitere Fahrzeuge waren mit großen Säcken voller Rohschokolade, die aussah wie dicke Holzknüppel, beladen. Erst eine Kostprobe überzeugte uns davon, dass es feste

Schokoladenmasse war. Ein weiterer Wagen führte pralle Säcke voller Speck mit sich. Leider konnten wir mit dem vielen Geld nichts anfangen und behielten uns nur einige verschiedene Scheine als Andenken. Geld, Schokolade und Speck wurden an die rückwärtigen Dienste abgeführt.

Wir tauchten in die riesigen Waldungen südlich von Smolensk ein. Wir suchten nach einer Umgehungsstrecke, weil die Rollbahn hoffnungslos verstopft war und wir nach vorn befohlen wurden. Auf einem Patrouillenweg kamen wir an eine einsame Försterei. Drinnen ging es lebhaft zu. Wir schlichen uns unter die Veranda. Wir stießen die Gewehre durch die Glaseinfassung und riefen „Hände hoch!" auf Russisch. Da stand einer, der gerade Brot schnitt. Er warf Messer und Brot hin und eilte in die Zimmer. Da wurde es noch lauter. Es schien eine Gruppe Versprengter darin zu hausen. Wir aber waren nur zu dritt. Mit wenigen Schritten erreichten wir die schützenden Bäume und umgingen das einsame Haus. Die gesuchten Straßen fanden wir indes nicht. Das Kartenmaterial war zu unzuverlässig und der Augenschein führte nicht zum Ziel. Es blieb uns nur die Rollbahn. Mit Schießen und Geschrei kämpfte uns der der Kolonne voranfahrende Offizier den Weg nach vorn frei!

Minen und Pferde

Südlich von Wjasma[88] erreichten wir die Ugra.[89] Hier verlief am tiefen Fluss zu diesem Zeitpunkt die Front. Der deutsche Vormarsch verlief nicht mehr so schnell wie in den ersten

---

88 Wjasma (russisch Вя́зьма) russische Stadt in der Oblast Smolensk im Westen des Landes.

89 Ugra (russisch Угра) linker Nebenfluss der Oka im europäischen Teil Russlands.

Wochen. Wir sollten die deutschen Aufmarschbasen an diesem Frontabschnitt gegen Angriffe der Roten Armee sichern. Deshalb mussten wir jede Nacht zwischen 23 und 3 Uhr an das hohe Ufer der Ugra, um eine tiefgestaffelte Minensperre zu verlegen. Wir schlugen kleine Pfähle leise ein und verbanden sie mit Stolperdraht. Daran wurden mit Zugzündern versehene kleine Sprengsätze angeschlossen. Die gegen den Draht Anlaufenden würden uns dann durch laute Detonation warnen. Nach mehreren Nachteinsätzen waren die Sperren fertig. Noch in der letzten Nacht hörten wir die Rotarmisten in ihren Höhlen, die sie in das diesseitige Flussufer gegraben hatten, erzählen, lachen und singen. Kurz nach unserer Rückkehr in die Quartiere wurde der Nachthimmel über der Front durch die explodierenden Sprengsätze erhellt. Kommt der Iwan oder was ist? In der nächsten Nacht verschaffte uns ein Spähtrupp-Unternehmen Klarheit. Die Russen hatten uns in aller Seelenruhe alles fertigbauen lassen. Dann holten sie ein paar alte Gäule von einer nahen Viehkoppel und trieben sie in unsere Drähte. So einfach war das! Unser General soll getobt haben.

Auf dem Rückmarsch wurden wir in jener letzten Nacht auch noch von unserer eigenen Infanterie mit Gewehrfeuer empfangen! Die Regimenter hatten einander abgelöst und „vergessen“ mitzuteilen, dass noch Pioniere vorn wären. So hieß es für uns, die Nase in den Dreck stecken, bis der Irrtum sich aufklärte. Dieses Mal wurde es bei unserer Rückkehr vom Einsatz schon hell.

Zum Trost konnten wir auf den riesigen Öfen in den russischen Bauernhäusern liegen, denn die Nächte waren schon recht kalt geworden. Als wir gegen Mittag erwachten, holten wir sofort die Töpfe mit Rindertalg und Kartoffeln hervor. Dann gehörte unser ganzer Einsatz nur noch dem Backen von riesigen Mengen Kartoffelpuffern. Das Schlafen auf dem Ofen und das Pufferbacken sollten in den folgenden kälteren Monaten unsere Freizeit bestimmen. Ab und zu kochten wir auch in den Höhlen der großen Öfen. Man musste mit großen Gabeln die uralten gusseisernen Töpfe ins Feuer schieben und im richtigen Moment wieder herausholen. Und wenn man Hunger hat, dann schmeckt alles gut.

In den herbstlichen Schlammschlachten

Wir ahnten noch nicht, was mit dem Anbruch des Herbstes auf uns zukam. Vom Altweibersommer her ging die Welt in wochenlangen Regen über und durchweichte alle Wege.[90] Viele Fahrzeuge blieben stecken und nicht immer halfen vorgespannte Panzer. Das meiste musste der Landser mit der Hand tun. Aber am schlimmsten waren doch wir dran, denn allerwärts hieß es: „Pioniere her!" Am besten halfen feste Knüppeldämme, um aus allem Dreck herauszukommen. Doch dazu wurde viel Holz verbraucht. In den Wäldern gab es genug davon, doch was half uns im freien Gelände? Oft zerlegten wir dann schon halb zerstörte Holzhäuser oder Scheunen und befestigten die Pfade mit den so gewonnenen Balken. Manchem Fahrzeug half auch schon das Stroh vom Hausdach. Es war eine saure Periode. Dem Gegner ging es genauso, doch er kannte sich hier im herbstlichen Schlamm besser aus.

Einige Male kam es vor, dass zwischen unseren Kolonnen, wenn gerade einmal eine Pause eintrat, plötzlich russische Fahrzeuge aus einem Seitenweg hervorpreschten und über unseren eben gebauten Damm fuhren! Und es geschah weiter nichts, weil beide

[90] Herbstlicher Schlamm führte bis Ende Oktober 1941 zu Verzögerungen.

Seiten derart verblüfft waren. Der viele Schlamm machte auch Uniformen und Fahrzeuge oft unkenntlich.

Ich glaube, es war der 2. Oktober 1941, als wir morgens in unseren Zelten, die auf einem Stoppelfeld standen, erwachten und die Welt um uns herum weiß war. Frost und Schnee wichen nun nicht mehr. Der General Winter hatte uns.

An diesem Morgen verteilte man an uns Flugblätter, auf denen zu lesen war, dass der Feind geschlagen sei, wir nur noch ein letztes Mal scharf nachstoßen sollten und dann Weihnachten alle wieder zu Hause wären. Und das vom Führer unterschrieben!

Na, wenn das nichts war! Unterdessen sahen wir die Dinge aus der Nähe etwas realistischer und ahnten, dass das seine Haken und Ecken hätte.

In den Wäldern um Moschaisk[91]

Die Front kam immer mehr zum Stehen. Unsere Aufgaben als Pioniere wurden immer vielseitiger. So kamen wir zum Einsatz, als in den Wäldern hinter den Stellungen merkwürdige Dinge geschahen. Da wurde mehrmals von Feldküchen berichtet, die nie bei ihrer Einheit ankamen, sondern in den Wäldern spurlos verschwanden und das sogar bei Schnee! Der Wald wurde mehrmals durchkämmt, wir fanden nichts. Tage darauf gab es die gleiche Situation. Endlich führte uns eine Fußspur zu einer Gruppe mächtiger Eichen, zwischen denen eine leichte Bodenerhebung unsere Aufmerksamkeit erregte. Außerdem wurde unter Wurzeln ein System aus merkwürdigen Mauselöchern entdeckt. Da Pioniere ihr Werkzeug stets bei sich tragen, wurde befohlen, den Hügel mit Spaten und Kreuzhacken

[91] Moschaisk (russisch Можайск) Stadt in der Oblast Moskau.

zu untersuchen. Schließlich legten wir mehrere übereinander angeordnete Lagen von Baumstämmen frei. Als wir mit dem Abtragen der letzten Schicht begannen, wurden in der Tiefe Stimmen laut. Nun entstiegen etwa 20 Sowjetsoldaten dem geöffneten Unterstand. Obwohl sie mit erhobenen Händen bald vor uns standen, gingen einige von uns auf sie zu und begannen sie zu prügeln. Wir entdeckten dann noch im Gebüsch ihren Ausschlupf und die Rolle der „Mauselöcher“: Es waren Schießscharten.

Wir haben als Pioniere überhaupt öfter die Möglichkeit gehabt, die Geschicklichkeit der Sowjetsoldaten beim Stellungsbau zu bewundern. Da waren die Laufgräben mit Faschinen[92] gegen Nachrutschen des Erdreichs gesichert, da gab es gut getarnt angelegte Artilleriestellungen, ja, ganze getarnte Flugplätze. Ein Meisterwerk aus Stämmen und Sperrholz stellte der tief ins Erdreich eingelassene Gefechtsstand des Generals Timoschenko in der Nähe von Wjasma dar. Wir richteten ihn für unser Armeekorps her.

92 Weidengeflecht.

Georg Schneider 1941 bei Moschaisk (links)

Der Wald schützt zwar, verbirgt uns aber gleichzeitig den Gegner. Auf einem Weg, der zu der von mir abzulösenden Wache führte, sprang plötzlich einer mit vorgehaltenem Gewehr aus dem Gebüsch. Nach dem ersten Schreck erkannte ich zu meinem Erstaunen in ihm einen deutschen Soldaten. Er ließ die Waffe sinken, ich auch. Nun fragte er ganz manierlich, ob ich etwas zu rauchen hätte. Ich sagte ihm, dass er mir zunächst unvermittelt Angst gemacht habe. Ich hatte als Nichtraucher natürlich nichts bei mir. Er fragte dann, wo die 297er Artillerie liegt. An seinen Schulterstücken erkannte ich, dass er Artillerist sein musste. Ich wies ihm die Richtung, aus der soeben die Geschütze losbellten. Da machte er auf den Hacken kehrt und verschwand in entgegengesetzter Richtung wieder im dichten Wald. Ich dachte: Nanu, was war denn das? Ich machte keine Meldung.

Scharfschützen

Lange nach Mitternacht rückten wir in einem kleinen Dorf in unsere Quartiere ein. Wir waren hundemüde von einem Einsatz an der Front, aber die verdiente Nachtruhe sollte uns nicht beschieden sein. In allen Räumen, in denen wir Kerzen entzündeten, erhielten wir gut gezieltes Gewehrfeuer. Die letzten Fensterscheiben gingen zum Teufel, bittere Kälte brach ein. Aber was sollten wir tun in dieser Finsternis? Wir liefen in den Räumen soweit es möglich war an der Innenwand entlang und löschten alles Licht. Langsam trat Ruhe ein.

Am Morgen kam der Befehl, alle in den Wald führenden Fußspuren zu verfolgen. Es war ziemlich unwahrscheinlich, die Schützen noch zu finden, da inzwischen fünf Stunden vergangen waren. In einiger Entfernung vom Dorf liefen die Spuren zu einer Fährte zusammen. Nun hieß es bald: „Äußerste Vorsicht!“ Aber der Befehl kam fast zu spät, denn um uns herum krachten schon Schüsse. Wir gingen sofort im Schnee in Deckung, soweit das auf dem Schnee in der Felduniform möglich ist. Da schrien die ersten Verwundeten auf, der Kampf nahm ernste Formen an. Wir teilten uns durch Zuruf mit, wo wir Verdächtige entdeckten. Einige sowjetische Schützen saßen in hohen Bäumen. Wir nahmen als sicher an, dass sie durch Dorfbewohner über unseren Einsatz informiert worden waren.

Ich lag hinter einer dünnen Birke und rührte mich nicht. Ich rührte mich auch nicht, als der Feldwebel mich laut anrief, einen toten Kameraden aus der Schusslinie zu schaffen. Er drohte mir mit dem Kriegsgericht. Es stand aber für mich fest, dass ich bei Ausführung des Befehls der nächste Tote war.

Langsam flaute das Gefecht ab und die frühe Dämmerung brach herein. Da kam eine starke Infanterieeinheit, die die Schießerei gehört hatte, und löste uns ab. Spät am Abend wurden wir zur Infanterie geschickt, um unsere Toten zu identifizieren. Da lagen sie: der Feldwebel, der Obergefreite Ostwald und – mein Freund Fritz Meyer aus Harderode[93] im Weserbergland. Wir nahmen die wenigen Habseligkeiten aus den Taschen und die Erkennungsmarken entgegen und kehrten kurz vor Mitternacht ins Quartier zurück. Das war der 19. November 1941, östlich der Stadt Moschaisk.

In den vordersten Stellungen vor Moskau

Ende November 1941 mussten wir über einen Fluss eine Brücke schlagen, war es die Moskwa oder die Istra?[94] Der Fluss war tief gefroren. Nur mühsam bekamen wir die Standbeine fürs B-Gerät[95] in und durch das Eis. Dazu beschoss uns ununterbrochen sowjetische Artillerie. Auch dass sich unser neuer Divisionsgeneral Martinek dazu stellte, förderte nicht den schnelleren Fortgang der Arbeit.

---

[93] Friedrich Meyer aus Harderode, Flecken Coppenbrügge, Kreis Hameln-Pyrmont.

[94] Da sie von Südwesten kamen, könnte es die Moskwa gewesen sein.

[95] Vermutlich eine Dieselramme.

Am Ufer standen mehrere russische Kirchen und Reste von Schlössern. In einem runden Kirchenbau lagen hochgestapelt und hartgefroren die Leichen unserer Gefallenen aus vielen Truppenteilen. Sie konnten wegen des Dauerfrosts nicht begraben werden.

In einer Neubausiedlung fehlten noch die Fenster und Türen. Die Häuser waren verbissen umkämpft. Die Rote Armee deckte uns mit ihren schweren Granatwerfern (12,7) ein. Die Einschläge folgten dem Abschuss so schnell, dass man sich kaum in Sicherheit bringen konnte. Unser Bataillonsarzt wollte einem Verwundeten helfen. Da trafen ihn selbst die messerscharfen Splitter einer Granate und rissen ihm eine Ferse weg. Auf seine Hilferufe hin eilte ich herbei und brachte ihn in Sicherheit. Nach Wochen erhielt ich für diese selbstverständliche Hilfe das Eiserne Kreuz. Es war jedoch wenige Tage vor meiner eigenen Verwundung.

In der Nähe von Istra, bei dem kleinen Dorf Lokotnija(?)[96], gingen wir nun in Stellung. Wir sahen ein Schild mit der Aufschrift „Moskau - 35 km“ an irgendeiner Straße stehen. Uns schickte man in den Wald als Vorpostenkette. Wir standen und lagen da an die 50 Stunden. Es herrschte große Kälte, bei Windstille schwer abzuschätzen. Es waren aber bestimmt unter -30 Grad. Nachts deckten wir uns mit geschlagenem Fichtenreisig zu. Früh fuhr plötzlich ein LKW auf die vor uns liegende Lichtung. Schon erklangen russische Laute. Ein leiterförmiges Gerüst wurde auf der Ladefläche des LKW hochgekurbelt und es folgten etwa 40 quietschende, verhältnismäßig leise Abschüsse. Dann hörten wir die Einschläge hinter uns. Es wurde rechts von

96 Wahrscheinlich Lokotnja (Локотня) südwestlich von Istra, Oblast Moskwa.

uns in einer flachen Waldschlucht immer lebhafter. Starke Motorengeräusche und Rufe, auch Gesang, ließen uns ahnen, dass die sowjetische Gegenoffensive vor Moskau begonnen hatte. Das war am 5. oder 6. Dezember, am Nikolaustag!

Wir setzten uns ab und meldeten uns bei der Kompanie zurück. Aber da hatte kaum jemand für uns Ohren, alles ging drunter und drüber. Nachts ging es ab in neue Stellungen.

Der Tag meiner Verwundung [97]

Nach Mitternacht wurden wir in neue Stellungen eingewiesen. Es galt eine fest aufgebaute schwere Artillerieabteilung so lange zu halten, bis die Geschütze unbrauchbar gemacht wären. Danach sollten auch wir, wie die anderen Einheiten schon längst, zurückgenommen werden. Wir nahmen um die Geschütze eine etwa 800 Meter im Durchmesser große „Igel-Stellung“ ein. Ich lag einem Waldstück, einer Fichtenschonung gegenüber. Das war mir unsympathischer als sonst was, aber was half es? Schon um fünf Uhr morgens kam das Frühstück. Wir empfingen Kaffee und Brot. Dann beobachteten wir weiterhin das Gelände vor uns. In unserem Rücken hantierten leise die Artilleristen an den Geschützen.

Es war windstill, aber bewegte sich da nicht etwas vor mir? Der Nachbar sagte jedoch, er habe nichts wahrgenommen. Da wieder! Wackelten da nicht einige Fichtenwipfel? Im Morgengrauen erkannten wir des Rätsels Lösung, aber da war es schon zu spät. Die Rotarmisten hatten, in Schneemäntel gehüllt, kleine Schlitten vor sich her geschoben, auf denen Fichten befestigt waren. Daher das Wackeln, daher kam uns der Wald schrittweise näher. Wie

[97] 13. Dezember 1941.

Shakespeares Wald von Birnam im „Macbeth“.[98] Schon zwang uns starkes Schützenfeuer nieder.

Plötzlich verspürte ich einen Schlag wie von einem Knüppel. Ich wusste nicht, was los war. Ich rutschte weiter in die Deckung und sah, dass Blut an meiner rechten Hand war. Da kroch ich unter ein Fahrzeug, hinten wieder hervor und dann im Sprunglauf Richtung Dorf. Dabei hatte ich noch nicht bemerkt, dass mich mehrere Schüsse getroffen hatten. Alles war wie betäubt. Nach etwa einem Kilometer Laufen und Hinlegen kam ich in unserem Sanitätsrevier an, das sich in einer halb zerfallenen Scheune befand. Unser Sanitätsunteroffizier schnitt mir trotz der großen Kälte die obere Bekleidung herunter und besah sich den Schaden. Ich hatte einen Schulterdurchschuss und drei andere Schüsse mitbekommen. Seufzend verband mich dieser alte Kamerad und hängte mir eine Transportkarte um. Dann hielt er einen vorüberfahrenden Munitionspanzer an und half mir beim Aufsteigen. Ich war nicht der einzige Passagier. Nun ging eine Fahrt über Stock und Stein los. Der Fahrer wusste nicht, wie er sich verhalten sollte. Fuhr er zu schnell, um den feindlichen Granaten zu entkommen, da brüllten wir Verwundeten wie wundgeschossene Tiere. Fuhr er langsamer, wuchs die Gefahr des Beschusses. Komisch, dass wir nur halb bekleidet die große Kälte nicht verspürten.

---

98 Birnam Wood ist ein Wald in der Grafschaft Perthshire, Scotland. In Shakespeares Macbeth wird Macbeth gesagt, dass er nur besiegt wird, wenn Birnam Wood nach Dunsinane kommt. Später kommt die Armee seines Feindes durch Birnam Wood und jeder Soldat schneidet einen großen Ast, um sich zu verstecken, so dass es so aussieht, als würde sich das Holz bewegen, wenn sich die Armee weiterbewegt. Macbeth wird besiegt und getötet.

Gegen Mittag lieferte uns der Panzersoldat in einem Feldlazarett ab. Ich vermute, das war in Istra(?).

Im Verwundetentransport

Ich mochte etwa zwei Stunden auf dem Stroh des Lazaretts hinter der Front gelegen haben, als mächtige Detonationen das Haus erschütterten. Das an meinem Kopfende befindliche große Fenster fiel auf mich Wehrlosen herab, aber mir war nichts weiter passiert. Man brachte uns auf den Hof in bereitstehende Busse. Kaum saßen wir drin, krachte es erneut und alle Scheiben zersplitterten. Hastig starteten die Wagen und fuhren uns über Stock und Stein über Land, immer den Stellen ausweichend, an denen die Rote Armee unsere Front durchbrochen hatte. Zur halben Nacht kamen wir in Rusa[99] an, wurden jedoch am Morgen in Moschaisk in die berühmten Viehtransportwagen verladen. Erst nach Stunden fuhr der Zug ab. Wir fuhren drei Tage schon westwärts. Jeden Morgen zog man die Toten heraus.

In Smolensk hieß es, dass alle Gehfähigen zum Verbinden gehen sollten. Wir gingen den gewiesenen Weg durch die Straßen der Stadt. Überall sahen wir, wie es in der Etappe[100] zuging. Am auffälligsten schienen uns Offiziere mit ihren pelzbekleideten Dämchen am Arm. Einer wollte uns anhalten wegen nicht erwiesenem Gruß! Einer von uns sagte: „Du Pinsel, geh doch dahin, wo wir schon hingesch…en haben!“ Wir sahen den Bildern vom Rückzug Napoleons nicht unähnlich. Ich z.B. hatte eine Jacke nur umgehängt, den Arm in der Schlinge und an den Füßen nur Socken! Die Stiefel hatte man mir längst von den Füßen gestohlen.

---

99 Ру́за.

100 Gebiet hinter der Front für die rückwärtigen Dienste.

Im Lazarett, einem ehemaligen Kloster hoch über den Bergen, bestand keine Aussicht auf Verbinden. Ärzte und Sanitäter rangen die Hände, weil immer neue Verwundete, aber auch solche mit erfrorenen Füßen eintrafen. Wir zogen also unverbunden wieder in unsere Waggons ein. Am Abend rollte der Zug mit vielen Unterbrechungen weiter gen Westen. Zu essen oder zu trinken gab es nichts. Die kleinen Kanonenöfchen in den Waggons waren längst erloschen und kalt. Oft versanken wir in eine stumpfe Bewusstlosigkeit.

Als der Zug nach zehn Tagen Fahrt hielt, wurden wir endlich ausgeladen. Ich muss wohl bewusstlos gewesen sein, denn ich wurde erst durch eine Stimme geweckt, die sagte: „Du, ich glaube der Krepel lebt noch!" Der „Krepel" war ich. Man hatte mich bereits auf den Haufen der entladenen Toten gelegt! Man steckte mich nun in einen Sankra und in wilder Fahrt ging es vom Güterbahnhof fort. Unterwegs wurde ich wohl wieder bewusstlos, denn ich erinnere mich an nichts weiter.

Im Reservelazarett in Biała Podlaska

Ich erwachte in einem dämmrigen Raum, Kerzen brannten und es wurde von der stillen Nacht gesungen. Alles war um mich her so unwirklich, dass ich zunächst ernsthaft glaubte im Himmel zu sein. Aber ich war noch nicht gestorben. Ich stellte fest, dass ich in einem weißen Bett lag und Rot-Kreuz-Schwestern am Ende des Raumes eine Weihnachtstanne umstanden und sangen. Um mich her lagen etwa 40 andere Verwundete. Denn dass ich verwundet war, kam mir langsam wieder in Erinnerung. Rings um mich her weinten die meisten, laut schluchzend. Dabei waren sie doch alle, weiß Gott, keine Waschlappen gewesen! Mit einem Mal wurde mir bewusst, dass weder Mutter, noch Mädchen, noch

Freunde wussten, in welcher Lage ich mich an diesem „Heiligen Abend" im Reservelazarett in Biała Podlaska in einer Baracke befand. Da heulte ich dann auch hemmungslos mit.

Nun hieß es liegen, ruhen, verbinden, liegen usw. Ich bekam einen Brustgips. Bald konnte ich quer mit der Hand hineinfassen, so sehr nahm ich ab. Nach einiger Zeit hatte ich unter dem Gips in der Watteschicht Läuse. Kratze sich, wer kann!

Georg Schneider 1942 im Feldlazarett in Biała Podlaska

Das Personal war sehr liebevoll, nett und oft lustig, um uns aufzuheitern. Niemand hätte dort mit uns geschimpft. In unserer Baracke dienten drei Schwestern und alle drei hießen Gertrud! Wie sollte man sie unterscheiden? Wir nannten eine die „Große", die dickste „Gertrud mit den Schweinsäuglein" (oh, wie gemein!)

und die kleinste hieß „Gertrud mit den Patschhändchen", weil diese wirklich klein waren.

Einmal hieß es, die Schwestern würden uns Torte aus der Stadt mitbringen. Nichtsahnend bestellte auch ich welche. Das Stück kostete dann 20 Reichsmark! Es war jedoch fast das einzige Geld, das ich im Osten ausgegeben habe.

Ende März 1942 durfte ich schon für kurze Zeit aufstehen und in der Baracke umherwandern. Da ging ich dann von Bett zu Bett und pflaumte jeden an, ohne Rücksicht auf die Dienstgrade, die man ja fein säuberlich an den Betthäuptern angeschrieben hatte. Ich tat das nicht, um die Bettgenossen zu ärgern, sondern eben nur aus dem Bedürfnis heraus sie aufzuheitern. Und keiner nahm etwas übel. So vertrieben wir uns die an sich traurigen Wochen.

Anfang April 1942 betrat die Visite die Baracke und verkündete, dass in wenigen Tagen ein Lazarettzug ins „Reich" fahre. Man wollte die Transportfähigen aufschreiben. Als der Assistenzarzt an mein Bett trat, setzte ich voller Hoffnung mein zuversichtlichstes Lächeln auf. Da ergriff er mein Bett am Fußende, hob es an und schaukelte mich hin und her. Dazu sprach er: „So heiß geht es auf dem Transport zu!" Mir vergingen Hören und Sehen, aber ich lächelte zu allem. Da setzte man meinen Namen auf die Transportliste.

Im Reservelazarett in Wien

Wir hatten keine Ahnung, wohin uns der Lazarettzug bringen würde. Es ging aber generell südwärts. Ich lag oben und musste mich auf die Auskünfte der unten Liegenden verlassen. Sie meldeten Lublin, Krakau, Kattowitz, Ratibor[101], Brünn,

[101] Racibórz.

Kornneuburg, Wien! Wir wurden ausgeladen und auf die einzelnen Lazarette in der Stadt verteilt. Unser Sankra hielt im Hofe des Sankt-Joseph-Krankenhauses im Ortsteil Hütteldorf.[102]

Wir wurden durch katholische Ordensschwestern empfangen. Man badete uns (erstmals seit wie vielen Monaten?), verband uns und steckte uns in blitzende Räume mit herrlichen Betten! Schon nach wenigen Tagen landete ich auf dem Operationstisch. Erst beim nächsten Verbandswechsel sah ich, dass ich einen tiefen Schnitt am Schultergelenk erhalten hatte. Die Wunde eiterte in den nächsten Wochen stark und große Knochensplitter traten zutage. Die Wunden reinigten sich. Das wildwachsende Fleisch entfernte man oft durch sehr schmerzhaftes Ätzen.

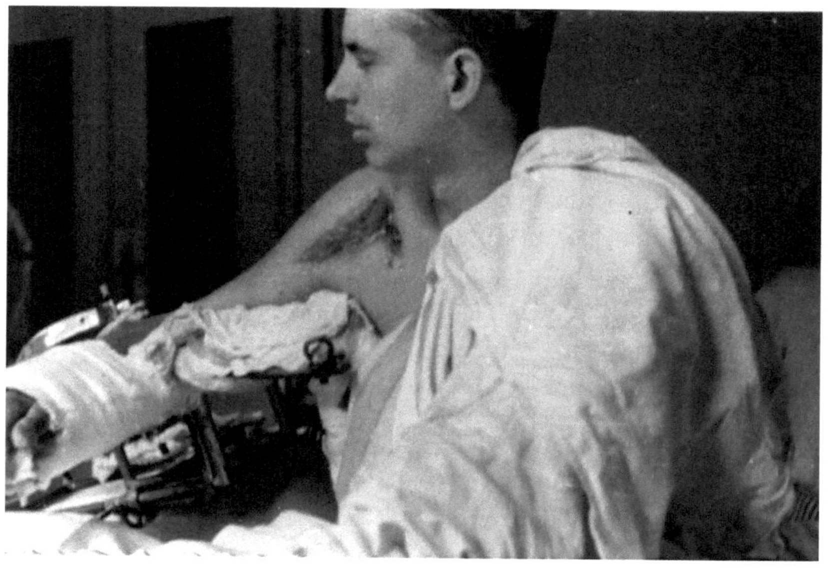

Georg Schneider 1942 (Lazarett Wien)

[102] Etwa zehn Kilometer westlich von Wiens Zentrum.

Die halberfrorenen Füße wurden mit dem Allheilmittel Ichthyol[103] weiterbehandelt. Der rechte Arm erhielt weiterhin eine Stützschiene. Doch Anfang Mai gab es eine neue Schiene, an deren Ende man ein Hufeisen, das vernickelt blinkte, anbrachte. Nun bohrte man mir eine Art Stricknadel durch den rechten Unterarm und spannte diese in das Hufeisen ein. Es war ein Riesengestell[104] entstanden, das den Zweck hatte, Armgelenk und Schulterblatt ruhigzustellen und zu verhindern, dass die Schulter zu schmal wurde.

Georg Schneider in Wien-Schönbrunn, 1942

103 Ammoniumbituminsulfonat.

104 Armabduktionsorthese.

Drei Schwestern sind mir in Erinnerung geblieben. Da war die Schwester Sudikatis, eine ehemalige österreichische Reichsgräfin, die sich beim Verbandswechsel sehr ekelte. Sie las gern und hat mir auch manches Buch geliehen. Sie mochte schon über 60 Jahre alt sein, sah aber noch sehr frisch aus.

Eine andere, eine Münchnerin, war stets lustig. Ja, sie bekam es fertig, auf den Tisch im Zimmer zu steigen und einen Tanz anzudeuten, indem sie den Saum ihrer Kutte leicht anhob. Und das alles nur, um uns an miesen Tagen aufzuheitern. Später, als wir schon Ausgang erhielten und blau vom Wein heimkehrten, war sie sehr traurig. Aber sie schimpfte nicht. Das war jedoch härter als Tadel.

Die dritte Schwester war sehr jung und war die Badewärterin. Ich weiß nicht mehr, wer tiefer erröten konnte; wir oder sie.

Mitte Mai erhielt ich für jeden Nachmittag Ausgang. Ich lernte das schöne Wien kennen: Schönbrunn, den Stephansdom, den Kahlenberg, die Mariahilfer Straße, den Prater usw. In der S-Bahn brauchte ich drei Sitzplätze nebeneinander, wegen meiner Schiene, die nach unserem Professor eine Spitzmüllerschiene war.

In Wien besuchten mich meine Mutter und mein Mädchen Amanda.

Georg Schneider und Amanda Hoke in Wien 1942

Im Reservelazarett in Neustadt O.S.

Man schrieb Ende August des Jahres 1942, als man mir den Apparat vom rechten Arm abnahm und wieder eine normale Stütze anbrachte. Meinem Antrag auf Verlegung ins Heimatlazarett wurde stattgegeben. Ich fuhr nach Hause.

Als Reservelazarett war hier das Brüderkloster eingerichtet. Im Gegensatz zur Bevölkerung erhielten wir auch hier, wie schon in Wien, eine gute Verpflegung. Auch die ärztliche Versorgung blieb gut. Oft holte man mir nun nach Vereisung Knochensplitter aus dem Oberarm, die darin wanderten. Pater Arkadius gab sich viel Mühe, um meinen Ellenbogen wieder gangbar zu machen. Er bog und zerrte daran umher, aber über einen gewissen

Streckungswinkel kamen wir nicht hinweg. Da ließ er mich tagelang Wasser in Eimern schleppen. Nichts rührte sich, es blieb so bis heute.

Ich bekam nun wieder Ausgang am Nachmittag, aber nur zweimal in der Woche. An den anderen Tagen flippte ich aus: mal durch die Leichenhalle, mal durch die Kirche oder mal gebückt an der Mönchswache vorbei. Schwieriger als das Hinauskommen war es wieder hineinzukommen! Aber es gelang stets.

Im November wurde ich in die Landwirtschaftliche Schule und dann auf die Schwedenschanze verlegt. Das war hier wie im Sanatorium. Viele Spaziergänge ließen uns die Uniform und unsere Lage vergessen. Als das neue Jahr herankam, konnten wir kaum noch störungsfrei Radio hören. Vor allem die Nachrichtensendungen wurden von einem Sprecher auf dem Störsender laut und klar sofort Satz für Satz kommentiert. Es hieß etwa: „Bei Stalingrad wurden unsere Stellungen an einigen Punkten geringfügig zurückgenommen …“ Da rief der Störende: „Stalingrad wird das Massengrab der VI. Armee! Die Rote Armee hat den Ring um Stalingrad geschlossen …“ usw. Wir wussten nicht, was wir nun glauben sollten. Beklommenheit beschlich uns, als ahnten wir die Katastrophe, auch für den ganzen Krieg.

Zum Schluss kam ich für mehrere Monate in das Teillazarett im Schloss Moschen.[105] Mit einem geborgten Fahrrad fuhr ich ab und zu nach Hause.

---

105 Moszna.

Georg Schneider im Sommer 1943, links vor dem Schloss Moschen

Das Schloss war noch mit Resten sehr schöner Möbel aus herrlichen einheimischen Hölzern ausgestattet, z.B. standen auf den Fluren große Schränke aus astfreiem geflammtem Kiefernholz. Auch der Park war schön. An den Sonntagmorgen gingen wir in die Kirche des Ortes und hörten in der Messe die in Polnisch gehaltene Predigt. Dabei sahen die Leute uns Soldaten oft merkwürdig an: mal mitleidig, mal wie drohend. Was dachten die Leute nur und was hatte der Pfarrer gesagt??

Als ich verwundet wurde, dachte ich, das Ganze sei in ein paar Wochen abgetan, aber erst nach fast zwei Jahren wurde ich aus den Lazaretten entlassen und zum Ersatztruppenteil nach Magdeburg abkommandiert.

Wieder beim Ersatztruppenteil in Magdeburg

Beim Pionierbataillon 4 kannte ich niemanden mehr, weder Offiziere noch Mannschaften. Beim ersten Morgenappell „schiss" mich der Spieß gleich an: Ich sollte gefälligst meinen Arm herunternehmen! Ich brüllte aus dem Glied zurück: „Geht nicht, Herr Hauptfeldwebel!" Er brummte etwas und hieß mich dann, nach links ans Ende der Kompanie wegzutreten. Man teilte mich zum Wachdienst im Außenkommando ein. Jeden zweiten Tag fuhren wir mit der Straßenbahn bis kurz vor Schönebeck. Hier standen mehrere große Hochlagerhäuser voller Heeresverpflegung, die wir zu bewachen hatten. Fast jede Nacht kam Fliegeralarm. Es störte uns nicht mehr sonderlich. Komisch fand ich bei dem ganzen Dienst, dass ich eines von den alten langen 98er Gewehren schleppte, das ich mit meinem Arm überhaupt nicht hätte bedienen können! Aber das war eben echt preußischer Kommiss!

Eines Morgens brauchte ich nicht zum Wachdienst fahren. Zusammen mit anderen schickte man mich zu einer Untersuchung im „Herrenkrug". Auf dem Wege dorthin kamen mir die Erinnerungen an die Rekrutenausbildung in dieser Gegend in den Sinn. Was lag schon alles dazwischen!

Ein Stabsarzt hieß mich vor den Herrn Generalarzt zu treten, splitternackt, versteht sich. Er besah mich, gab mir seinen Krückstock und forderte mich freundlich auf damit auf ihn anzulegen. Da habe ich vielleicht - in der plötzlichen Erkenntnis, dass es nun darauf ankäme - eine Figur hingelegt! Ich konnte nicht zielen, was ja auch stimmte. Aber ich übertrieb es. Der

Generalarzt sah seine Nachbarn an, nickte kurz und ich war d.u.[106] geschrieben!

Schon nach wenigen Tagen erhielt ich den Marschbefehl zur Heeresentlassungsstelle in Oppeln.[107] Hier erteilte man mir über Nacht für einen Monat Zivilurlaub. Nach einem Monat erhielt ich in einer Kaserne in Oppeln die Entlassungspapiere, dazu 50 Reichsmark, ein Paar Socken, ein Paar alte Schuhe, eine Unterhose, ein Unterhemd sowie einen Ohrenschützer! Das war der Dank des Vaterlandes, so sah er aus!

Wenige Tage nach meiner Entlassung nahm ich meine im November schon begonnene Arbeit als Geselle in der Tischlerei Preiß wieder auf. Zur Arbeit musste ich mich zwingen, es ging sehr schwer, aber im Laufe der Zeit stärkten sich meine Muskeln zusehends. Ich verdiente nun 20 bis 40 Reichsmark in der Woche und erhielt eine kleine Rente von 35 Reichsmark im Monat.

Als ehemaligen Soldaten teilte man mich aber sofort als Luftschutzwart ein. Dieser Dienst gab mir etwas mehr Bewegungsfreiheit während der immer häufiger werdenden Luftalarme. Sehr misstrauisch beobachtete ich die gewaltigen amerikanischen Verbände, die in großer Höhe und mit lautem Gebrumm zu Hunderten über die Stadt hinwegflogen. Nur einmal fielen im freien Feld ein paar Bomben.

Wie ich Amanda kennenlernte

Schon 1931 war ich durch Klassenkameraden als Mitglied der Pfadfinder geworben worden. Doch 1936 verboten die Nazis die gesamte „Bündische Jugend“. Wir blieben aber als Pfarrjugend

---

106 Dienstuntauglich.
107 Opole.

zusammen. Auch nach dem Verbot traten noch Jungen bei uns ein. Darunter war auch Alfons Zimmermann. Mit Alfons, der einige Jahre jünger war als ich, unternahm ich Wanderungen in unsere Umgebung. Bald kannte ich auch seine etwas ältere Schwester Maria und deren Freundin Amanda Hoke. Ab 1938 unternahmen wir nun gemeinsame Wanderungen, die meist mit dem Besuch einer heiligen Messe im Franziskanerkloster begannen.

Amanda Hoke 1939 auf einer Wanderung

Später ging ich öfter mit Amanda allein spazieren, was Maria offensichtlich nicht recht war. Manchen Abend holte ich Amanda von ihrer Arbeit als Sekretärin in der Firma S. Fränkel ab. Eines Abends lieferte ich sie in ihrer elterlichen Wohnung ab. Bis heute habe ich den abschätzenden Blick nicht vergessen, den ihre Großmutter auf mich warf!

Mädchengruppe mit Amanda Hoke (jeweils rechts)

Als ich 1938 arbeitslos wurde, trat ich meine Arbeit in Köthen an. Wir wechselten nun gelegentlich kurze Briefe. Vor meiner Einberufung zur Wehrmacht nahm ich eine Woche Urlaub, um nach Hause zu fahren. Amanda und ich nutzten einige Tage, um auf den Altvater zu wandern. In diese Zeit fiel auch Amandas 18. Geburtstag.

Amanda Hoke 1940 am Altvater, rechts vor dem Altvaterturm

Dann trat ich meinen Wehrdienst beim Pionierbataillon 4 in Magdeburg an. Amandas Feldpostbriefe begleiteten mich durch Frankreich, Polen und Russland. Weit im Osten erreichten mich einige kleine Kuchenpäckchen und dicke Handschuhe.

Amanda Hoke beim DRK 1939-1940

Nachdem ich am 13. Dezember 1941 vor Moskau verwundet worden war, hörten wir längere Zeit nichts voneinander. Erst in

Wien im Lazarett konnte mich Amanda zweimal für einige Tage besuchen.

Ende August 1942 wurde meinem Antrag auf Verlegung in das Heimatlazarett stattgegeben. Das Briefeschreiben entfiel nun. Dafür nutzte ich jede Gelegenheit aus dem Lazarett und später aus seinen Nebenstellen „auszubüchsen". Da meine Wiederverwendung als Soldat kaum infrage kam, entschlossen wir uns zu heiraten.

Wir gründen eine Familie

Als mir im Sommer 1942 einer der Ärzte „im Vertrauen" sagte, dass ich vielleicht mit einer Entlassung aus dem Militärdienst rechnen könnte, reifte also der Gedanke zur Heirat heran.

Amanda & Georg: Hochzeit 1942

Am 23. Dezember 1942 heirateten wir. Wegen des Krieges verlief das alles sehr bescheiden: der Bräutigam in einer von der Kleiderkammer des Lazaretts geliehenen Ausgehuniform, die Braut in weißer Bluse und dunklem Rock, die Gäste in guten Sachen oder Uniform. Die Feier fand im engsten Familienkreise in unserer kleinen Wohnung in Neustadt O.S., das heißt in der Wohnung meiner Schwiegermutter und meiner Frau, statt. Kurt Masur, „Weinhandlung en gros und Detail", mein Bettnachbar im Lazarett, hatte uns 15 Flaschen Weißwein überlassen. Amandas Tante Hedwig von nebenan besorgte eine Gans, die dann gleichzeitig Weihnachtsgans war. Alle waren fröhlich und wurden auch satt. Damals wussten wir noch nicht, welche Mühen und Überraschungen das spätere Leben für uns noch bereithielt.

Der Zeitpunkt der Heirat wurde allein durch die Urlaubsordnung im Lazarett bestimmt. Mit der Wahl dieses Termins schlugen wir den möglichst längsten Urlaub heraus. Nach meiner Heirat mit Amanda zog ich in die Meierbleiche 8 in Neustadt, wo sie mit ihrer Mutter und ihrer inzwischen verstorbenen Großmutter eine Einraumwohnung bewohnt hatte. Gegen Bezugsscheine erhielten wir nach und nach eine Mindestausstattung an Hauswäsche. Als ich vom Militär entlassen war, begann ich in vielen Stunden nach Feierabend und an den Sonntagen unsere Möbel zu bauen.

Am 4. Dezember 1943 wurde unsere Tochter Irene-Mathilde geboren. Das Kind kam in unserer Wohnung zur Welt und der damit verbundene Aufwand war groß! Unsere Freude war ungeteilt und meine Schwiegermutter wurde zur jüngsten Oma der gesamten Verwandtschaft! Aber ich musste nun auch immer ein Brötchen mehr verdienen.

Irene-Mathilde Schneider 1944

Durch das Versorgungsamt der Wehrmacht wurde mir ein Fernstudium zur Meisterprüfung vermittelt. Der Meister Preiß deutete an, dass er mir die Tischlerei eventuell übergäbe, zur Pacht oder zum Kauf. Aber wo sollten wir das Geld hernehmen, um uns eine Existenz aufzubauen? Der Verlauf des unseligen Krieges sollte uns bald aller solcher Entscheidungen entheben.

Umsiedlung oder wie man es nennen will

Im Winter 1944/1945 wurde ein Wort immer bestimmender; es hieß „schwere Abwehrschlachten“. Die Front rückte näher. Ende Februar wurde in Neustadt der Kanonendonner bei Ostwind ab und zu hörbar. Der Bau von Panzersperren begann an den Ausgängen der Stadt. Anfang März wurde ein Teil der Bevölkerung aufgefordert die Stadt zu verlassen. Züge wurden bereitgestellt und vor allem Frauen mit Kleinkindern sollten die Möglichkeit einer „vorübergehenden Evakuierung“ nutzen. Von Tag zu Tag wurde aus einem freiwilligen Verreisen ein Muss. Wir entschlossen uns, meine Frau mit dem Kind zu Verwandten meines Bruders Alfred zu bringen. Ich begleitete sie nach Zwittau und fuhr wenige Tage darauf nach Neustadt zurück. Ich traf am 17. März 1945 vormittags in Neustadt ein. In den Straßen gingen die Leute noch spazieren, als wäre nichts Besonderes. Ich entschloss mich trotzdem dazu, eine lange vorbereitete Kiste voller Hauswäsche in den Wald zu bringen und dort zu vergraben. Als ich im Wald beim Eingraben war, merkte ich, dass sich die Situation änderte: Das Artilleriefeuer kam näher und Flugzeuge kreisten über der Stadt, als ich eilig die Rückfahrt auf dem mitgenommenen Fahrrad antrat. Unsere Heimatstadt war Kriegsbereich geworden! Zu Hause angekommen, packten wir schnell das schon vorbereitete Gepäck und verließen in der Dunkelheit die Stadt nach Süden. Zurück blieben die schönen Möbel, die ich in vielen Arbeitsstunden nach Feierabend gebaut hatte. Die Straßen waren verstopft von Menschen und Wagen. In Hennersdorf[108] erreichte ich mit meiner Schwiegermutter einen zufällig noch vorhandenen Zug. Ein Feldgendarm wollte mich

[108] Jindřichov.

noch aufhalten und zum Volkssturm schicken, aber irgendwie entwischte ich. Wir kamen heil bei unseren Leuten in Zwittau an. Die standen dem ganzen Geschehen völlig verständnislos gegenüber.

Maria Müller gen. Mizi (verh. Schneider) 1942 in Zwittau

In Zwittau wohnten wir erst bei den Verwandten. Später besorgten sie uns ein Zimmer bei einer Frau Panther in der Tabakfabrikstraße 7.[109] Am 31. Mai 1945 wurde in Zwittau unsere Tochter Christine Anette, später von jedem Christa genannt, geboren.

Von März bis August 1945 lebten wir in Svitavy, wie der Ort bald tschechisch hieß. Am 9. Mai waren sowjetische Truppen hier eingerückt.

Im August 1945 begann unsere „Umsiedlung". Offene Kohlenloren transportierten uns mit zwei kleinen Mädchen an die polnische Grenze bis Petersdorf.[110] Hier mussten alle aussteigen und wurden sortiert. Wir wurden zum Weitertransport bestimmt und durften wieder einsteigen. Dann stieg auf jeden Waggon ein bewaffneter Pole und die Weiterfahrt begann. Sie endete nach drei entbehrungsreichen Wochen im völlig zerstörten Dresden. Die polnischen Bewacher hatten kurz vor diesem Ziel ihre Uniform gegen Zivilkleidung getauscht und waren spurlos verschwunden. Nur von einem hörte ich kurz zuvor, dass er zu seinem Bruder nach Bremen wollte.

---

109 Neurnannova.

110 Petrovice.

Amanda & Christa Schneider

In Dresden stank es überall nach Brand und Unrat. Die Stadt konnte in ihrer tödlichen Verwundung uns „Ausgesiedelte" einfach nicht verkraften und reichte uns mittels der Elbdampfer nach Riesa und Torgau weiter. In Riesa fassten wir den Plan, es in Köthen (Anhalt) mit Arbeit und einer Bleibe zu versuchen. Ich fuhr eines Tages gen Köthen, um dort die Lage zu sondieren. Bei meinem früheren Meister Binder fand ich Arbeit in der Bautischlerei und ein vorläufiges Unterkommen bei meiner früheren Wirtin, Frau Fischer. Meine Frau und die Kinder blieben in Riesa. Bereits nach wenigen Tagen konnte ich meine Familie nach Köthen holen. Allerdings musste auch Frau Fischer unterdessen ihre Wohnung verlassen, weil das Haus zu einer ehemaligen SA-Siedlung gehörte.

Wir gingen erneut auf die Suche und erhielten in der Aribertstraße eine große Wohnung, die jedoch keine Fensterscheiben mehr besaß. Mit Abfällen von meiner damaligen Baustelle in Dessau gelang es mir, noch vor dem Winter die Bude dicht zu bekommen. Nun zog bald noch eine weitere Familie dort ein.

Köthen, Aribertstraße 18a, 2020

Wie der Krieg den Charakter verdirbt

Besonders gegen Kriegsende und in den ersten Monaten nach dem Kriege wurde ein gewisser Verfall der guten Sitten und der Moral sichtbar. Man bemerkte so manches Unerklärliche und Unverständliche auch an den nächsten Mitmenschen. Meine Mutter z.B. verhielt sich nach unserer Flucht aus der Heimatstadt sehr merkwürdig zu mir. Eines Tages aber polterte sie los: Ja, daran, dass sie nun nicht mehr viel Kleidung besitze, sei nur ich schuld! Als ich nach dem Grund fragte, stellte sich heraus, dass sie mir unterstellte, ihre Koffer unterwegs weggeworfen zu haben. Ich wusste nichts von ihren Koffern. Nach Jahren erzählte sie mir, dass sie bei ihrer Rückkehr in die Wohnung im Juni 1945 die Koffer von dagebliebenen Nachbarn übergeben bekam. Mutter hatte sie am 17. März 1945 in ihrer Aufregung einfach auf dem Treppenabsatz stehenlassen!

Meine Mutter und ihre Schwester, meine Tante Lena, lagen sich in der Fremde fast jeden Tag um Nichtigkeiten in den Haaren. Die Ungewissheit und die Sorgen um die Angehörigen machten sie zänkisch und gegeneinander ungerecht. Aber es blieb stets bei Worten, wenn auch bösen …

Im Mai wurde ich in Svitavy von tschechischen Bürgern aufgefordert bei nächtlichen Streifengängen mitzuhelfen. Es wurde nachts an allen Ecken und Enden entsetzlich viel gestohlen. Die Diebereien erstreckten sich vor allem auf Geschäfte und Häuser, deren Inhaber nicht anwesend waren. Es war schwer Ordnung zu wahren, denn das Alte war gestürzt und das Neue noch nicht gefestigt.

Während der „Umsiedlung“ verließ eine junge Mutter ihre beiden Kinder bei einem kurzen Zugaufenthalt in Hirschberg.[111] Sie kam nicht wieder. Selbst die sonst an uns uninteressierten Bewacher schimpften laut: „Keiner guter Mutter!“ Ich weiß nicht mehr, wo die Kinder dann blieben.

Im Lager Riesa hängten wir unsere Kinderwäsche zum Trocknen auf. Kurze Zeit darauf war alles gestohlen. Und wir hatten ohnehin so wenig Kleidung und Babywäsche für die beiden Kleinen.

In Dresden gab es kaum etwas zu essen. Also fuhren wir mit der schon wieder intakten Straßenbahn an den Stadtrand und suchten die umliegenden Felder nach Essbarem ab, aber mehr als ein paar unreife Kartoffeln oder überständige Rhabarberstängel fanden wir nicht. Zum Stehlen fuhren wir dann nicht mehr vor die Stadt.

1946 gehörten Feldwachen zu den Bürgerpflichten, aber so mancher guckte sich dabei des Nachts aus, was er holen wollte, ja, sogar gleich mitnahm. War das der Sinn der Feldbewachung vor der Ernte?

Erinnerungen an meine Schwiegermutter

Meine Schwiegermutter, Lucia Arndt geb. Hoke, wurde am 1. September 1903 in Neustadt O.S. als letztes Kind des Versicherungsagenten Friedrich Hocke[112] und seiner Ehefrau, Mathilde geb. Klose, geboren. Ich lernte Lucia Hoke 1939 durch ihre Tochter Amanda kennen. 1942 willigte sie in unsere Heirat ein.

---

111 Jelenia Góra.

112 Die unterschiedliche Schreibweise des Familiennamens der Hocke-Kinder (sowohl Hocke als auch Hoke) beruht vermutlich auf Fehlern der Standesbeamten.

Lucia Hoke als junge Fabrikarbeiterin um 1920

Am 17. März 1945 begab ich mich mit ihr auf die Flucht aus Neustadt und wir lebten dann mit ihr gemeinsam in Zwittau. Im Juni 1945 leistete sie der Aufforderung Folge, nach Neustadt zurückzukehren und landete dort in der Fischstraße im Deutschen-Ghetto. Die Russen nahmen sie, eine gelernte Weißnäherin, als Schneiderin mit nach Bolkenhain in Niederschlesien. Von dort aus wurde sie später 1947 nach Velen in Westfalen ausgesiedelt. Hier heiratete sie den Schneider Alois Arndt, der ebenfalls aus Neustadt O.S. kam. Erst durch einen kirchlichen Suchdienst fanden wir sie 1947 wieder. 1948 konnte ich sie dann zum ersten Mal in Velen besuchen.

Lucia & Alois Arndt 1948

Tod und schwere Krankheit in der Familie

Im Juni 1936 blieb unser Vater früh im Bett liegen. Das war sehr ungewöhnlich. Er sprach nicht mehr, sondern sah uns nur mit einem scheinbar aus weiter Ferne kommenden Blick an. Er wurde ins Krankenhaus gebracht. Nach drei Tagen erhielt die Mutter die Nachricht von seinem Tode. Wir Kinder erfuhren nicht, weshalb der Vater verstorben war, welche Krankheit ihn innerhalb von wenigen Tagen dahingerafft hatte. Ich weiß es bis heute nicht. Wenige Tage danach begruben wir auch unseren Großvater Julius Weiner, wenige Grabstellen neben meinem Vater.

Es war im Oktober 1945, als unser durch die unfreiwilligen Reisewochen bei der „Umsiedlung" geschwächtes Töchterchen Irene-Mathilde stark fieberte und bald um Luft rang. Der Arzt stellte Diphtherie fest und schrieb die Überweisung ins Krankenhaus Köthen mit der Bemerkung, das hätten jetzt viele Kinder. Nach Tagen wurden wir Eltern ins Krankenhaus gerufen. Da zeigte man uns unser Kind. Es lag auf einer Holzbank in der Leichenhalle, fast nackt, mit einem großen Schnitt am Hals und war natürlich tot. Sie starb am 14. Oktober 1945, noch nicht zwei Jahre alt.[113]

1952 wurde unser fünftes Kind[114] in Köthen geboren. Als es zur Welt kam, stellten Arzt und Schwestern fest, dass das Neugeborene keinen linken Unterarm und keine Hand hatte. Schonend brachte man uns das bei. Wie sollte das gehen? Wir mussten uns damit abfinden. Es wurde ein herzliebes

---

113 Für das Grab seiner Tochter Irene auf dem Neuen Friedhof in Köthen hat Georg Schneider selbst ein Holzkreuz gezimmert.

114 Agathe verh. Beitz, schrieb später das Buch „Leben mit Dysmelie" (Shaker-Verlag 2016).

aufgewecktes Kind. Es konnte bald manches besser als Menschen mit zwei Händen, so z.B. die Schnürsenkel zubinden.

Tochter Agathe als Kind 1953

Der Sommer 1955 bescherte unserer Familie eine andere böse Überraschung, unser vierjähriger Sohn wurde plötzlich krank. Die letzte Diagnose lautete: spinale Kinderlähmung in beiden Beinen! Der Junge kam sofort ins Kreiskrankenhaus Köthen und von da in die Orthopädische Universitätsklinik nach Halle. Es gelang den Ärzten, das Fortschreiten der Lähmungen zu verhindern. Er war viele Monate von zu Hause abwesend, lernte mühsam wieder Gehen, erhielt einen Gips nach dem anderen, Schienen, orthopädische Schuhe usw. Als er zu Hause war, versäumte er weiterhin viel Unterricht. Die Mutti musste unzählige Male mit ihm nach Halle zur Behandlung und Versorgung fahren. Aber der Lebensmut des Jungen blieb ungebrochen. Trotz Gipsbein und Schienen unternahm er Ausflüge wie jeder Junge. Er kletterte auf Dächer und Bäume, fuhr Rad, ging zum Baden usw.

Werdet Neulehrer!

Seit Oktober 1945 fuhr ich im Auftrag von Meister Binder jeden Morgen nach Dessau. Die großen alten Busse fuhren mit Treibgas und hatten oft Pannen. In Dessau wirkte ich bei den notwendigsten Instandsetzungsarbeiten am Landestheater und am Polizeipräsidium mit. Der Tag war lang, die Kost jedoch schmal. Abends ging es im Dunkeln auf dieselbe Weise zurück.

Eines Abends sagte meine Frau: „Das hört auf, ich habe dich zum Neulehrerkursus angemeldet!“ ??? „Und dass du es weißt, in einer Partei und in der Gewerkschaft bist du auch!“ Ich hatte unterwegs im Dunkeln die Aufrufe an den Anschlagsäulen nicht gesehen. Wir berieten die Sache, ich erklärte mich einverstanden und die Einladung zum Beginn des Kurses ließ nicht lange auf sich warten.

Anfang Januar 1946 begann in den Gebäuden des ehemaligen Köthener Polytechnikums der Kursus. Viele neue Menschen lernte ich da kennen und viel Wissen musste angeeignet werden. Dazu gab es keinerlei Lehrbücher, nur die Vorträge in den einzelnen Fächern. Und deren waren es viele! Manches war mir bekannt und lief gut, aber manches Fach blieb mir lange fremd: Psychologie, Didaktik, Methodik, Schulkunde usw. Außer einem alten einbändigen Lexikon besaß ich keinerlei Hilfsmittel. Das uns gewährte Stipendium reichte kaum zum Lebensunterhalt der Familie. Der Stundenplan war sehr umfangreich. Bald gehörte ich zu denjenigen, die in der halben Lehrgangszeit, also in vier Monaten, zum Einsatz in den Schulen kommen sollten. Die Zahl der Stunden stieg auf fast 50 pro Woche. Zwischendurch musste noch die gesellschaftliche Arbeit geschafft werden: Diskussionen, Versammlungen, Agitation, Kundgebungen waren an der Tagesordnung.

Ende März 1946 nahm ich an einer gemeinsamen Versammlung von SPD und KPD teil, die zur Vereinigung beider Parteien auf der Kreisebene führte. Damals reichte der Landkreis Dessau-Köthen noch bis in den Wörlitzer Winkel hinein.

Am 1. Mai 1946 hatten wir die Abschlussprüfungen hinter uns. Wir erhielten die Einstellungsschreiben. Obwohl ich in Köthen wohnte, wurde ich zum 15. Mai 1946 in der Volksschule in Weißandt-Gölzau eingesetzt. Von diesem Ort kannte ich außer der großen Dreckfahne des Schwelwerks nichts. Gleichzeitig mit dem Einstellungsbescheid der Schulbehörde erhielt ich ein Schreiben, dass mein Monatsgehalt 191 Reichsmark brutto, einschließlich Kindergeld und Wohnungszuschuss betrage. Jeden Tag fuhr ich nun nach Weißandt-Gölzau, meist mit dem Rad. Ich hatte mir am Bärplatz in Köthen eine alte Karre gekauft.

Ich wurde Klassenlehrer der 6. bis 8. Klasse mit 83 Schülern! Außer Turnen musste ich alle Fächer unterrichten. Abends lernte ich das, was morgens dran war! Auch Russisch! Und alles bei Kerzenlicht, versteht sich!

Schüler aus Weißandt-Gölzau im Bodetal 1951

Im Schuldienst in Weißandt-Gölzau

Ich will hier nicht alle Schultätigkeiten aufzählen und werten, sondern möchte nur einiges Bemerkenswertes festhalten. Jeden Monat mussten wir Lehrer unterschreiben, dass wir über das Schlagen in der Schule informiert wurden und bei Anwendung desselben fristlos entlassen werden konnten. Von meinen

83 Schülern kam nur die reichliche Hälfte zum Unterricht. Man lernte dadurch seine Schüler schwer kennen.

Weißandt-Gölzau: Schulkinder 1951

Schon in den ersten Wochen rief ein vorlauter älterer Schüler in die Klasse: „Jetzt kommen die vermaledeiten Schuster, Schlosser und Schneider in die Schule und wollen uns was beibringen! Sind auch alles Kommunisten!" Als ich ruhig fragte, wer das war, stand so ein 16jähriger Lackel hinten auf und grinste frech. Ich rief ihn nach vorn, er kam auch und empfing von mir eine heftige Watsche, die er nicht erwartet hatte. Er verließ ohne einen Muck den Raum und kam einige Tage nicht zur Schule. Es folgte nichts, ich hatte fortan Ruhe. Nach Tagen kam er wieder und nahm wortlos Platz. Er nahm rege am Unterricht teil und wurde einer der besten Schüler. Ich weiß nicht, wer ihm ins Gewissen geredet hatte.

Schüler aus Weißandt-Gölzau im Bodetal bei Altenbrak 1951

Geeignete Lehrmittel mussten wir uns selbst bauen. Der „Altlehrer“ und Nazi war entlassen und hatte seit dem Sommer 1945 alle Lehrmittel und Bücher verschwinden lassen. Er freute sich dann über jeden unserer Misserfolge gemeinsam mit denen, die uns sowieso im Dorf nicht hold waren. Dass sie ihn früher fast jeden Tag betrunken irgendwo fanden und er sie maßlos mit dem Rohrstock schlug, hatten sie vergessen.

Georg Schneider beim Ernteeinsatz auf dem Kartoffelacker

Die politische und moralische Unterstützung für uns Neulehrer kam nicht etwa aus den Reihen der Genossen im Ort. Die dachten sich nur ständig neue Funktionen für uns aus. Und wer viel übernahm, der war gut! Dabei war die Teilnahme an Viehzählungen, Wahlvorbereitung und -durchführung, Ernteeinsätze mit und ohne Klassen, Geldumtauschaktionen usw. noch das Geringste. Nur vom Werk und der Grube erhielten wir Unterstützung.

Weißandt-Gölzau: Lehrer 1949, Georg Schneider 3. v. r.

Ein Fachberater, der sich eines Tages einstellte, wurde durch mich einfach ignoriert. Ich hatte keine Ahnung, dass es solche Leute gab. Er hatte sich mir aber auch nicht als „Helfer" vorgestellt. Er wollte mir z.B. zeigen, was man alles zu Ostern mit den Kindern basteln könne. Woher man das nötige Material nahm, verriet er nicht.

Jede Woche mussten wir einen Nachmittag zur Weiterbildung nach Radegast. Wir hörten Vorträge, sahen bei Unterrichtsstunden zu und mussten sie beurteilen. Dann mussten wir bald selbst Stunden halten und Arbeiten schreiben. Wir lernten dabei viel und fanden schnell innerhalb des Schulbezirks Radegast guten Kontakt untereinander. Die Weiterbildung fand auch in den Nachbarschulen statt, wodurch wir einen Teil des Kreises kennenlernten. Manchmal überraschte uns die „Flucht" von Kollegen in die Westzonen. Unter ihnen war der Leiter unserer Schule und der Ausbilder aus Radegast! Doch die Lücken schlossen sich bald. Mancher stieg auf.

Von „Dozenten" für Neulehrer

Sie waren eigentlich zunächst keine Dozenten im Sinne von Lehrenden an Hoch- und Fachschulen. Sie waren meist Lehrer, die von den Nazis gemaßregelt worden waren und nun wieder im Schuldienst standen. Sie übernahmen auch vielfach unsere Ausbildung im Neulehrerkurs. Unter ihnen gab es die verschiedensten Charaktere. Aber alle waren von dem Gedanken beseelt, uns auf ihren Beruf vorzubereiten.

Herr Amsel, ein Anhänger der Kerschensteinschen Schulreform, erteilte u.a. Schulkunde. Dabei sprach er leuchtenden Auges von der Farbgebung im Klassenzimmer: „Die Pulte seien rot, die Sitze grün!" Er meinte die Bänke der Schüler. Leider gab es noch keine Farben zu kaufen!

Herr Herold ließ uns einen Aufsatz schreiben mit dem Thema: „Viel Regen schadet zarten Blüten"! Ach, was gaben wir

Unwissenden da alles für Weisheiten von uns! Als wir die Arbeiten wiederbekamen, stand unter meiner eine der besten Noten: „Vier und besser!"

Herr John, dessen einarmiger Sohn neben mir saß, gab uns in Biologie Rätsel auf, wenn es um die Unterscheidung von Maden und Raupen ging. Da lobten wir uns Herrn Kämmerer aus Kleinzerbst, der uns in Erdkunde die Schönheit und Weite der Welt zu verdeutlichen suchte.

Fräulein Kramer, die einzige Frau im Lehrkörper, unterrichtete uns in Geschichte. Die Gedankengänge des historischen und dialektischen Materialismus begannen sich vor uns aufzutun. Aber ihre Ausführungen zum Matriarchat verstanden manche von uns so falsch und direkt, dass sie gleich zum Gruppenleben in jeder Beziehung übergingen. Die Parteigruppe musste es wieder ausbügeln.

Ein Herr Dietrich erteilte Unterricht in Orthographie und Grammatik. Ein Diktatstoff hieß: „Der sprechende Hund". Ein Mitschüler erinnerte sich, das Thema des Diktates und den Diktierenden irgendwoher zu kennen. Vermutungen bestätigten dann, dass wir hier den Hausmeister einer Breslauer Schule zum Lehrer hatten. Er muss ein sehr kluger Mensch gewesen sein, denn an seinen Lehren fand man nichts auszusetzen.

Wenn wir so in den Mänteln zitternd im Hörsaal saßen, ging Herr Lambrecht in Pädagogik durch unsere Reihen und sah uns ermutigend mit seinen strahlend blauen, gütigen Augen an. Wie er uns die Schwierigkeiten eines Pestalozzi oder Fröbel auf dem Gebiet der Pädagogik schilderte und gar von den missratenen Kindern eines Rousseau sprach, machte uns die eigene Not vergessen. Er hielt begeistert mit uns sein Kolloquium ab.

Herr Matthes demonstrierte am liebsten an Damen, die vor ihm auf dem Tisch lagen, in Musik die Zwerchfellatmung.

In ferneren Tagen dachten wir alle gern an diese Zeit zurück und erinnerten uns voller Dankbarkeit an unsere ersten „Lehrer-Lehrer“.

Als Lernender und Lehrender

Wenn wir nach dem Neulehrerkurs glaubten „fertige“ Lehrer zu sein, so irrten wir uns sehr. Wir hießen nun „Lehramtsbewerber“, nahmen an der Weiterbildung teil und mussten innerhalb festgelegter Fristen die notwendigen Prüfungen ablegen. Der erste Prüfungstermin lag 1948. Nach der ersten Lehrerprüfung wurden wir zu „Lehramtsanwärtern“ (LAA). So waren wir unseren Schülern gegenüber zwar Lehrende aber gleichzeitig auch noch Lernende. Nach der zweiten Prüfung wurde ich als Leiter eines LAA-Kurses eingesetzt, wurde also wieder zum Lehrer für noch auszubildende Kollegen.

Zuvor hatte ich in Dessau in einem Jahreslehrgang zur Ausbildung von Fachlehrern für Geschichte teilgenommen. Als wir 1950 fertig waren, entschloss sich die Landesregierung in Halle, diese Form der Ausbildung nicht als Fachlehrerausbildung anzuerkennen, denn die neue Form sollte eine Ausbildung im Fernstudium sein.

Ich meldete mich sofort zum ersten Fernstudium im Fach Geschichte über vier Jahre. Wir erhielten über das neu geschaffene Pädagogische Zentralinstitut in Berlin (DPZI) regelmäßig Lehrbriefe, zu denen dann in Halle an der Universität Konsultationen stattfanden. Hier wurden Fragen beantwortet, die beim Selbststudium auftauchten. Es fanden aber auch

Zwischenprüfungen statt, die unser Studium überwachten. Wir mussten jedoch das gesamte Fernstudium ohne jegliche Erleichterung absolvieren. Es gab keinerlei Stundenabminderungen. Die wöchentlich zu absolvierende Zahl der Unterrichtsstunden betrug wie für alle Unterstufenlehrer 28.

Als ich dieses Fernstudium beendet hatte, hieß es, dass vom eigentlichen Fachlehrer eine Ausbildung in zwei Fächern verlangt werden müsse. Die Abteilung Volksbildung delegierte mich nun zu einem fünfjährigen Fernstudium im Fach Deutsch. Die Bedingungen waren ähnlich wie beim ersten Fernstudium.

Georg Schneider bei einer Wanderung mit Schülern aus Osternienburg

Thüringen: Wandertag 1954

Osternienburger Schüler: Wandertag, oben: 1953

Ich war unterdessen Direktor der Schule in Osternienburg geworden. Zwar durfte ich nun in der Woche vier Stunden weniger unterrichten, weil ich zum ersten Mal sogenannte Abminderungsstunden erhielt, aber die Belastung der Verantwortung für eine Schule und ihr Lehrerkollektiv war groß.

Georg Schneider um 1955

Die Familie trat in dieser schweren Zeit völlig in den Hintergrund. Konsultationspunkt war für mich nun Dessau, das ich günstiger von Osternienburg aus erreichen konnte als zuvor Halle. 1959 wurde die Ausbildung durch entsprechende staatliche Prüfungen erfolgreich beendet.

Ein drittes Fernstudium für die Klassen 9 bis 12 schlug ich aus.

Osternienburg: Erster Mai 1950er Jahre

In den folgenden Jahren setzte die Weiterbildung für Direktoren ein. Gleichzeitig wurde eine gezielte Weiterbildung in den Kollegien der jeweiligen Schulen, die unterdessen POS[115] geworden waren, durch ihren Direktor gefordert. Das Lehren und Lernen hörte nie auf. Wenn ich dabei an den Weg unserer früheren Volksschullehrer denke, die nach der Seminarausbildung höchstens den Lehrerverein aufsuchten!

Osternienburg: Erster Mai 1956, Traktor Osternienburg

115 Polytechnische Oberschule.

Osternienburg, Breitscheidstraße: Umzug zum 1. Mai

Über die „grüne Grenze“

Im August 1948 packte mich, angesteckt durch andere, die Lust, meine Schwiegereltern in Westfalen zu besuchen. Wir hatten kurz zuvor ihre neue Adresse nach der „Umsiedlung“ erfahren.

Schon in Haldensleben bemerkte ich beim Umsteigen nach Walbeck, dass die meisten Reisenden das Ziel verfolgten, in die englisch besetzte Zone zu gelangen.

Je näher wir dem Ziel vor der Grenze kamen, desto mehr wuchs die Unruhe um die Frage, wie das alles gehen wird.

Die Häuflein Reisender sammelten sich an verschiedenen Stellen im Ort. Bald gesellten sich Einheimische hinzu und einige versprachen, nach Einbruch der Dunkelheit Führungen zu übernehmen. Sobald es dunkel war, gingen wir los. Doch zunächst kassierten die Führer pro Nase 100 Mark. Es ging durch dichten Wald. Kurz vor Mitternacht erkannten wir Grenzmarkierungen. Da waren unsere Führer aber auch schon verschwunden. Wir standen mitten im Wald und suchten nun nach Südwest einen gangbaren Weg Richtung Helmstedt, immer darauf gefasst von einer Patrouille gestellt zu werden. Aber nichts dergleichen geschah. Wir sahen bald die Lichter der Stadt vor uns und atmeten auf. Der Bahnhof war schnell gefunden, aber erst gegen sechs Uhr sollte ein Zug gen Hannover fahren.

Unterwegs verlor sich dann einer nach dem anderen. Gegen Mittag erreichte ich Osnabrück und fand hier meinen Freund Alfons Wolf als englischen Hilfssoldaten nach acht Jahren der Trennung wieder. Den Wohnort der Verwandten erreichte ich spät abends.

Lucia Arndt 1949

Die Freude über das Wiedersehen war groß. Ich blieb einige Tage, wurde aber wegen der anstehenden Rückfahrt immer unruhiger. Außerdem besaß ich keine finanziellen Mittel, denn es war kurz nach der separaten Währungsreform der Westzonen. Mein Rucksack füllte sich mit Lebensmitteln und drohte immer schwerer zu werden. Ich trat bald die Rückreise an.

In Helmstedt warteten alle Grenzgänger wieder die Nacht ab, aber wir gingen dieses Mal ohne Führer los. Alles ging gut. Es dämmerte schon, als wir bei Walbeck die noch schmale Aller erreichten. Da erschollen in unserem Rücken fern, dann immer näher „Stoi!-Stoi!"-Rufe.[116] Wir rannten mit den schweren Rucksäcken, was wir konnten! Ich sprang über die Aller, der Rucksack zog mich fast zu Boden. Der mich verfolgende Soldat fiel mitten ins Wasser. Wenn der mich erwischt hätte! Erst im Zug konnte man so halb aufatmen, denn noch waren alle möglichen Kontrollen zu erwarten. Aber es geschah nichts. Nur aus den Rucksäcken der von der Nordseeküste heimkehrenden Grenzgänger tropfte die Heringslake monoton auf unsere Köpfe und Knie.

Meine Familie freute sich sehr über Mehl, Zucker, Puddingpulver, etwas Schokolade u.a. Mitbringsel. Eine recht abenteuerliche Reise war vorüber. Ich sagte mir, nicht so bald wieder, bevor nicht klare Verhältnisse bestehen.

---

[116] Russisch: Halt! Stehenbleiben!

Unsere ersten Anfänge in Gartenarbeit

Gott, deine erste Gabe floss als Erde aus deiner Hand. -

Erde ist mehr als andere Habe.

Sieh, unser Sehnen sucht bis zum Grabe

Liebe und Land![117]

Von Hause aus kannten wir nicht den Umgang mit Erde und standen den Leuten, die ihren Sonntag, oder als Arbeitsloser gar die ganze Woche mit einem Garten zubrachten, ziemlich verständnislos gegenüber. Erst in Weißandt-Gölzau sahen wir in den bitteren Nachkriegswochen, dass die Menschen, die ein Stück Land ihr Eigen nannten, doch ein paar Bissen mehr in den Mund schieben konnten. Also bewarben wir uns um ein Fleckchen Erde. Es lag abseits vom Dorf an einem kleinen Graben, der die Abwässer vom Schwelwerk wegführte. Wir gruben und bestellten, anfangs mit geborgten Werkzeugen. Wir hackten und gossen mit Stinkewasser. Aber das Gemüse wuchs, wir hatten etwas zum Zusetzen. Einiges wurde natürlich gestohlen. Wir hätten gern Kaninchen gehalten, doch beim Wirt war da kein Platz. Kurze Zeit hielten wir Kaninchen in der Schule.

Ich hatte von einer neuen Art Getreide anzubauen gehört. Sie stammte von irgendeinem sowjetischen Biologen. In einem Kasten oder in einer Landecke sollte man Weizen aussäen und die jungen Pflanzen dann im Herbst mittels Pflanzholz einzeln setzen. Ich machte das so. Was über den harten Winter

[117] „Gebet der Städter", 3. Strophe. In: Altenberger Singebuch, S. 212, 1962.

hinwegkam und nicht von den Hasen gefressen worden war, gedieh bald sichtlich besser als die Bauernschläge. Es wuchsen kräftige Halme heran, die dicke Ähren trugen. Viele Witzeleien bis zu Spott hatten wir von wohlmeinenden Feldnachbarn ertragen müssen. Wo hätten wir das notwendige übliche Saatgut in dieser Menge hernehmen sollen? So hatte es aber eine Handvoll Körner vom Ährenlesen getan. Doch wir unternahmen diese Methode der Feldbestellung nicht noch einmal. Sie war zu kraft- und zeitaufwändig.

Als in der Schulstraße in Weißandt-Gölzau eine neue Kleingartenanlage aus Bodenreformland entstand, bewarben wir uns um einen Garten. Uns wurde eine etwa 500 m^2 große Fläche zugeteilt. Das Stück am „Stinkegraben“ gaben wir auf. Nun lernten wir, wie man Beete anlegt, Bäume und Sträucher pflanzt. Der Garten wurde recht schön. Eine kleine Bank lud zur Pause ein, Kletterbohnen umrankten sie an einem Gerüst. Der nahe Bach überschwemmte manchmal den Garten. Auch hier waren Hasen und Wildkaninchen ungeladene Gäste. Aber es fehlte uns nicht an Gemüse, Obst und Blumen.

Als wir im Oktober 1952 von Weißandt-Gölzau wegzogen, übernahm mein Bruder Walter, der ebenfalls hier wohnte und arbeitete, unseren Garten.

Fleißige Gartenarbeit lohnt sich immer

Als wir die Schulwohnung in Osternienburg bezogen, stellten wir erfreut fest, dass auch ein Hausgarten und ein großes Stück Land, gleich am Schulgrundstück gelegen, dazugehörten. Beide Flächen waren verwildert. Nur im Hausgarten trugen ein paar Bäume etwas Obst. Vom etwa 2500 m^2 großen Ackerstück behielten wir nur ein Viertel. Die anderen Flächen gaben wir an mehrere Kollegen ab.

Lucia & Alois Arndt bei der Gartenarbeit

Der etwa 300 m^2 große Hausgarten kam bald in Ordnung. Wir entschlossen uns zur Anlage eines Rasenflecks unterm großen Apfelbaum. Alle unsere Kinder wuchsen in der schönen Jahreszeit hier heran. Jedoch hatte der Garten anfangs keinen Zaun und ein Fußpfad führte als „Wegabkürzung" einfach schräg durch unseren Garten! Der neue Zaun schuf unfreundliche Leute. Sie gewöhnten sich daran. Blumen in allen Ecken versöhnten viele Passanten. Kleine befestigte Wege unterstützten die Ordnung in unserem Garten, der recht schön geworden war. Unser Junge saß am liebsten in den starken Apfelbäumen.

Das Ackerstück indessen machte nur langsam Fortschritte. Die Quecken hatten alles durchwuchert und mussten bergeweise entfernt werden. Die Entfernung des Löwenzahns, der sich üppig ausgebreitet hatte, machte uns viel Arbeit und verärgerte die Nachbarn, weil sie kein Kaninchenfutter mehr bei uns holen konnten. Wir pflanzten junge Pflaumen- und Sauerkirschbäume an, die bald reichlich trugen. Beerensträucher und Erdbeeren gediehen prächtig. Aber immer wieder fanden sich neue Unkrautsorten ein. Neben dem Acker gehörte uns noch ein Stück Wiese, das den meisten Unkrautsamen lieferte. Wir gruben das Stückchen um und bestellten es mit Erdbeeren. Da grüßten Nachbarn wieder bald nicht mehr und sahen weg, wenn wir da waren. Wir hatten ihnen unbeabsichtigt eine „ihrer" Futtergrundlagen entzogen.

Unsere Mädchen wuchsen heran und wurden bald zu brauchbaren Gartenhilfen. Sie halfen fleißig beim Unkrautjäten und Beerenpflücken. Auch junge Erbsenschoten wurden gern genascht.

Nach unserem Umzug innerhalb von Osternienburg 1975 gaben wir auch den „Acker" wieder auf. Es wäre zu viel Arbeit geblieben und unser neuer Hausgarten reichte aus. Allerdings hatten wir auch hier wieder das „Glück" einen völlig verwahrlosten „Garten" vorzufinden. Aber nun sind wir halbe Gartenbaumeister geworden. Beim ersten Umgraben haben wir überall vergrabene Müllreste entfernt, überalterte Bäume und Sträucher durch Neupflanzungen ersetzt. Wir fanden einen alten, trockenen Brunnen, dessen Betonplattenreste wir entsorgten und den wir dann auffüllten. Die Gartenmauer drohte teilweise einzustürzen. Wir mussten sie abreißen, unendlich viele Steine putzen und sie dann mühsam wieder aufbauen. Hier haben alle

Kinder und Enkel fleißig mitgeholfen. Später habe ich unter dem Walnussbaum eine kleine Wiese angelegt. Hier konnte man schön draußen sitzen, lesen und rätseln.

Wir bauen uns ein Gewächshaus

Angeregt durch das selbstgebaute Gewächshaus im Garten unseres Schulfreundes Gerhard entschlossen wir uns kurz, auch eins anzuschaffen. Zufällig bot die BHG[118] in Köthen als zentraler Vertrieb zu diesem Zeitpunkt einen Typ für 1700 Mark zur sofortigen Lieferung an. Der Transport war natürlich, wie bei unserem Handel in entgegenkommender Weise üblich, unser eigenes Problem, so dass unser Schwiegersohn helfend eingreifen musste. Nachdem bei der Gemeinde eine Genehmigung zum Aufbau eingeholt worden war, blieb uns die schwere Aufgabe, den Standort im Garten zu bestimmen, denn es ging nicht, ohne dass Obstbäume weichen mussten. Der Pflaumenbaum und ein unschöner Apfelbaum wurden die Opfer unserer Pläne. Zunächst mussten 60 Zentimeter tiefe Gräben für die Fundamente ausgehoben werden. Bis Ende August 1978 war ich mit dem Mauern fertig. Dann mussten die Eisenrahmen des Gewächshauses einen guten Anstrich erhalten. Im September konnte ich die Rahmenteile aufstellen und sie verglasen. Die schrägen Teile an den Giebeln ließen sich keineswegs so leicht bearbeiten wie die Montageanleitung vorgab. Aber es gelang. Dann konnte ich mit der Innenausrüstung beginnen: Trennwände für die Beete, ein fester Mittelweg, Montage der Belüftungsmechanik, ein Postament an der Eingangstür und Verfugen der Fundamentmauer. So war bis zum Winterbeginn alles unter Dach und Fach gebracht. Den Winter über wurden die

118 Bäuerliche Handelsgesellschaft.

ersten Bebauungspläne entworfen und die frühe Anzucht von Tomaten- und Gurkenpflanzen begonnen. Nach der Bepflanzung im Frühjahr war bald der Vorsprung gegenüber gleichzeitig herangezogenen Freilandpflanzen sichtbar. Nun musste das richtige Abdecken gegen Sonne, das Lüften und Wässern erprobt werden.

Schellerhau im Osterzgebirge

Wir hatten nach acht Jahren angestrengter Arbeit in Haus und Schule im Sommer 1954 unseren ersten Ferienplatz von der Gewerkschaft erhalten. Auf einer romantischen Fahrt mit der Schmalspurbahn erreichten wir Kipsdorf. Mir blieb in Erinnerung, dass der Zug an manchen Stellen so dicht an Hausgiebeln vorübereilte, dass es beängstigend war. Hinzu kamen die vielen Brücken und Tunnel auf dem Weg nach oben. Schellerhau liegt weit verstreut am nördlichen Hang des Erzgebirges. Das uns zugeteilte Quartier befand sich in der Giebelstube eines kleinen Hauses. Uns gefiel hier alles, einfach wohl darum, weil wir noch nie im Urlaub waren. Andere Gäste schienen verwöhnter und meckerten an vielem herum.

Die Umgebung des Ortes bot viele lohnende Wanderziele: Kipsdorf, Bärenburg, Altenberg mit seinem Schaubergwerk, der 901 Meter hohe Kahleberg und der am Ende von Schellerhau gelegene Steingarten. Der Ferndienst bot eine Busfahrt nach mehreren Orten an, an der wir teilnahmen. So sahen wir den damals auf der tschechischen Seite entvölkerten Grenzbereich und verschiedene schöne Erzgebirgsorte. In Frauenstein wurde ein kleines Orgelspiel auf einer der berühmten Silbermannorgeln vorgeführt.

Dresden 1954

An einem schönen Tag fuhren wir mit der Bahn nach Dresden. Hier bemerkten wir, dass die Instandsetzungsarbeiten am Zwinger vorbereitet wurden. Mit dem Dampfer gelangten wir nach Bad Schandau und entschlossen uns zu einer Kletterpartie in den Schrammsteinen. Das war ein gar schwieriger Weg, aber wir waren jung und zäh.

Die Sächsische Schweiz gefiel uns so gut, dass wir beschlossen, hierher noch öfter zu kommen.

Im Striegistal bei Bräunsdorf, Kreis Hainichen

Die Striegis ist ein kleiner linker Nebenfluss der Freiberger Mulde. Von einer Brücke aus konnte man oft noch große Forellen im Bach stehen sehen. Als wir hier Urlaub machten, war der Sommer so heiß, dass das Wandern im schönen Tal wenig Spaß machte. Die meisten Wege verliefen an der Sonne. Eine Tageswanderung, die uns bachabwärts führte, machte uns bei 30 Grad im Schatten schwer zu schaffen.

In südlicher Richtung erreicht man von Bräunsdorf bald die Eisenbahnlinie von Freiberg nach Karl-Marx-Stadt[119] über Oederan, die auf einer großen, aus Backsteinen errichteten Brücke[120] über das weite Tal hinweggeführt wird.

Der Ort selbst ist ein reines Bauerndorf. Die Felder liegen auf der Hochebene, die der Bach durchschneidet. Vom Dorf bereits etwas abseits lagen ein großer Jugendwerkhof und das „Huthaus“, das an Zeiten des Bergbaues auch in dieser Gegend erinnerte.

---

119 Chemnitz.

120 Frankensteiner Viadukt bei Wegefarth.

Bei Frankenstein, Brücke um 1960

Eine Tagesfahrt führte uns in die alte Bergstadt Freiberg. Unser Interesse galt vor allem dem Bergbaumuseum. Hier sieht man nicht nur alle technischen Vorrichtungen im Bergbau, sondern auch viele gefundene Gesteinsarten. Die von der Bergakademie gezeigte Mineraliensammlung ist weltberühmt. Auch die Kirchen Freibergs bieten viele Sehenswürdigkeiten. Ich erinnere mich noch an die Tulpenkanzel und die große Silbermannorgel im Dom. Die berühmte „Goldene Pforte" ist das älteste und bedeutendste Figurenportal aus der Romanik in Deutschland.

Paul Heinrich, ein ferner Jugendfreund

Als ich meine erste Stelle als Lehrer 1946 in Weißandt-Gölzau antrat, lernte ich Paul kennen, der mit dem Schulleiter Richter schon eifrig damit beschäftigt war, für die kommenden Wochen den Stundenplan aufzustellen. Im Laufe der ersten Wochen befreundeten wir uns.

Von Paul erfuhr ich, dass er im Zweiten Weltkrieg Pilot eines Fernaufklärers in Norwegen war und nicht in Kriegsgefangenschaft geriet. Da er noch ledig und jung war, verliebte er sich in die 15jährige Schülerin Hannelore B. Sie und ihre Mutter waren, als Flüchtlinge aus Westpreußen kommend, hier im Dorf gelandet. Ihr Vater, ein ehemaliger Offizier und Rittergutsbesitzer, tauchte plötzlich um 1950 aus russischer Gefangenschaft auf und floh mit der Familie aus der damals schon bestehenden DDR auf irgendein Gut in Schleswig-Holstein.

Pauls Eltern wohnten in Köthen in der Leopoldstraße. Sein Vater war ein leidenschaftlicher Angler. Mir ist nur noch sein Ausspruch „Heute gehe ich auf Hechte!“ in Erinnerung geblieben. Von Pauls Mutter weiß ich noch, dass sie aus dem Spreewald stammte. Wenn ich Paul besuchte, hatte sie selbst in den schweren Nachkriegsjahren stets einen Happen Essen für mich bereit.

1948 traten Paul, die Kollegin Burkhardt und ich aus der SED aus und erregten damit einen großen Wirbel bei Staat und Partei. Paul wurde nach Gröbzig versetzt. Wir blieben aber weiterhin in freundschaftlichem Kontakt.

Paul heiratete um 1975 eine Fotolaborantin. Nachdem seine Eltern verstorben waren, lebte er mit Frau und Sohn in deren Wohnung. Wohl weil Pauls Bruder schon illegal nach dem Westen gegangen war, verschwand Pauls Sohn nach dem Abitur ebenfalls nach Hamburg. Da ich Paul in letzter Zeit nicht mehr gesehen, noch etwas von ihm gehört habe, nehme ich an, dass er nun auch in Hamburg ist.

Mit den Mopeds an die Ostsee

1956 kaufte ich mir für knapp 1000 Mark ein Moped SR 1 (26er Räder). Es hat mir lange Zeit für schöne Fahrten gedient, so z.B. zu meiner Tante Lena nach Oberoderwitz oder eine mehrtägige Fahrt zur Insel Rügen in den großen Ferien im Sommer 1957. Diese Fahrt unternahm ich gemeinsam mit meinem Kollegen Paul Heinrich, der schon das neuere Moped SR 2 besaß.

Wir fuhren eines Morgens los, die Mopeds vollbepackt mit dem notwendigen Kram und Verpflegung. Denn damals bekam man noch Lebensmittel nur auf Karte! Ich kann mich aber im Einzelnen nicht mehr daran erinnern, welchen Weg wir zur Ostsee gewählt hatten. Die Fahrt ging langsam vonstatten. Im Schnitt legten wir etwa 40 km/h zurück. Wir umfuhren Berlin in Richtung Pasewalk – Anklam. Es war schon wieder Morgen geworden, als mich auf dem Wege von Anklam nach Greifswald die Pannenhexe erwischte. Meine Kette war gerissen. Wir hatten natürlich alles mit, nur keine Kettenglieder! So musste ich mindestens bis zum nächsten Dorf schieben, was wegen des Gepäcks nicht leicht war. Paul fuhr voraus und fand eine RTS-Werkstatt[121], wo man uns zum Schichtbeginn um fünf Uhr morgens gern helfen wollte. Die Kette konnte geflickt werden. Wir setzten dann gegen sechs Uhr die Fahrt fort und gelangten bald nach Stralsund und über den Rügendamm auf die Insel. Schon am frühen Nachmittag machten wir in Rambin in einem Gasthaus Station, denn wir hatten ja die Nacht nicht geschlafen und waren beide hundemüde.

---

121 Reparatur-Technische Station.

Am nächsten Tag fuhren wir nur in die Kreisstadt Bergen, um hier für mehrere Tage ein Quartier zu suchen. Der Feriendienst des FDGB[122] war damals noch nicht so in Schwung, hatte aber schon die meisten lohnenden Ferienobjekte für die Urlauber sichergestellt. Da wir „privat" reisten, mussten wir mit einer billigen Absteige am Markt Vorlieb nehmen. Man wies uns eine bretterverschlagene Kammer auf dem Boden zu. Den Abend verbrachten wir dann in der Gaststube bei viel Lärm und noch mehr Qualm. Wir lernten am Tisch einen alten Landvermesser kennen, der sich im Sommer stets hier einquartierte, um seiner Arbeit nachzugehen. Er gab uns viele wertvolle Tipps, wie man sich in den wenigen Tagen, die uns zur Verfügung standen, das Wesentliche erobern könnte.

So unternahmen wir jeden Tag Ausflüge in alle Richtungen. Von der Stubbenkammer aus sahen wir das offene Meer. Dann folgten Kap Arkona, Lohme, Südperd und eine Tagesfahrt nach Hiddensee. Der Aussichtsturm auf dem Rugard[123] bei Bergen bot uns einen herrlichen Rundblick über die Insel. Am letzten Tag fuhren wir nach Lauterbach und von da aus sollte es dann heimwärts gehen. In einem Fischladen in Lauterbach kaufte Paul eine Kiste Kieler Sprotten, ich holte Brötchen. So saßen wir bald am Straßenrand und spuckten Sprottenköpfe nach allen Seiten. Die Heimfahrt verlief reibungslos. Doch nein! Paul brauchte in der Gegend von Altentreptow einen neuen Mopedmantel. Er erhielt ihn, damals schon, für den doppelten Preis.

---

[122] Freier Deutscher Gewerkschaftsbund.
[123] Erhebung auf der Insel Rügen.

Winter an der Ostsee in Ahlbeck

Ein Sonderurlaubsplatz im Winter? An der Ostsee? Ich war sehr skeptisch, aber es wurde ein schöner und erholsamer Urlaub. Das schönste dabei war der Gedanke, dass die anderen jetzt (leider) arbeiten müssen. Das Heim war lobenswert, alles in Ordnung.

Viele Spaziergänge führten uns an den Strand, der herrlich vereist sich endlos dehnte. Nach stürmischen Nächten standen wir lange vor dem Frühstück auf, um Bernstein zu suchen. Einige hatten Glück und fanden ansehnliche Stücke, ich nicht.

Bei sonnigem, klarem Wetter sah man ganze Schiffskonvois draußen auf dem Meer. Sie lagen auf Reede vor dem Hafen von Swinemünde.[124] Es lag alles zum Greifen nahe, aber die Grenzen waren dicht. Im Dunkeln sah man, wie die Lichter von Świnoujście[125] über das Meer herüberleuchteten.

Bernsteinsucher bei Ahlbeck

124 Świnoujście.

125 Swinemünde.

In den kleinen Fischerkneipen waren die Menschen gemütlich und nahmen sich Zeit zum Erzählen. Da wurde über den einst blühenden Aalfang gesprochen. Jetzt hieß es: Ahlbeck – Aal weg! Oder die Einheimischen sprachen von der schönen Heringsdorfer Seebrücke, die durch Rowdys angesteckt wurde und rettungslos abbrannte.

Heringsdorfer Seebrücke

Mein Zimmerkollege, ein Karl-Marx-Städter, war eine Nummer für sich. Als z.B. bei einem äußerst langweiligen Varieté-Abend alles einzuschlafen drohte und manche sich über irgendwas unterhielten, ja sogar lachten, aber nicht übers Varieté, stand die Heimleiterin auf und forderte „von Lehrern mehr Disziplin". Da erhob sich mein Zimmerkollege und sagte mit ernster, lauter

Stimme in das betretene Schweigen hinein: „Leute, wer hier lacht, muss ins Bett!“ Der Abend war doch noch lustig geworden.

Urlaubstage im Eichsfeld

Schon um 1962 erhielt ich einen Ferienplatz, der in den Monaten November und Dezember lag. Die Reise ging per Bahn bis Lengenfeld unterm Stein.[126] Der „Stein“, unter dem das Dorf liegt, ist der burgähnliche Komplex des alten Bischofsteins, unser eigentliches Ziel. Das Heim bot für die Wintermonate einen angenehmen, anheimelnden Aufenthalt. Die Umgebung war infolge der Grenznähe nur einseitig nach Osten zu durchstreifen! Die Werra floss hier schon jenseits der Grenze der DDR. Die Gegend war hügelig und mit verschiedenartigem Wald bewachsen. Es überwog das ziemlich kahle Buchenbuschgehölz.

Wir begannen vom ersten Tag an uns die Gegend zu erwandern. Einige Wanderungen wurden auch seitens des Heims angeboten. Sie führten uns u.a. direkt in die Sperrzone in ein Kloster, das auf den die Werra säumenden Höhen lag. Hier hatten sich Franziskaner, eine katholische Ordenskongregation, schon vor Jahrhunderten niedergelassen.

Nach vielem Zureden gelang es mir, meinen Kollegen aus Köthen für Spaziergänge zu gewinnen. Er fand Spaß daran und die Ausflugsziele wurden immer ferner. Einmal kamen wir sogar erst lange nach dem Mittagessen zurück und erhielten mindestens rügende Blicke. Wir waren bis nach Effelder gelaufen, um uns den berühmten Eichsfelder Dom anzusehen. Die meisten Ausflüge hatten aber nur das Ziel, uns wandernd in der klaren

---

126 Franziskanerkloster auf dem Hülfensberg südlich von Geismar, eine bedeutsame Stätte deutscher Geschichte. Dort soll Bonifatius die Donar-Eiche gefällt und in eine Kirche verwandelt haben, was aber umstritten ist.

Winterluft zu bewegen. Die Wege waren meist nass und schlammig, ja, teilweise waren sie zum Bachbett geworden. In diesem Abschnitt an der Staatsgrenze lief man auch häufiger den Grenzstreifen in die Arme. Unsere Heim- und Aufenthaltsscheine sahen gegen Ende des Urlaubs schon recht mitgenommen aus.

Am Nordrand der Zauche in Lehnin

Hier hatte sich der größte Betrieb in Osternienburg, damals noch „Deutsche Solvay-Werke“[127], ein schönes Ferienlager für die Kinder der Betriebsangehörigen geschaffen. Außerhalb der Ferienzeit wurden hier den Mitarbeitern zusätzliche Urlaubsplätze angeboten. In den 60er Jahren machten wir von dieser Gelegenheit mehrmals Gebrauch. Die vorhandenen Baracken waren beheizbar und boten einen schönen Aufenthalt. Die Lagerküche blieb für die Urlauber in Betrieb.

Mehrere Fahrten führten uns von Lehnin aus nach Werder und nach Potsdam. Die Sehenswürdigkeiten Potsdams kann man eigentlich nicht oft genug besuchen. Aber sooft ich da war, den Zugang zum Schloss und Park musste ich jedes Mal neu finden! Der Park bietet zu jeder Jahreszeit viel Sehenswertes. Die Ausstattung der Schlösser lässt uns heute noch ahnen, wie prächtig man hier lebte im Gegensatz zum Staatsvolk zu früheren Zeiten. In der Stadt sind die „Holländer“-Straßen sehenswert, das russische Viertel sowie Park und Schloss Cecilienhof. In letzterem begegnet man fast immer Delegationen und Besuchergruppen aus den Ländern der Siegermächte. Am nahen See befindet sich ein Armeemuseum. Der Anblick der hier

---

[127] Hier gab es eine der ersten Anlagen zur Chloralkali-Elektrolyse in Deutschland.

ausgestellten Gegenstände rief in mir Erinnerungen an schwere Tage wach.

Auf einer späteren Reise durch die Slowakei kamen wir auch nach Banská Bystrica, wo sich ein eigenwillig konstruiertes Museum für den slowakischen Widerstandskampf im Zweiten Weltkrieg befindet. Seine Freilichtausstellung lud zu einer kurzen Besichtigung ein. Dort sah ich Waffensysteme wieder, mit denen wir ausgerüstet waren, als wir fremde Länder schonungslos überfielen. Das sind immer bittere Erinnerungen an sinnlose Jugendjahre.

Der Schulinspektor kommt!

Gewiss, es ist für viele Lehrer ein beunruhigendes Gefühl zu wissen, dass eine Inspektion bevorsteht. Ich habe aus solchen Anlässen keine extra frisierten Stunden „vorgeführt", wie es viele Lehrer heute noch tun. Natürlich habe ich mir ein wenig mehr Mühe gegeben als sonst, hielt mich aber immer an meinen Plan für die Stunde. Doch darüber will ich nicht berichten, sondern einiges festhalten aus der Zeit, da ich selber Schulinspektor war.

Manche Inspektionen waren nur „Stippvisiten", im Gegensatz zu den komplexen, mehrere Wochen andauernden Inspektionen an einer Schule. Ich erinnere mich gern an solche kleine „Stippvisiten" in meinem Bezirk, der damals noch eine Reihe kleiner Landschulen umfasste.

Ich fuhr unangemeldet mit dem Moped nach F. Als ich mich der Schule näherte, war diese von einer großen Stille umgeben. Die Klassentür stand offen, kein Mensch da! Auf Befragen von Nachbarn hin erfuhr ich, dass für heute Wandertag angesetzt war. Wohin? Ja, die sind bestimmt wieder einmal in den … Wald!

Kurz entschlossen wetzte ich mit dem Moped hinterher und dachte, dass 30 Kinder bestimmt nicht so ruhig sind. Ich würde sie schon aufspüren! Ich drang zu Fuß ziemlich tief in den Wald ein. Viel Zeit verging, bis ich sie herankommen hörte, übrigens sehr leise. Ich versteckte mich im Gebüsch und ließ sie vorüberziehen. Ich sah und hörte, wie der Lehrer hier Heimatkunde und Biologie erteilte. Gut, mein Lieber! Als die Klasse längst weg war, ging ich zurück zum Moped, setzte mich an den Waldrand und schrieb meinen Bericht nieder.

In M. traf ich ungewollt zur rechten Zeit im Herbst ein, um an der reichen Walnussernte beteiligt zu werden. Die Auswertung des Unterrichts usw. war längst vorüber, als mir die Lehrerin unvermutet die Taschen füllte. Der Nussbaum steht noch, aber die Schule ist heute längst aufgelöst und fremde Leute bewohnen das Grundstück.

Obwohl ich immer ein schlechter Geräteturner war, musste ich auch solchen Unterricht besuchen und beurteilen. In W. unterrichtete in diesem Fach auch Kollegin Vogel, eine ziemlich stabile Person. Ich schätze, dass sie knapp 100 kg wog! Und sie turnte den Zehnjährigen Übungen am Barren vor! Ich meinte, das ganze Gerät ginge in die Knie! Die Holme krachten, aber sie hielten. Ich glaube jedoch, dass die kühne Lehrerin schöne blaue Flecken davontrug. Musste ich sie nicht loben?

Klassenfahrt nach Köthen am See

Köthen am See liegt bei Halbe im unteren Spreewald. Nach den üblichen Rundschreiben an mehrere Jugendherbergen erhielt ich für meine Klasse an der Oberschule in Köthen (Anhalt) eine Zusage nach Köthen am See. Niemand kannte den Ort. Es versprach schon von daher ein Abenteuer zu werden.

Von der Bahnstation Oderin holte uns ein klappriger alter Bus ab, um uns zur Herberge zu bringen. Wir bezogen unsere Quartiere und gingen trotz des schon herbstlichen Wetters gleich in den nahegelegenen See baden. Das tat nach der langen Bahnreise wohl! Die Umgebung des Sees bot uns hier Anfang Oktober herrlichen, sich bunt färbenden Mischwald, der voller Pilze stand. Am Abend nach einer großen Pilzwanderung hatten wir Wannen voller Pilze stehen. Wir aßen zwei Tage daran und konnten anschließend keine mehr sehen! Beim Essen hatte uns eine andere Gruppe mitgeholfen, beim Putzen natürlich nicht.

Eines Morgens bot uns der Herbergsvater die Kähne der Herberge für eine Kahnpartie nach Märkisch-Buchholz an. Meine Jungs verfehlten aber bei den dicht nebeneinander liegenden Kanalausfahrten aus dem See die richtige Ausfahrt.

Anstatt nach Buchholz gelangten wir in ein abseits liegendes Spreedorf. Als sich der Irrtum aufklärte, waren wir von unserem Ziel weiter entfernt als zuvor in Köthen am See. Aber in Buchholz war das Mittagessen für 28 Mann bestellt. Da legten sich meine Jungen mächtig ins Zeug, aber es half alles nichts. Wir kamen erst gegen 14 Uhr im Gasthof zu Märkisch-Buchholz an. Der Wirt trug zwar auf, schimpfte jedoch wie ein Fläz auf die „heutige Jugend". So etwas Unfreundliches hatten die meisten von uns noch nicht erlebt. Das war eine richtige Werbung fürs Geschäft.

Als wir in die Jugendherberge zurückkehrten, empfing uns der Herbergsvater mit ähnlicher Schimpferei, weil der Wirt mehrmals angerufen und ihn „angespitzt" hatte. Es wäre freilich voreilig, insgesamt daraus auf eine unfreundliche Gegend zu schließen.

Meine Klasse wurde am letzten Tag besonders durch die Besichtigung des großen Soldatenfriedhofs bei Halbe beeindruckt. Hier ruhen Tausende junger Menschen, die 1945 ebenso alt waren wie meine Schüler jetzt waren und in den letzten Kriegstagen als Angehörige der Berliner „Entsatzarmee“ unter General Wenck fielen.

Klassenfahrt zur Leuchtenburg [128]

Es war die gleiche Klasse, mit der ich im vorigen Winter eine Fahrt nach Zinnowitz unternommen hatte. Nun waren sie eine Abiturklasse. Als wir auf der Leuchtenburg im Jugendherbergsteil ankamen, schlug uns unverständlicherweise gleich Abneigung entgegen. Man hatte hier nur schlechte Erfahrungen mit Oberschulklassen gemacht. Die Leiterin der Herberge konnte nicht glauben, dass das hier mit uns anders sei. Die Oberschullehrer seien stets, so sagte sie, von den Schülern „überfahren“ worden und es hätte keinerlei Disziplin bestanden. Einige Klassen habe man schon zu einer vorzeitigen Abreise verdonnern müssen, so auch die Klasse, die vor uns dort war. Na, Herr Lehrer, das waren ja schöne Aussichten! Ich sprach mit meiner Klasse darüber und ich konnte sicher sein, mich auf die Disziplin der Schüler verlassen zu können.

Für die Disziplin der Klasse sah ich eigentlich nur eine Gefahr: Auf der Burg befand sich auch eine öffentliche Gaststätte, die von einigen Schülern mit Freude, von mir aber mit Misstrauen aufgenommen wurde. Gewisse Schüler, deren Verhältnis zum Bier ich kannte, waren auch bald hier zu Gast, aber es blieb alles im Rahmen. Schließlich waren die meisten schon 18 Jahre alt. Einmal hatten sie spät am Abend zwei ganze Kästen Bier in

---

[128] Bei Seitenroda (Thüringen).

unsere Unterkunft geschmuggelt. Sie weckten mich und ich half ganz selbstverständlich mit die Kästen zu leeren. Oder hätte ich nur schimpfen sollen? Am nächsten Tag blieb ihnen nur die Sorge, die Kästen ungesehen wieder wegzubringen.

Die Wanderungen in die Umgebung der Burg waren anstrengend. Am schlimmsten zeigten sich immer wieder Ab- und Anstieg. So konnten wir, uns das eine Mal bei Glatteis nur mühsam von Baum zu Baum festhaltend, zu Tal gelangen. Ein Ausflug endete mit einer zünftigen Schneeballschlacht, aber in gemischten Gruppen wegen der Chancengleichheit. Die Schlacht war durch das berühmte „Einseifen“ mit Schnee entfesselt worden! Die Meute kannte keine Schonung, auch nicht mir gegenüber.

Ein Ausflug nach Weimar war fest eingeplant. Die Führungen im Schiller- und Goethehaus erschöpften uns sehr. Als ich dann noch zu einer Besichtigung der Staatlichen Galerie im Schloss aufforderte, murrten die Truppen. Ich entließ sie zur Stadtbesichtigung. Nur wenige gingen in die Galerie mit. Als wir uns zur angegebenen Zeit am Bahnhof wiedertrafen, waren die Jungen voller Lob für Weimar. Sie hatten einen der in unserer Republik an sich raren Bastlerbedarfsläden für Funk und Elektronik entdeckt und kehrten mit guter Beute zurück. Die Mädchen kannten sich nun in Weimars Kaffee- und Eis-Lokalitäten besser aus.

Übrigens war ich froh, als alle am Bahnhof beisammen waren, denn in der Stadt war es wieder einmal spiegelglatt.

Die Herbergsmutter ließ es sich nicht nehmen, uns vor der Abreise als selten gut diszipliniert zu loben!

Das Heimatgefühl

1972 schlossen die Volksrepublik Polen und die DDR einen Vertrag über den visafreien Grenzverkehr ab. Das verlockte uns im gleichen Sommer unsere einstige Heimatstadt in Oberschlesien zu besuchen. Vom Zentralhotel in Prudnik, wie Neustadt O.S. nun nach dem Fluss hieß, erhielten wir eine Zusage für Übernachtungen, denn wir kannten zunächst niemanden mehr hier.

Beim Grenzübertritt wurden wir freundlich nach unserem Ziel gefragt. Als wir mit unserem Trabant die Autobahn erreichten, tankten wir und zahlten für den Liter Benzin etwa 70 Pfennig! Auf der Autobahn durften nur 80 km/h gefahren werden – wegen der vielen Kühe und Ziegen, die hier überall weideten. Als wir am späten Nachmittag Prudnik erreichten, gab es ein gewaltiges Gewitter, das uns daran erinnerte „daheim" zu sein. Der einsetzende Regen hörte aber in den folgenden Tagen nicht mehr auf! Fahrt nach Wildgrund – Regen! Fahrt nach Neisse – Regen! Fahrt nach Moschen – immerzu Regen!

Da wir uns selbst versorgen mussten, gingen wir meist früh einkaufen. Wir wunderten uns darüber, dass die Verkäuferinnen alles auf Deutsch verstanden, aber selten ein Wort mit uns sprachen. Des Rätsels Lösung hieß, dass man hier für Deutsch-Sprechen vor kurzem noch hohe Geldstrafen zahlen musste! O Freundschaft!? Die Polin an der Rezeption des Hotels aber lernte nun eifrig Deutsch und sprach uns gern damit an, wenn wir vorüberkamen.

In Wiese[129] regnete es natürlich auch. Als wir kurze Zeit unter einem riesigen Baum standen, um das Schloss zu besehen, kam eine Frau, sprach uns deutsch an und bat uns, in das Haus ihrer Mutter zu treten. Die alte Bäuerin empfing uns sehr freundlich und wir unterhielten uns gut. Auf einmal fragte mich die Alte, als ich auf der Holzbank in der Küche saß: „Hast de ooch a Bettla[130] unterm Oarsche?“ Da wusste ich, dass wir „zu Hause“ waren! Dazu kamen dann noch der brummelnde Küchenherd und die vielen Fliegen, die um uns summten.

Aber sonst erlebten wir das meiste mit einem gewissen Abstand: bekannte Straßen und Häuser, die Kirche, in der wir vor fast 30 Jahren getraut wurden, das ehemalige Lazarett, unsere früheren elterlichen Wohnhäuser, die Schulen. Die Entfernungen erschienen uns nun geringer. Vor allem war es die uns völlig fremde Sprache um uns her, aber auch der mit fremden Namen angefüllte Friedhof, die fremden Uniformen usw.

Da der Regen nicht aufhörte, entschlossen wir uns bereits nach fünf Tagen zur Heimfahrt. Auch die Dame im Zentralhotel konnte uns mit dem Ruf „Warschau scheint schon Sonne!“ nicht von unserem Vorhaben abbringen. Die Heimfahrt verlief ebenso reibungslos wie die Anreise. Als wie Bautzen erreichten, hörte der Regen auf. – Waren wir daheim?

Was man im Leben so hinzulernt

Natürlich erlernt man zunächst seinen Beruf oder auch zwei, wie es bei mir war. Aber man muss sich auch manchmal Fertigkeiten aneignen, mit denen man dann anderen ins Handwerk pfuscht.

---

129 Łąka Prudnicka.

130 Kissen.

So muss z.B. heutzutage fast jeder Mieter die Kunst des Tapetenklebens beherrschen. Das spart Wartezeiten und etwas Geld. Aber ordentlich möchte es dann auch aussehen. Früher waren an den Betten, sofern sie an einer Wand standen, „Wandschoner" üblich. Ich wollte meinen Mädchen einen solchen Wandschoner aus Tapete kleben. Ich nahm die Tapetenbahn quer, denn so sollte der Schoner verlaufen. Aber ich kriegte die Bahn mit Hilfe meiner großen Tochter einfach nicht hin, die Falten nahmen kein Ende! Da setzte es aber Schimpfe und ein paar hinter die Ohren für meine Große! Die eigene Blödheit sieht man ja nicht ein. Jahre später begann das Tapezieren von Zimmerdecken unter ähnlichen Begleitumständen, aber da waren die Kinder schon aus dem Haus.

Schon bei Meister Voit hatte ich in Zwittau Räder gedrechselt, nachdem er mir gezeigt hatte, wie man die Eisen führt. Eine kleine Metalldrehbank, die wir in der Schule zu Beginn des polytechnischen Unterrichts angeschafft hatten, brachte mich auf die Idee, Holz darauf zu drehen. Es ging gut und ich wagte mich an immer schönere Arbeiten heran. Später kaufte ich mir eine Heimwerkerdrehbank für Holz und betrieb sie mit einer starken Handbohrmaschine. Die Dreheisen braucht man nur einmal anzuschaffen. Holz fand sich überall. Manches Stück kaufte ich in einem Dessauer Bastlerladen. Leuchter aller Art, große und kleine Figuren, Teller und Schalen entstanden unter meinen Händen, sogar ein Becher aus Nussbaum und zwei Weihnachtspyramiden. All diese Arbeiten sind niemals eintönig. Sie regen die Fantasie an, lassen aber auch Raum für Träumereien. Aber seit die Maschine „eiert" und ich den Fehler nicht beheben kann, hat mein Interesse am Drehen nachgelassen.

Weihnachtspyramide, gebaut von Georg Schneider

Wer „Hauseigentümer“ ist oder wird, muss auch mit Kelle, Meißel und Steinbohrer umgehen können. So manchen Handgriff habe ich bei meinen Schwiegersöhnen abgeguckt und mit Erfolg nachvollzogen. Nur mit der Kelle kann ich bis heute keinen Putz an die Wand werfen. Entweder stimmt mein Wurf nicht oder ich bereite den Bewurf nicht richtig zu. Alles will eben gelernt sein! Zum Glück habe ich mich beim Drechseln und bei allen anderen handwerklichen Arbeiten noch niemals ernsthaft verletzt, Pflaster und Binden bleiben trotzdem immer greifbar.

Da ich schon über zehn Jahre Moped fuhr, bildete ich mir mit fast 50 ein, Autofahren könne nicht schwerer sein. Aber das war ein Irrtum. Zwar beherrschte ich die Verkehrsregeln und -zeichen, die Technik erfordert jedoch noch weitere Fertigkeiten. In Filmen hatte ich oft gesehen, wie die Autofahrer mit dem Lenkrad hin- und herdrehten. Als ich es nachmachen wollte, fuhr ich zum Entsetzen meines Fahrlehrers beinahe eine Hauswand hoch! Trotzdem schaffte ich mit zwölf Fahrstunden die Prüfung.

Pilzfahrten

An erster Stelle meiner beliebten Freizeitbeschäftigungen steht natürlich die Gartenarbeit, aber auch jede notwendige Arbeit an Haus und Wohnung. Zu den erstrangigen Freizeithobbys gehört die sommerliche „Jagd“ nach essbaren Pilzen.

In den 50er Jahren fuhr ich oft allein oder mit den Kindern in den Diesdorfer Wald bei Quellendorf, um Pilze zu suchen. Wir fanden vor allem Rotkappen, Birkenpilze und Pfifferlinge. Aber mit der Zeit entdeckten viele Leute das Pilzesammeln als Hobby und die Ausbeute wurde von Mal zu Mal dürftiger. Wir mussten nach neuen Revieren suchen und fuhren in das oft genannte

Serno.[131] Hier gab es jedoch mehr Menschen als Pilze! Also, neue Plätze suchen.

Bei einem sommerlichen Besuch in Lehnin gelangten wir an den nördlichen Rand des Flämings. Hier gab es Straßen, an denen sich das Suchen zeitweise lohnte, aber auch hier standen bald mehr und mehr Autos. In den Wäldern um Lehnin war noch in den 60er Jahren das Pilzesuchen recht erfolgreich. Leider wurden die Wälder gerade hier zu Truppenübungsplätzen und damit zu Sperrgebieten.

Nun haben wir seit Jahren ein zwar etwas entfernt liegendes, dafür einigermaßen sicheres Revier entdeckt, einen kleinen Wald bei Belzig. Da der Wald am Wochenende rege von anderen Leuten besucht wird, fahren wir lieber in der Wochenmitte dorthin. Natürlich gibt es Jahre, wo man vergeblich nach Pilzen sucht. Es ist immer beruhigend, wenn man an bestimmten Stellen „fündig“ wird. Dann schreitet man aus und lässt die Augen schweifen. Am schönsten ist es, wenn man dabei ist, einen schönen Pilz abzuschneiden und schon die nächsten stehen sieht! Das trifft besonders für Maronen und Pfifferlinge zu. Über Steinpilze kann man sich oft ärgern. Entdeckt man sie Tage zu spät, sind sie schon bis „unter das Haar“ madig. Außer den Pfifferlingen habe ich Pilze am liebsten in einer Mischung. Schön sind im Spätherbst Grünlinge in einer Mischung, aber einer meiner Schwiegersöhne geht bei Grünlingen rückwärts, weil er glaubt, wir würden diesen schmackhaften Pilz doch einmal mit dem Grünen Knollenblätterpilz verwechseln!

Wir verhalten uns im Wald bestimmt leise und vorsichtig, aber ganz selten bekommt man in unseren Wäldern mal ein Stück

131 Ortsteil von Coswig im Hohen Fläming.

Wild zu Gesicht. Das Sammeln von Pilzen ist doch eine gute Gelegenheit, sich einmal die Lungen voll relativ guter Luft zu pumpen!

Fotografieren

Als ich als Tischler im Harz auf Montage arbeitete, musste mir mein Meister sogenannte Auslösungen zahlen. Von diesem zusätzlichen Geld kaufte ich mir einen Fotoapparat, eine Vogtländer Spiegelreflexkamera, die ich leider mit meinem Gepäck vor Moskau lassen musste. Nach dem Krieg begann ich wieder zu fotografieren. In der Osternienburger Schule richtete ich für eine Arbeitsgemeinschaft der Jungen Pioniere ein Fotolabor ein. Hier brachte ich mir auch selbst das Entwickeln, Vergrößern und Kopieren von Fotos bei. Später hatte ich auch zu Hause die notwendige Ausrüstung. Viele Aufnahmen von unseren Kindern und auch von Reisen entstanden hier. Aber seit etwa 1985 lagen meine Kameras ungenutzt herum. Mein Interesse war dahin. Ich schenkte die Apparate meinen Enkeln, die nun fleißig damit knipsen.

Die lieben Nachbarn

Seit 1946 wohnte meine Familie in Weißandt-Gölzau beim Schlossermeister Paul Buchmann zur Miete. Die Wohnung war klein, wir hatten ein Zimmer mit Küche über den Flur und die Wirtin war scharf. Wir konnten uns mit der wachsenden Familie bald kaum rühren, denn wir hatten nun (nach Irenchens Tod) vier Kinder.

Amanda mit drei ihrer Kinder (Agathe und Winfried vorn, Christa hinten)

Im Mai 1952 erhielten wir endlich eine ausreichend große Wohnung im Obergeschoss des neu erbauten Kindergartens, gleich neben den Schulgebäuden. Doch diese schöne Wohnung bewohnten wir nur ganz kurze Zeit, denn schon wenige Wochen später wurde ich nach Osternienburg versetzt.

In Osternienburg bot man uns zunächst eine große Wohnung in der Alten Schule an, nachdem ich sechs Wochen lang täglich mit dem Fahrrad von Weißandt-Gölzau zur Arbeit nach Osternienburg gefahren war. Doch diese Lehrerwohnung sagte uns nicht zu. Sie war sehr heruntergekommen und ihre Renovierung durch die Gemeinde nicht möglich. Im Oktober 1952 erhielten wir in Osternienburg eine Dienstwohnung in der Neuen Schule (1906 erbaut) im Parterre.

Osternienburg: Hof der Neuen Schule, 1950er Jahre

Osternienburg, Feuerherdstraße 2 (ehemalige Neue Schule)

Die Wohnung war groß, aber mit ihren einfachen, undichten Fenstern kalt im Winter. Es gab vier Zimmer mit Kachelöfen und eine große Küche, aber kein Bad. Später gehörte noch ein Mansardenzimmer mit einem Kanonenofen am Boden dazu, das als Schlafzimmer für unsere größeren Mädchen gut geeignet war.

In der Neuen Schule hatten wir auch andere Lehrer- und Umsiedlerfamilien als Mitbewohner. Da ich wenige Jahre nach unserem Einzug Leiter der Schule war, genoss ich hier praktisch die Rechte eines Hausherrn, aber auch eines „Hauswirts". Das wurde besonders dadurch deutlich, dass man mir alle Streitigkeiten im Hause, alle Beschwerden und notwendigen Reparaturen im Haus und in den Wohnungen vortrug. Im Haus wohnten noch zwei, zeitweise auch drei weitere Lehrerfamilien. Jede hatte ihre Eigenheiten, „ältere Rechte" usw. und sie muckten auf, wenn ihnen etwas nicht passte. Den größten Kampf erforderte die Durchsetzung einer angemessenen Hausordnung, z.B. regelmäßig den Hof kehren, die Treppen reinigen, das Waschhaus ordentlich verlassen. Der Hof war gleichzeitig Schulhof, ein öffentlicher Weg führte außerdem über das Grundstück. Als das Fernsehen sich etablierte, wollte jeder auf dem Dach den „besten" Standort für seine Antenne ergattern. Trotzdem kam es letzten Endes zu keinen größeren Zwistigkeiten oder gar Feindschaften.[132]

Über uns wohnte mein Kollege Albert Rossbach[133] mit seiner Frau „Änne". Er war Unterstufenlehrer. Ich kannte ihn durch Konferenzen vom Sehen her. Oft führte er Klassen, die in unserem Hause eines der beiden vorhandenen Klassenzimmer hatten. Das war für einen schon älteren Herrn bequem, konnte er doch z.B. wie die früheren „Dorfkantoren" zum Frühstück zu seiner Änne gehen. Unangenehm war für uns, dass wegen ihres Katers („Komm Ulichen, komm!") im Sommer und im Winter die Haustür einen Spalt offenstehen musste. Das war uns im Winter zu kalt, das gab Streit.

Nebenan wohnte über uns Frau Rathmann mit ihrer Tochter Barbara. Sie hatten offensichtlich in der Neumark[134] bessere

---

132 Wir Kinder hatten zu den beiden Lehrerfamilien Rossbach und Rathmann immer ein herzliches Verhältnis. Wir konnten bei ihnen jederzeit ein- und ausgehen.

133 Zum Tag des Lehrers forderte er stets von den Schülern Geschenke ein mit dem Spruch: „Wer seinen Lehrer ehrt, bringt ihm was mit!" - Herr Rossbach war noch ein Lehrer, der die Schüler mit dem Rohrstock auf die Finger schlug oder in die Ecke stellte.

134 Nowa Marchia, vorwiegend östlich der Oder gelegene Landschaft.

Zeiten gesehen. Die älteste Tochter Barbara wurde nach der „Umsiedlung“ Neulehrerin. Ihre Schwester Christa hatte schon vor 1952 die DDR verlassen und war im Westen als Arzthelferin tätig. Die jüngste Schwester Maria erlernte in Wörlitz den Gartenbau und tauchte nur an den Wochenenden auf. Nach der Lehre verschwand auch sie gen Westen. Die Kollegin Rathmann unterrichtete Deutsch und Biologie. Als Gartennachbarn hatten wir wegen Gartenfragen engeren Kontakt. Sie wusste auf diesem Gebiet viel und probierte manches im Garten aus.[135] Abends schlich sie gern ums Haus, um heimlich eine zu rauchen? Als sie über 50 Jahre alt war, verfiel sie merklich und musste viel zu früh in Rente gehen. Um 1972 herum zogen dann Mutter und Tochter zur jüngsten Tochter Maria nach Westberlin. Ein solcher legaler Umzug bildete zur damaligen Zeit die große Ausnahme.

Im zweiten Stock wohnten einige Jahre die Umsiedlerfamilien namens Assmann und Weißenborn. Sie waren uns allezeit gram, weil wir zwar auch „Umsiedler“ waren, aber eben bessere Wohnverhältnisse besaßen. Auch das Abtreten von Keller- und Stallräumen von uns an sie konnte sie nicht wohlgesonnener stimmen. Nach ihrem Weggang wohnten dann Junglehrer oben im Haus.

Vom Mieter zum Hausbesitzer

Im Jahre 1975 hatten unsere vier Kinder ihre Studien beendet und sich bis dahin nach und nach außerhalb des Ortes verheiratet. Da trat eines Abends unsere Bürgermeisterin an uns heran mit dem „Hinweis aus der Bevölkerung“, dass wir nun

135 Unser Vater grub ihr oft den Garten um, denn sie konnte sich von keiner wild gewachsenen Pflanze trennen und bekam somit keine Ordnung in den Garten.

wohl zu viel Wohnraum besäßen. Wir hatten ebenfalls schon in dieser Richtung nachgedacht und erklärten uns bereit auszuziehen, wenn wir eine gute Neubauwohnung oder gar ein Häuschen erhalten könnten. Nach internen Beratungen im Gemeindeamt wurde uns ein kleines Haus, das sich in Verwaltung der Gemeinde befand, zum Kauf angeboten. Wir nahmen das Angebot an und bezogen das Haus Friedrichstraße 19 im direkten Wohnungstausch. Aber was hatten wir uns da aufgeladen! Das um 1900 erbaute Haus war zwar billig, aber völlig abgewohnt und verwahrlost.

Viele Reparaturen und Bauereien wurden notwendig, angefangen von den vier Hängerladungen voll Schutt und Dreck, die abgefahren werden mussten. Es nahm kein Ende! Nur das Dach war in Ordnung.

Osternienburg, Friedrichstraße 19 (Wohnhaus Amanda & Georg)

Mit Hilfe unserer fleißigen Kinder und Schwiegerkinder gelang es in sechs Jahren, das Haus wohnlich zu machen und auch die Nebengebäude sowie die Gartenumfriedung in Ordnung zu bringen. Viel Kraft, Geld und Arbeit waren nötig, aber insgesamt blieb das Ergebnis doch unbefriedigend. Hinzu kam, dass man erforderliche Materialien schwer beschaffen konnte.

Osternienburg erhält eine Abwasseranlage

Die „Wende“ 1989/90 brachte auch für Osternienburg sowohl positive als auch negative einschneidende Veränderungen mit sich. Die beiden größten Betriebe VEB Orbitaplast[136] und der VEB Sauerstoffwerk[137] schlossen. Viele, vor allem jüngere Leute zogen weg, die Arbeitslosigkeit stieg schnell an. Einkaufszentren von REWE und Penny, vorübergehend auch Spar, wurden eröffnet.

Osternienburg: Solvay-Werke 1954, später VEB Orbitaplast

136 Betriebsteil des VEB Orbitaplast Weißandt-Gölzau, befand sich im Norden von Osternienburg auf dem Gelände der früheren Solvay-Werke.
137 Befand sich im Norden von Osternienburg.

Die größte Veränderung aber vollzog sich durch den Bau neuer Straßen und Versorgungsleitungen. Damit wurde im Jahr 1995/96 begonnen, zunächst in der Lindenstraße. Das Erscheinen einer Kommission, die ein Protokoll über den baulichen Zustand unseres Hauses aufnahm, kündete Baumaßnahmen in der Feuerherd- und in der Friedrichstraße an. Bald donnerten Bagger und schwere Bautechnik ununterbrochen um unser Eckhaus, das an diese beiden Straßen grenzt. Tiefe Gräben nahmen Wasser- und Abwasserleitungen auf. Wir erhielten mittels Schläuchen eine provisorische Hauswasserleitung und Laufstege über die Gräben. Das Auto kam auf einen nahegelegenen Parkplatz. Nachdem die Gräben wieder geschlossen waren, erhielt die Feuerherdstraße eine Asphaltdecke, während unsere Friedrichstraße eine sehr schöne Kleinpflasterdecke erhielt. Es folgte bald die Fertigstellung der Bürgersteige, wobei die in der Friedrichstraße hinter unserer Garageneinfahrt und beim Nachbarn gegenüber endeten. Von da an wurde die Straße mit Blumenrabatten versehen. Später erklärten neue Schilder die Straße zur „Spielstraße". Darüber wurde mit uns Anwohnern jedoch kein Wort gesprochen. Hier versagte die neue Demokratie! Der Abwasserverband Aken teilte uns mit, dass wir im Grundstück nun die Anschlussarbeiten an das neue Abwassernetz aufnehmen könnten. Wir beauftragten damit die Baufirma Bornmann in Osternienburg, die dann im März die notwendigen Arbeiten im Hof ausführte. Damit war für unser Grundstück ein großer Schritt voran getan. Die alte Klärgrube war beseitigt, die Abflüsse unter dem Haus tiefer gelegt und der Hof teilweise mit Gehwegplatten neu belegt.

Das Schicksal unseres Hauses und die Wende

Seit der Wende schwebte auch über unserem Grundstück, wie über so vielen in der verflossenen DDR, die Frage der Rechtmäßigkeit des Erwerbs.

Der ehemalige Besitzer hatte das Haus seiner letzten Pflegerin, einer Hebamme namens Lorenz vermacht, die dann um 1960 nach dem Westen verduftete (aus welchen persönlichen Gründen auch immer) und der Gemeinde zur Verwaltung hinterließ. Die Gemeinde vermietete deshalb das Haus an die kinderreiche Familie Weber, die hier sorglos durch die Jahre wohnte. Das Ergebnis hatten wir zu tragen. Zum Zeitpunkt der Wende hatten wir alles wieder in Ordnung, bescheidenen dörflichen Ansprüchen genügend, versteht sich. Einige Alteingesessene im Dorf neideten uns das Anwesen, weil sie es selbst als Alte nicht weitergebracht hatten. Diese Leute vor allem rieben sich schadenfroh die Hände, als die ersten „Wessis" mit Anwalt und Zollstock in den neuen Kolonien auftauchten, um lauthals ihre Uraltansprüche auf ihre Fluchthinterlassenschaft anzumelden.

So tauchte auch bald Frau Lorenz im Dorf auf und verkündete den Anspruch auf ihr Haus überall, nur nicht uns gegenüber. Nach den geltenden Bestimmungen des Einigungsvertrages konnte uns das nicht berühren, nur es machte eben viel Wirbel und nicht wenige Leute fragten uns ehrlich besorgt, manche auch Anteilnahme heuchelnd, nach dem Gang der Dinge. Wir konnten immer nur sagen, dass man an uns in keiner Form herangetreten sei. Aber die Unruhe blieb. Schließlich interessierte mich doch der Standpunkt der Gemeinde und ich bat um Auskunft. Die Antwort fiel beruhigend für uns aus: Ja, Frau Lorenz habe alle Hebel in Bewegung gesetzt, sei unter Hinweis auf die Gesetze aber überall abgewiesen worden. Auch der letzte Versuch ihrerseits, gewerbliche Gründe ins Feld zu führen, scheiterte am Widerstand der Gemeinde (Vielen Dank!).

Die Klage auf Rückgabe wurde durch das Amt für Offene Vermögensfragen in Halle abgewiesen. Am 22. Januar 1992 wurde uns endlich durch den Kreis Köthen die Besitzurkunde über die 428 m^2 Grund und Boden ausgehändigt. Damit waren die letzten Eigentumsbedenken ausgeräumt. Nun hielt uns nichts mehr von - nach wie vor - notwendigen Arbeiten am Haus ab.

Bei der ganzen Angelegenheit war uns aber immer noch ein wenig mulmig zumute, denn die Anwälte der Frau Lorenz ließen den Streit in Form einer Klage gegen den Kreis Köthen vor dem Verwaltungsgericht in Dessau neu erstehen. Die Klage stützte sich im Wesentlichen auf die Begriffe „unredlicher Erwerb“ und „Verstoß gegen Gesetze der ehemaligen DDR“. Seit 1992 lief dann ein Schriftwechsel zwischen uns, dem Kreis und dem Gericht in Dessau. Wir mussten starke Nerven behalten und hatten viel Schreibarbeit zu erledigen. Wir wurden zur Verhandlung im Oktober 1998 geladen. Die Verhandlung an sich verlief zwischen den fünf Richtern und den beiden Anwälten. Wir wurden nur selten befragt. Im Urteil wurde schließlich die Klage gegen den Kreis Köthen abgewiesen, das heißt ebenfalls zu unseren Gunsten entschieden. Ob sich nun aber die frühere Besitzerin endgültig zufrieden gibt? Wir können es nur hoffen!

Funktionen, Kommissionen u.a.

Neben den beruflichen Funktionen wird man schnell in ein Ehrenamt gewählt oder delegiert. Mehrmals wurde ich in Parteifunktionen gewählt. Die höchste war „Sekretär der Abteilungsparteiorganisation“ der Abteilung Volksbildung in

Köthen. Jahre später war ich in der Partei nur noch als Kassierer einer Gruppe tätig. Das brachte viel Arbeit, aber keinerlei Anerkennung ein.

In der Gewerkschaft wäre ich beinahe Kreisvorsitzender der BGL[138] geworden, nachdem ich einige Jahre Mitglied des Kreisvorstandes war. Dann stellte man mich in die Ecke. Zum Schluss durfte ich die Schulgruppe des FDGB abkassieren.

Mehrere Jahre war ich Mitglied der Gemeindevertretung und Sekretär des Rates der Gemeinde in Osternienburg. Nur Arbeit, Sitzungen, Beratungen …

Bei den Volkswahlen wirkte ich in vielen Jahren als Beisitzer in einem Wahllokal mit. In manchem Jahr dauerte die Auswertung bis zum Morgengrauen.

Köthen, Wallstraße: ehemalige Erweiterte Goethe-Oberschule

138 Betriebsgewerkschaftsleitung.

An der EOS[139] in Köthen bekam ich neben den oben genannten Funktionen in loser Folge noch aufgebürdet: Mitglied der Stundenplankommission, Schulleitungsdienst in den Ferien, Leiter der Zivilverteidigung, Lagerdienst bei der Ferienbetreuung. Die Stundenplankommission erforderte meist 14 Tage von den Ferien, die Zivilverteidigung bedeutete Sitzungen, Schulungen, Übungen usw.

Georg Schneider als Lehrer

139 Erweiterte Oberschule.

Georg Schneider als Lehrer, immer im weißen Kittel wegen der Kreideflecke

Lange Jahre war ich Mitglied der Fachkommission für Geschichte. Da gab es neben den monatlichen Sitzungen auch Hospitationen, Beratung von Absolventen, Vorbereitung von Fragenkatalogen und Durchführung der Geschichtsolympiaden im Kreis. Mehrere Jahre musste ich mit meiner Arbeitsgruppe „Geschichte“ (Zirkelleiter, wieder eine Funktion) für jeweils mehrere Tage nach Halle zum Ausscheid auf Bezirksebene. Alles Zeit, alles Ehre!

Bei der Kreisleitung der SED bestand eine „Kommission zur Erforschung der Geschichte der örtlichen Arbeiterbewegung“. Als es ein viel jüngerer Kollege Geschichtslehrer verstand, sich aus der Kommission leise „abzusetzen“, fiel das Auge des Leiters auf mich! Eine Reihe von Jahren wirkte ich hier mit und schrieb manche Abhandlung zur Thematik, oft 40 Seiten und mehr. Die Arbeiten erforderten Museumsgänge, Durcharbeitung von Archivmaterialien, Besuche und Befragungen alter Genossen und anderes.

Mehrere Jahre unterrichtete ich an der Volkshochschule spät am Abend. Diese Arbeit wurde allerdings honoriert, erforderte jedoch auch viel Zeit und Engagement.

Es soll aber auch nicht übersehen werden, dass die vielen ehrenamtlichen Tätigkeiten zu einer Reihe meiner Auszeichnungen beitrugen, ja, manchmal vielleicht den Ausschlag gaben.

Große Autopannen und Unfälle

Mein erster Trabant war noch kein Vierteljahr alt, da fuhr ich ihn in Pößneck in den Klump, wie man so sagt. Am Ende einer Tagestour in den Thüringer Wald suchte ich nach einer Tankstelle, um dann vor Anbruch der Nacht noch die Autobahn zu erreichen. Gewiss war ich auch ein bisschen abgespannt und unkonzentriert. Jedenfalls übersah ich ein Verkehrszeichen und wurde fast von einem Kleinbus erwischt. Vor Schreck lenkte ich den Wagen gegen ein Geländer, dessen Querstange zu meinem Unglück zerbrochen und hinter einen Pfosten geklemmt war, den ich leicht anfuhr. Wie eine Feder schnellte die Stange mir gegen die Windschutzscheibe und schlug die ganze Vorderfront kaputt. Die Polizei kam bald und verpasste mir auch noch zwei Stempel. Dann half sie mir freundlich eine Werkstatt zu finden und riet mir zu einer Übernachtung. Ich fand die Werkstatt und wurde auch mit dem Meister über die anstehende Reparatur einig. Sie sollte vier Wochen dauern. Am nächsten Tag begann an meiner neuen Schule, der EOS in Köthen, der Pädagogische Rat. Ich fehlte – entschuldigt. Die Kasko-Versicherung zahlte 6400 Mark.

Um 1970 herum landete ich zweimal unverhofft im Straßengraben und einmal sogar auf einem Feld. Zweimal lag es an leichtsinnigem Fahren bei Glatteis, einmal hatte mich ein „netter“ LKW-Fahrer von der Fahrbahn gedrängt. Es ging alle drei Mal glimpflich ab.

An einem Sonnabend schnitt mir ein großer sowjetischer Sankra am Bärplatz in Köthen die Vorfahrt. Ich brummte sanft in seine Flanke. Der Offizier bot mir 200 Mark und wollte die Fahrt fortsetzen. Zu meinem Glück hatten Straßenpassanten schon die Polizei herbeigerufen. Die Freunde mussten an der Unfallstelle bleiben, bis die Militärpolizei aus Halle eintraf. Unterdessen ging ein schweres Gewitter nieder. Die Verhandlung ging zu meinen Gunsten aus. Der Fahrer, ein einfacher Soldat, musste viel Geschimpfe der Offiziere über sich ergehen lassen. Der Veranlasser der Fahrt hatte den Sankra benutzt, um eine Gastwirtschaft ausfindig zu machen. Die Reparatur meines Autos kostete die Versicherung 1600 Mark.

Bei einer Fahrt nach Halle versagte der Thermostat im Heizsystem. Die Kiste kochte! Der Motor wurde für 530 Mark repariert.

In Jena passierte mir das Missgeschick, auf einer durch Handzeichen geregelten Kreuzung stehen zu bleiben, weil der Motor ausging. Na, das Gebrüll des Verkehrspolizisten, weil ich nicht „auf seiner Kreuzung“ fahren lernen sollte! Schweigend schoben wir unseren Trabant in eine Nebenstraße und suchten nach der Ursache seines Streikens.

Eine meiner Töchter hatte zwar eine Fahrerlaubnis, aber fahren konnte sie nicht. So beschlossen wir eines Tages, auf einsameren Straßen im Kreisgebiet ein wenig zu üben. Bei Wülknitz wechselten wir die Sitzplätze und meine Tochter fuhr. Wie, das hatte ich selbst für den schlimmsten Fall nicht erwartet. Es ging von rechts nach links, von Graben zu Graben, zum Glück fuhr sie langsam. Da sah ich im Spiegel, dass von hinten ein Verkehrspolizist heranbrauste. Als er uns anhielt, brachte sie die Karre tatsächlich zum Stehen. Er fragte sofort nach Papieren und ließ mich nicht zu Worte kommen, weil er offenbar vermutete, ich hätte ihr unbefugtes Fahren erlaubt. Wie groß war sein Erstaunen, als sie ihm ihre Fahrerlaubnis vorwies! Er grüßte und empfahl uns eine einsamere Straße zwischen Wieskau und Gröbzig für unsere Übungen aufzusuchen.

Einmal holte ich Verwandte in Köthen vom Bahnhof ab. Da hatte ich plötzlich ein Polizeiauto vor mir, das mich in der Allendestraße anhielt. Es war ein Sonntagmorgen. Ich wunderte mich zunächst, was ich diesmal wieder verkehrt gemacht hatte. Nach dem freundlichen Morgengruß und der üblichen Vorstellung mit Dienstgrad und so forderte man mich auf, meinen Trabant einmal genauer zu betrachten. Ich stellte fest, dass ich mir beim Parken vor dem Bahnhof an einem hinteren Radkasten den Schmutzfänger abgerissen hatte. Dann durfte ich weiterfahren, natürlich mit dem Hinweis, den Schaden schnellstens zu beheben.

Beim Wartburg, den ich in Eisenach abholte, saß nach 35 Kilometern auf der A4 bei Gotha der ganze Motor fest. Was tun? Der herbeigerufene Abschleppdienst riet mir, mich ins Werk zurückschleppen zu lassen. Gesagt, getan. Nachdem ich den Dispatcher aufgespürt hatte, ging die ganze Sache recht schnell und reibungslos über die Bühne. Meine Reklamation wurde sofort angenommen. Nach zwei Stunden hatte mein Wagen einen neuen Motor und ich konnte erneut starten. Als ich in der Nacht zu Hause ankam, wartete eine beunruhigte Frau.

In Roßlau wurde ich einmal mit dem nagelneuen Wartburg zur umfassenden Fahrzeugkontrolle herausgewinkt. Wozu? Alles war in Ordnung!

Das bisher beste Kontrollsystem erreichte mich tief in Sachsen bei Rochlitz, als ich bei fast sommerlichem Wetter auf das Vorhandensein einer kompletten Winterausrüstung überprüft wurde. Ja, der Befehl wird erfüllt!

Nebenschauplätze aus Goethes Leben

Wenn man Goethes Haus am Frauenplan in Weimar kennt, den Residenzcharakter der Stadt in seiner Zeit noch heute auf den Straßen und Plätzen, in den Palais, spürt, ist man bestrebt den etwas weiteren Umkreis kennenzulernen. Dazu zähle ich auch die Menschen um Goethe, seine Zeitgenossen und deren Lebensumstände.

Ich musste als Fahrer sehr achtgeben, als wir die schmale Straße nach Großkochberg entlangfuhren. Im Ort kann man das frisch restaurierte Schloss nicht übersehen. Die ehemalige Wasserburg wurde zur Goethe-Gedenkstätte umgestaltet. Das Schloss war Wohnsitz der Freundin Goethes, der Frau von Stein. Einige Zimmer sind zur Erinnerung an beide hergerichtet. Auch der Landschaftspark und die Gartenanlagen sind sehenswert. Der Theatersaal ist ebenfalls noch vorhanden.

Abseits von der Straße nach Apolda liegt Oßmannstedt, wo einst Goethes Freund Christoph Martin Wieland ein Gut erworben hatte, um es für seine große Familie zu bewirtschaften. Hier hat man in den letzten Jahren zaghaft begonnen eine Gedenkstätte zu gestalten. Die kleinen Zimmer enthalten nur noch wenige Dinge, die nachweislich aus dem Nachlass Wielands stammen. Einige Gegenstände weisen auch auf den Freund des Hauses, auf Goethe, hin.

Nachdem wir auf einem kleinen Mäuerchen sitzend ein Gastmahl im Freien genommen hatten, gingen wir ans Ufer der Ilm und besuchten die Grabstätten der Familie Wieland.

Wenn man nach Dornburg an der Saale kommt, ist man zunächst versucht, im Ortskern einen Parkplatz zu finden. Mir ist das bis heute nie gelungen und so musste ich immer den ziemlich weit vom Ort entfernten großen Parkplatz aufsuchen. Durch den kleinen Park gelangt man dann schnell zu den berühmten Dornburger Schlössern. Zwischen den drei Bauwerken ziehen sich wunderschöne Gartenanlagen hin, die manche Rarität enthalten. Das erste Schloss ist als Goethemuseum gestaltet worden und enthält noch Vieles aus dem persönlichen Besitz des Dichters. Im mittleren Schloss wurde eine große Porzellansammlung untergebracht. Sie lässt uns ahnen, wie man so bei Hofe lebte! Das dritte Schloss ist jetzt ein Altersheim. Zwischen den Schlössern führt ein Weg unmittelbar am Steilufer der Saale entlang. Herrliche Rosen- und Blumenbeete wurden hier angelegt, auch Wein ist anzutreffen. Unten im Tal kriechen und sausen die Eisenbahnzüge auf der Strecke Jena – Großheringen fast ohne Unterbrechung entlang. Jenseits der Saale steigt das Gelände allmählich an und lässt weite Felder und Waldungen erkennen.

Glockenmuseen in der DDR

Die dem Kunstwerk Glocke gewidmeten Museen in der DDR liegen ziemlich nahe beieinander und sind von Osternienburg aus verhältnismäßig leicht zu erreichen.

Das Museum in Laucha war Teilziel einer längeren Fahrt ins Unstruttal. Es ist eigentlich die ehemalige Werkstatt der aus Hessen eingewanderten Glockengießerfamilie Ulrich, die bis 1911 die Werkstatt betrieb. Hier kann man den Guss von Glocken von der Zeichnung bis zur Fertigstellung verfolgen. Eine ältere Frau, die die Führung leitete, war noch ganz begeistert von diesem altehrwürdigen Handwerk. Sie ging förmlich in ihren Darlegungen auf. Sie verstand es auch, diese mit frei vorgetragenen Versen aus Schillers Glocke wirksam zu verbinden.

Ein kleines Waldstück etwas abseits von der Straße lud uns zur Mittagsrast ein. Bei dieser Gelegenheit entdeckten wir eine der schönsten kleinen Waldwiesen, die voller Herbstzeitlosen stand.

Bereits zehn Jahre früher (1722) als die Glockengießerei in Laucha wurde die Fabrik in Apolda gegründet. Sie besteht noch heute und gießt Glocken, die in viele Länder gehen. Im Museum findet man einen umfassenden Überblick über Glocken aus aller Welt. Darunter sind auch manche Gegenstände ausgestellt, deren Funktion als Glocke man zunächst nicht sofort erkennt. Auch zahlreiche Kunstwerke aus dem Fernen Osten sind hier zu finden. Wenn man nach dem langen Rundgang (ohne Führung) wieder ins Freie tritt, ist man von der flirrenden Wärme in der Bahnhofstraße ganz benommen.

Urlaub im kleinen Dorf Hagen auf Rügen

Ich weiß nicht mehr, ob wir fünf- oder siebenmal in Hagen Urlaubsplätze hatten, das letzte Mal jedenfalls 1981.

In Hagen hatte sich unsere BGL durch Verträge zusätzliche Urlaubsplätze geschaffen, die aber im Laufe der Jahre den Ansprüchen nicht mehr genügten. Eigentlich hatten sie das von Anbeginn nie getan. Zwar verbesserten sich mit den Jahren die Quartiere, aber die Verpflegung wurde immer mehr zum Problem. So gab es 1962 noch Vollverpflegung im Gasthof, aber 1981 nur noch Selbstversorgung.

Hagen, ein kleines Fischerdorf, hatte selbst nichts zu bieten. Zum Baden musste man nach Glowe oder Juliusruh fahren. In Lohme hatten wir es einmal versucht, aber hier gab es nur schmutziges Hafenwasser.

Hagen (Rügen) Reetdach

Viele Ausflüge ließen uns die Schönheit der Insel erkennen. Da waren die morgendlichen Badeausflüge zum Kieler Bach, die Wanderungen an der Stubbenkammer und die abendlichen Spaziergänge zum Königsstuhl, wenn die letzten Autos mit Tagesgästen verduftet waren. Der stille Herthasee wurde uns ebenso lieb wie der Berg von Nipmerow. Von hier aus konnte man die Fährschiffe von und nach Schweden lange beobachten. Von der Anhöhe hinter dem Ort Nipmerow sah man bei gutem Wetter viele Leuchtfeuer entlang der Ostseeküste aufflammen: Kap Arkona, Hiddensee, Dranske u.a.

Eine seltene, stark gemischte Flora konnte man in den stillgelegten Kreidesteinbrüchen bewundern. In den großen Buchenwäldern gab es viel Wild, vor allem Rehe und Wildschweine, die aber doch sehr scheu waren.

In übler Erinnerung bleibt mir eine Anreise mit der Bahn, bei der wir in Saßnitz spät, fast vor Mitternacht mit unserem Sohn ankamen. Ein Taxi brachte uns glücklicherweise noch nach Hagen. Unser Quartier sollte im Gasthof sein, aber alles Hupen des Taxifahrers, unser Klopfen und Rufen öffnete den Sesam nicht. Wir verbrachten den Rest der Nacht auf einer Bank an einem Haus.

Im Winter 1967 schickte man mich mit der Sekretärin unserer Gewerkschaft zur Abrechnung der letzten und zur Vorbereitung der nächsten Saison nach Hagen. Der Wirt war wie ausgewechselt. War er uns Urlaubern gegenüber meist brummig gewesen, so zeigte er sich nun ausgesprochen gastfreundlich. Ja, ja, das Geschäft! Aber er machte doch bald Pleite, obwohl er unsere BGL ganz schön geschröpft hatte.

Klassenfahrt im Winter an die Ostsee

Ende Februar 1980 führte mich eine Fahrt mit einer 11. Klasse für mehrere Tage an die Ostsee nach Zinnowitz. In der Jugendherberge fanden wir gute Unterkunft, auch gute und preiswerte Verpflegung. Den Schülern gefiel es hier vom ersten Tag an ausgezeichnet. Jeden Tag waren wir am Strand oder in einem der schönen Wälder, die diesen im Sommer sehr überrannten Ort umgeben.

Eine ausgedehnte Strandwanderung führte uns bis nach Koserow. Hier war die alte Dorfkirche sehenswert. Der Pfarrer des Ortes zeigte sie uns gern und nahm an uns zum größten Teil atheistisch eingestellten Besuchern keinerlei Anstoß. Er erwies uns in recht ernsthaften Gesprächen große Toleranz. – Aber in Koserow gab es nichts zu trinken oder zu essen. Der nächste Bus brachte uns anstelle einer langen Rückwanderung mit hungrigem Magen nach Zinnowitz zurück.

Der Ort wurde ziemlich breit angelegt, ein wenig zersiedelt. Im Ort sah man z.T. noch die aus den „Gründerjahren“ stammenden Pensionen und Villen. Außerhalb liegt ein großes Ferienobjekt der Wismut-Kumpel. Dort besichtigten wir eine Gemäldeausstellung und gingen zum Kegeln dorthin.

An einem Tag beschlossen wir, mit der Bahn bis nach Ahlbeck zu fahren und dann zu Fuß über die Grenze nach Świnoujście zu gehen. Unterwegs wunderten wir uns nur über die vielen weggeworfenen Schuhe, die den Weg säumten. Da hatten Polen günstig bei uns eingekauft und ihre alten Schlappen kurz vor der Zollkontrolle weggeworfen, die neuen Schuhe angezogen und so zollfrei heimgebracht!

Meine Schüler interessierten sich natürlich vor allem für die Geschäfte in Świnoujście, aber auch für die großen Hafenanlagen. Das Bild im Hafen beherrschte ein ca. 30 000 BRT großer Frachter, der dicht am Ufer zur Reparatur lag. Auch Schiffe der polnischen Kriegsmarine lagen unter Dampf an den Kais. Bei den Mädchen überwog das Interesse an Modeläden und Naschzeug, bei den Jungen das für Technik. Nur – man hatte kaum Geld zum Einkaufen!

An einem Morgen waren alle Wege nach Regen und Nachtfrost spiegelglatt. Wir gingen trotzdem „auf Abenteuer“ aus. Und das Abenteuer kam in Gestalt von alten Kisten, die sich in der Nähe einer geschlossenen Konsum-Verkaufsstelle anfanden und wunderbar als Schlitten geeignet waren. Die hohen Abhänge der Dünen und die Glätte schufen die besten Rodelmöglichkeiten. Gegen Mittag lautete der Beschluss: „Nach dem Essen gehen wir wieder her!“, obwohl etwas anderes auf unserem Plan stand. Dann wurde gerodelt bis es finster wurde. Die Mädchen konnten es schon teils besser als die Jungen. Da kam der Wettbewerbsgedanke auf, aber es war schon zu spät. Am nächsten Tag setzte Tauwetter ein und ich war froh, dass das wilde Treiben ohne Schäden abgelaufen war.

Im Vogtland 1977

Schneckenstein wurde uns im VEB Orbitaplast, Werk Osternienburg[140], als neuer Urlaubsplatz angeboten. Das Werk hatte Urlaubsplätze mit einem anderen Betrieb getauscht. Aber zuvor musste uns die Landkarte helfen zu klären, wo das liegt und wie man am günstigsten mit dem Auto dahin gelangt. Nun

---

140 Amanda arbeitete hier in der Finanzbuchhaltung.

konnte es losgehen. Dass es, wie schon öfter, Urlaubsplätze mit Selbstverpflegung waren, nahmen wir in Kauf.

In einer ehemaligen schönen Siedlung für Wismut-Kumpel fanden wir die Unterkünfte. Vom Bergbau waren nur noch die hohen Gipfel der Halden übriggeblieben. An einer Stelle waren schöne Gebäudekomplexe der DHfK[141] Leipzig entstanden. Weniger schön war jedoch für uns Urlauber, dass man große Waldgebiete nicht betreten durfte, weil darin Betonpisten für das Sommer-Skitraining der Sportstudenten verliefen. Natürlich war es für beide Seiten gefährlich, wenn die Übenden auf Rollskiern den Berghang herabgesaust kamen.

Der Schneckenstein selbst, nach dem der Ort benannt wurde, ist ein großer Topasfelsen. Er besteht zwar nicht völlig aus Topas, lockt aber viele Gesteinssucher an. Deshalb fanden wir den markanten Felsen mit einem Drahtzaun umgeben vor. Oh, du schöne Natur!

Schneckenstein (Vogtland) 1977

[141] Deutsche Hochschule für Körperkultur.

Die Idee, von Schneckenstein aus einmal in die nahe ČSSR[142] zu fahren, ging von Miturlaubern aus, aber wir waren sofort mit dabei. Lange Fahrzeugkolonnen ließen uns am Grenzübergang bei Schönberg etwas ungeduldig werden, aber schließlich war nach einer Stunde Wartezeit alles überstanden. Wir wollten Cheb, das alte Eger, recht bald erreichen. Hier galt unser Hauptinteresse dem Stadtkern mit seinen denkwürdigen Bürgerhäusern und der Burg, die ein Museum teilweise zur Geschichte Wallensteins beherbergte. Die Burganlage war einigermaßen noch erhalten. Gleich neben der Festung besuchten wir noch eine schöne alte Kirche.

Sehenswert waren uns auch Klingenthal mit Mühlleithen und das Musikmuseum in Markneukirchen. Als wir den Ort Morgenröthe-Rautenkranz kennenlernten, wussten wir noch nicht, dass es der Geburtsort unseres ersten DDR-Kosmonauten Sigmund Jähn war!

Der Oberharz im Spätherbst

Vom 13. Oktober bis zum 1. November 1977 erhielt ich einen Sonderurlaubsplatz in Schierke. Die Reise mit der Bahn ist etwas umständlich, aber man gelangt gut hin, wenn man den Aufenthaltsschein für das Grenzsperrgebiet besitzt. Ein Akener Kollege war mit von der Partie. Wir fanden ein schönes Heim und eine reizvolle Umgebung vor, die zu vielen Wanderungen einlud. Davon machten wir dann auch in den drei Wochen reichlich Gebrauch, oft früh und nachmittags. In den ersten Tagen machte uns das Auf und Ab im Ort und erst recht im Gelände sehr zu schaffen, doch dann wurden die Wanderungen immer länger und immer strapaziöser ausgeführt. Ein großes

142 Tschechoslowakische Sozialistische Republik (1960-1990).

Problem bestand allerdings darin, dass es wegen des Grenzgebietes keinerlei Wanderkarten für diese Gegend gab. Mein Kollege hatte zum Glück eine Karte aus der Vorkriegszeit mitgebracht.

Einige Wanderziele steuerten wir mehrmals an: den Ort Elend, den Weg zu den Brockenkindern, zum Ahrentsklint, zum Massiv der Feuersteinklippen, zum Hohnekopf und zum Renneckenberg. Am schönsten waren an klaren Tagen die herrlichen Rundblicke auf die Berge: das Brockenmassiv, der Wurmberg u.a. Interessant war es von den Brockenkindern aus die Fahrt der Eisenbahn[143] zur Brockenkuppe zu verfolgen. Vom Ahrentsklint sah man sehr schön, wie auf der BRD-Seite eine Seilbahn direkt auf den Grenzgipfel beförderte, auf den mit mächtiger Fernsehstation ausgerüsteten Wurmberg. Wir hingegen durften uns keineswegs dem 500 Meter breiten Sperrstreifen nähern, geschweige ihn gar betreten. Also war bei jeder Wanderung in Richtung Grenze größte Vorsicht geboten. Als eine kleine Gruppe aus unserem Heim doch einmal das Pech hatte wenige Meter zu weit zu gehen, gab es im Heim langstielige Belehrungen. Der schuldige „Führer“ in der Gruppe wurde sofort auf eigene Kosten aus dem Heim gewiesen und zur Heimfahrt verdonnert. Mir fielen unsere Brockenwanderungen vor dem Kriege und eine schöne Fahrt auf den Brocken ab Weißandt-Gölzau ein (1951). Da lag das Harzgebirge noch mitten in Deutschland!

Nur einmal durchgeführte Touren führten uns zu den von Goethe auch erwähnten Schnarcherklippen, zu den Leistenklippen, zum Drudenfelsen und nach Wernigerode. An

---

143 Es handelte sich vermutlich um Güterzüge, denn zwischen Schierke und Brocken fuhr ab 1961 keine Brockenbahn mehr.

vielen Tagen begleiteten uns die Kalte Bode und ihre Nebenbäche.

Zur GST-Ausbildung im Lager Breege auf Rügen[144]

Die Forderung nach einer vormilitärischen Ausbildung der Schüler der EOS wurde immer dringender erhoben. Unsere Schulleitung entschloss sich, das Angebot unserer Gewerblichen Berufsschule aufzugreifen, uns an ihrer schon laufenden Ausbildung zu beteiligen. So wurde 1969 der erste Lehrgang unserer 11. Klassen auf noch freiwilliger Basis zusammengestellt und auf die Reise nach Breege geschickt. Ich wurde als Klassenleiter einer 11. Klasse für die Betreuung geworben und machte die Reise mit dem Auto mit, sozusagen als Vorkommando. Man bot uns an, dass meine Frau ebenfalls zur Betreuung der Schülerinnen mitfahren könnte. Als wir in Breege ankamen, wurden wir sogleich in GST-Uniformen gesteckt. So trugen wir die Kleidung einer Organisation, der wir gar nicht angehörten!

Ich wurde als „Innendienstleiter" der Hundertschaft und meine Frau als Sekretärin des Lagerkommandanten eingesetzt. Der Dienst wurde fast nur am Vormittag abgewickelt, so dass uns der Nachmittag meistens für Ausflüge und natürlich auch zum Baden am nahen Ostseestrand zur Verfügung stand.

Ein Ausflug des gesamten Lagers wurde mit einem Dampfer unternommen und führte uns auf die Insel Hiddensee. Spaziergänge und Baden füllten den Tag aus. Als gegen 19 Uhr die Rückfahrt beginnen sollte, mussten wir feststellen, dass einer unserer Schüler fehlte. Wo sollten wir ihn nun aber suchen? Die

---

[144] Gesellschaft für Sport und Technik.

Dunkelheit brach langsam herein. Suchtrupps und vieles Rufen, ja sogar die Mithilfe anderer Urlauber führten zu keinem Erfolg. Das Schiff musste die Heimreise antreten. Der Lagerleiter verständigte die Volkspolizei. Sie fand den Schüler spät in der Nacht im Dornbusch an einer Hecke. Er hatte sich am Nachmittag zum Schutz vor der Sonne hingelegt und war eingeschlafen. Er erlitt einen Sonnenstich und musste ins Kreiskrankenhaus nach Bergen gebracht werden.

Am nächsten Morgen gab es beim Appell lange Belehrungen, für unseren Zug Punktabzüge und den Auftrag, den Schüler am Nachmittag zu besuchen. Dabei erfuhren wir, dass er noch über die Zeit der Lagerdauer hinaus im Krankenhaus bleiben musste.

Zu den Wettbewerbspunkten der Hundertschaften gehörten neben Schießen und Geländeausbildung auch Marschübungen mit Gesang. Die Marschübungen wurden auf der Hauptstraße der Schaabe durchgeführt. Viele Urlauber schimpften nicht schlecht auf uns, weil unsere Einweiser ständig die Straße absperrten. Unsere Jungen sangen wie die Kellerratten immer wieder das Pflichtlied: „… Denn zu jeder Stunde schützen wir die Republik …"

1970 fuhr ich wieder mit ins Lager, aber alles war irgendwie anders. Alles lief unter strengerem Dienst früh und nachmittags. Es machte keine Freude. Ich fuhr in den nächsten Jahren, auch altershalber, nicht mehr mit.

Klassenfahrt nach Drei-Annen-Hohne

Es kann nützlich sein, wenn ein Patenbetrieb schöne Heime besitzt. Noch nützlicher ist es, wenn der ökonomische Direktor des Patenbetriebes seinen Sohn in der Klasse hat! Herr Baseler verhalf uns zu einer schönen Urlaubswoche im Februar 1970(?) im Heim des VEB Förderanlagen- und Kranbau Köthen in Drei-Annen-Hohne im Oberharz. Er kam auch erfreulicherweise als Betreuer mit.

Viele Schüler meiner Klasse kannten keinen richtigen Winter, vor allem nicht im Gebirge. Und es gab in diesem Winter massenhaft Schnee. Die vielen Wanderungen brachten uns fast jeden Tag nasse Füße ein, denn die wenigsten besaßen das geeignete Schuhwerk. Aber in den mit Nachtspeicheröfen ausgestatteten Bungalows trocknete alles über Nacht rasch und gut. An zwei Nachmittagen liehen wir uns die im Heim vorhandenen Rodelschlitten aus, aber kaum einer konnte damit umgehen! Also musste ich dieses Mal auf einem ganz anderen Gebiet Lehrer sein. Allerdings war ich seit meiner Jugendzeit nur noch selten Schlitten gefahren. Ich ließ mir einen Schlitten geben und begab mich an die Abfahrt. Und siehe, es ging noch wie geschmiert! Alle staunten über ihren „Alten" und versuchten es mir gleichzutun. Bald hatten es die meisten heraus, wie man aufspringt, Fahrt gewinnt und lenkt. Auch das Bremsen klappte bald. Es war ein fröhlicher Nachmittag. Wir brachten alle Rodelschlitten auch wieder heil ins Heim zurück und veranstalteten danach noch einen schönen Baudenabend.[145]

Allen hatte auch die schöne Anfahrt und Heimreise mit der Kleinbahn gefallen. Viele fanden es komisch, wie die Bahn einfach durch die Straßen von Wernigerode fuhr oder wie sie später am Berghang klebte und dichte Rauchwolken ausstoßend jede Steigung in Angriff nahm. Es fiel uns schwer, nach so kurzer

---

145 Hüttenabend.

Zeit wieder von den liebgewonnenen Winterbergen Abschied nehmen zu müssen.

Wernigerode: Schmalspurbahn im Bahnhof

Memleben

Der Ort liegt ziemlich abseits von den großen Verkehrsadern und nur einige Zeitungsartikel weckten unser Interesse. Die Presse berichtete in den 60er Jahren mehrmals von Ausgrabungen und über die Sicherung von Resten eines Klosters, zweier Kirchen und der Kaiserpfalz zur Zeit der Ottonen. Das machte uns neugierig. Wir besuchten in den 70er Jahren den Ort zweimal. Wir fanden alles so vor, wie es die Zeitungen berichtet hatten.

Was sie nicht berichtet hatten war, dass eine ältere Frau am Rande der Ruinen eine wunderschöne Gartenanlage geschaffen hatte und eine begeisterte Fremdenführerin durch die Kirchen- und Klosterruinen war.

Memleben Klosterkirche

Natürlich sind andere Ruinen oder gar gut erhalten gebliebene Bauwerke aus dem frühen Mittelalter oft imposanter als diese hier. Aber es ist eine gewisse Geschichtsträchtigkeit des Ortes, die den Besucher erfasst. Hier starb Heinrich I., unser erster deutscher König, der dann in Quedlinburg beigesetzt wurde. Ich habe 1939 mit eigenen Augen gesehen, wie die SS im Stift von Quedlinburg versuchte, diesen König zu ihrem Eigentum zu machen, ihn zu einem „SS-Heiligen“ umzumodeln. Die SS-Wache an seiner Gruft war etwas ganz Absurdes.

Die Ruinen schweigen. Nichts verrät mehr, dass hier eines der vier reichsten Klöster Deutschlands stand. Heute bestellt eine tüchtige LPG die am Rande der Goldenen Aue gelegenen Felder. Mittendurch führt eine LPG-eigene Straße aus dem Ort hinaus. Eine alte Brücke führt über die Unstrut an den Steilhang des Wendelsteins. Es ist eine zusehends dem Verfall preisgegebene Burgruine, die aus dem ausgehenden Mittelalter stammt. Ein Teil der vielen Gebäude ist noch mühsam erhalten und sogar noch bewohnt! Ich glaube, dass diese Menschen hier eher hausen als wohnen. Das berührt recht merkwürdig, wenn einen diese abseits lebenden Menschen so anschauen, als käme man mit dem Auto aus einer anderen Welt ausgerechnet zu ihnen hierher!

Im Riesengebirge

Im Sommer 1977 unternahmen wir die zweite Reise in die Volksrepublik Polen. Unser erstes Ziel war Kowary[146] im Riesengebirge. Wir waren zu Bekannten eingeladen worden. Aber hol's der Teufel! Auch dieses Mal ging es gleich mit Regenwetter los. Unser Sohn und seine Frau waren dieses Mal dabei. Der Regen ließ zwar nach, aber es blieb trübe. Man sah die ersehnten Berge nur selten. Trotzdem entschlossen wir uns zu einer Fahrt nach oben. In Bierutowice[147] parkten wir unseren Trabant und fuhren mit dem Sessellift auf den Sattel vor der Schneekoppe.[148] Die Fahrt war sehr schön, weil man in geringer Höhe über dem Wald dahinschwebte und eine gute Aussicht hatte.

---

[146] Schmiedeberg im Riesengebirge.
[147] Karpacz Górny.
[148] Tschechisch Sněžka, polnisch Śnieżka.

Schneekoppe: Sessellift mit Georg Schneider

Nach kurzem Aufenthalt in einer Baude begannen wir mit dem Aufstieg zum Gipfel. Nur Mutti[149] blieb in der Baude sitzen. Mein Junge[150] wählte einen sanften Fahrweg, seine Frau und ich dagegen nahmen den steilen Felsenpfad zum Gipfel unter die Füße. Als wir oben waren, gab es doch durch Wolkenrisse manch schönen Fernblick. Aber sonst ließ sich Rübezahl nicht viel in die Karten gucken.

Die Grenze zwischen der ČSSR und der VR Polen verlief auch hier, wie so viele Gebirgsgrenzen in der Welt, mitten über den 1602 Meter hohen Gipfel. Auf beiden Seiten standen Grenzbauden, die zur Einkehr einluden. Uns verging aber die Lust zum Einkehren, als wir miterleben mussten, wie polnische Bürger aus der tschechischen Baude entfernt wurden, nur weil sie eben Polen waren!

Eine Tagesfahrt führte uns auch in den weithin bekannten Wallfahrtsort Kloster Grüssau.[151] Man war gerade dabei die herrlichen barocken Kirchen zu renovieren. Trotz der vielen Gerüste erhielten wir einen guten Gesamteindruck.

Die Weiterfahrt sollte uns bis Krakau führen. Im dichten Nebel verließen wir unsere Gastfreunde in Kowary. Auch im Waldenburger Bergland blieb der Nebel bestimmend. Er verlor sich erst, als wir uns der alten schlesischen Festungsstadt Glatz[152] näherten. Hier verweilten wir nicht lange. An den Stauseen bei Ottmachau vorüber ging es nach Neisse.[153] Vor der Einfahrt in die Stadt kamen wir an dem Friedhof vorüber, auf dem unser

---

149 Von Arthrose geplagt.
150 Schwer gehbehindert.
151 Krzesow.
152 Kłodzko.
153 Nysa.

großer Romantiker Joseph Freiherr von Eichendorff begraben liegt.

Dann lag Prudnik vor uns und bot uns vom Exerzierplatz her gesehen sein schönes Panorama dar. Unsere Kinder sahen uns erwartungsvoll an. Nun konnten wir den beiden unseren Geburtsort und seine schöne Umgebung zeigen.

Prudnik, Glodnystraße, Schule 1977

Prudnik: Klosterkirche 1977 vom Hotel aus

Prudnik: Ring 1977

Wir besuchten auch die Hauptstadt des Gebietes Opole sowie den Sankt Annaberg, der 400 Meter hoch und von fast allen Punkten Oberschlesiens aus sichtbar ist. Bei der Rückfahrt nach Prudnik stellten wir jedoch fest, dass unsere charakteristischen Heimatberge, die 890 Meter hohe Bischofkoppe und ihr Nachbar, die Silberkoppe[154], den Horizont nach Süden hin noch majestätischer beherrschen.

Krakauer Impressionen

Nach der verwirrenden Fahrt durchs Kattowitzer Kohlenrevier erreichten wir gegen Mittag die kleine Stadt Olkusz. Der Hunger trieb uns in die nächste Wirtschaft. Da gab es nach polnischer Sitte erst ab 14 Uhr Mittagessen. Wir bestellten uns viermal „Golonka“[155] zu je 22,50 Złoty. Die Gäste in der Nähe blickten erstaunt auf. Wir warteten gespannt aufs Essen. Dann kam es: vier gewaltige Portionen Eisbein und Weißbrot! Wir machten uns darüber her. Warum erregten wir Erstaunen? Wegen der Bestellung oder wegen der doch recht hohen Preise?

Man kann nicht Krakau besuchen ohne den herrlichen Veit-Stoß-Altar in der Marienkirche gesehen zu haben. Wir hatten das Glück, den Altar auch geöffnet zu sehen, weil gerade einige ausländische Touristengruppen das Kirchenschiff füllten. Ja, früher mussten die Betenden etwas zu sehen haben, denn lesen konnten doch die wenigsten. Mittags erklang das abgebrochene Trompetensignal vom Turm der Kirche und schallte weit über den Markt mit seinen Tuchhallen hin.

---

154 Srebrna Kopa.
155 Gepökelte Schweinshaxe.

Im Wawel gelangten wir wegen Überfüllung mit Urlaubern nur in den Innenhof und in die Gartenanlagen auf den Terrassen hin zur Weichsel, die in einem sanften Bogen vorüberfließt.

In der alten Salzstadt Wieliczka[156], nahe bei Krakau, fanden wir Quartier. Das Salzbergwerk dort bot uns einmalige Eindrücke. In einem Stollen trafen wir mit Kindern zusammen, die in Plastemäntel gehüllt waren und in der Salzluft Heilung suchten. Tiefer im Berg lagen ganze Kirchen, in Salzstein gehauen. Kreuze und Heiligenstatuen wechselten ab. Polnische Besucherinnen fielen vor manchem Steinbild betend nieder. Eine Frau hatte zu lange betend verweilt und suchte nun mit der Frage: „Moja grupa?“ ihre Leute wiederzufinden. Auch hier, weitab von Weimar, stießen wir auf den Namen Goethes, der dieses Bergwerk auf einer Studienreise besucht hatte und nach dem nun hier ein Saal aus Salz benannt war.

Eine Fahrt in die Hohe Tatra misslang uns, weil wir erfahren mussten, dass dort dichter Nebel herrschte. So sonnten wir uns auf etwa 1000 Meter hohen Bergen. Der Fluss Raba beeindruckte uns durch seine verhältnismäßig weitgehende Reinlichkeit.

Auf der Rückfahrt ereilte uns kurz vor dem Ziel eines der für das Gebirge typischen schweren Gewitter. Ich musste anhalten und wir erlebten mit gemischten Gefühlen Blitz um Blitz, Schlag um Schlag.

Wie man seinen Pass nicht behandelt

Große Aufregung: Meine Schwiegermutter war wieder einmal da und wir wollten sie gleich zur polizeilichen Anmeldung bringen, da sie aus der BRD eingereist war. Aber da gingen die Sucherei

---

[156] Früher Groß-Salze.

und das Rätselraten auch schon los, denn meine liebe Schwiegermutter fand ihren Reisepass nirgends! Dann fiel ihr endlich wieder ein, dass sie den Pass nach der Grenzkontrolle im Auto, in dem sie Herr Petersen zu uns brachte, unter die Sitzdecke geschoben hatte! Da war zunächst guter Rat teuer. Sie wusste nicht so recht, wohin die Leute, die sie in den letzten Jahren mitbrachten, immer fuhren. Zum Glück fiel ihr dann noch der Ortsname Greifenhain ein. Wir starteten sofort, denn die Anmeldefristen müssen ganz genau eingehalten werden. Schon nach zwei Stunden Autofahrt erreichten wir den Ort. Nun begann hier die Sucherei. Glücklicherweise kannte man die Gesuchten im Ort gut, denn die Frau hatte in früheren Jahren einmal hier die Post ausgetragen. Aber der Gesuchte war nicht da, er war zu Verwandten nach A. zu einer Hochzeit gefahren. Wieder mussten wir suchen, bis wir den Ort der Feier ausfindig machten. Es ist peinlich, wenn man in so eine Gesellschaft vollkommen fremder Menschen einbrechen muss. Aber auch diese Hürde wurde gemeistert, der Gesuchte gefunden, ein Glas auf die Brautleute geleert und die entscheidenden Fragen gestellt. Ja, der Pass war da! Herr Petersen hatte ihn tags zuvor beim Autoreinigen gefunden! So stürmten wir wieder davon. Das Mittagessen vergaßen wir, ich ließ den Proviantbeutel unterwegs auf einer Bank liegen.

Als wir dann am Nachmittag wieder zu Hause ankamen, war niemand glücklicher über unsere Heimkehr als meine Schwiegermutter. So konnte am darauffolgenden Sonntagmorgen die Anmeldung noch pünktlich vollzogen werden.

Görlitz und Herrnhut

Uns reizte es schon immer, einmal nach Görlitz zu fahren, weil diese Stadt immerhin ein Rest Schlesiens ist, der mit einem kleinen Zipfel zum Territorium der DDR gehört. Von Steinigtwolmsdorf aus, wo wir 1984 Urlaubsplätze hatten, ließ sich nun eine solche Fahrt verwirklichen.

Im Stadtkern von Görlitz liegen viele alte Straßen, die von alten Häusern umsäumt werden, grau und trist. Der Markt wirkt klein, die Arkaden sind düster. Hinter der Peterskirche stand man unmittelbar am hohen Ufer der Neisse und sah am gegenüberliegenden Ufer das schon bekannte Zgorzelec[157] liegen. Es schien uns seit 1977 nach Osten und Süden gewachsen zu sein. Der Platz der Befreiung lädt zum ruhigen und beschaulichen Sitzen ein.

Wir verließen die Stadt Richtung Ostritz und gelangten auf Nebenstraßen nach Herrnhut. Dieser Ort interessierte uns wegen der nach ihm benannten Herrnhuter Brüder. Am Parkplatz fiel uns sofort auf, dass viele Rollstuhlfahrer im Ort waren. Es stellte sich bald heraus, dass die Brüder ein Treffen organisiert hatten. Die meisten der Rollstuhlfahrer waren noch jüngere Leute. Sie saßen in Gruppen zusammen und unterhielten sich lebhaft. Wir schlossen daraus, dass sich viele schon kannten und sich über das Wiedersehen freuten.

Ein großer Gebäudekomplex zog unsere Aufmerksamkeit auf sich. Daran war zu lesen: „Evangelische Brüder-Unität“, wohl ein Domizil der Herrnhuter Brüdergemeine.

---

157 Görlitz.

Schloss Rheinsberg

Fontanes „Wanderungen durch die Mark Brandenburg“ und viele Veröffentlichungen über Rheinsberg ermutigten uns, den Ort einmal zu besuchen.

In Rheinsberg angekommen, strebten wir sogleich dem Schloss zu und fanden es hübsch renoviert am See liegend. Da das Schloss selbst z.Z. als Sanatorium dient, kann man es innen nicht besichtigen. Die Parkanlagen indessen können den Besucher trösten. Von den vielen Denkmälern, Figuren und Obelisken bekommt man bald genug. Die zahlreichen Vasen indes mögen schön aussehen, wenn aus ihnen blühende Pflanzen quellen. Interessant ist noch eine abgestumpfte Pyramide, die die Grabstätte des Prinzen Heinrich anzeigt. Prinz Heinrich war ein Bruder des Königs Friedrich II. Er wohnte wohl am längsten hier und hat auch die meisten Anlagen in Schloss und Garten veranlasst.

Wir entschlossen uns zur Rückfahrt über Linow, Zählen, Rheinsberg, Glienicke, Neuruppin. Die meisten Straßen waren Nebenstraßen und führten z.T. durch Manövergelände. Sie sahen auch entsprechend aus! Erst in Neuruppin erreichten wir wieder besseres Pflaster. Wir brachten den Ort schnell hinter uns. Er sah uns dieses Mal wie eine einzige Kaserne aus!

Am Möserschen See

Eine frühere Kollegin aus Weißandt-Gölzau war ganz in unsere Nähe gezogen. Zu Beginn eines Sommers fragte sie uns, ob wir nicht ihren „Familienzeltplatz“ auf der Insel Kiehnwerder im See bei Kirchmöser aufsuchen wollten. Damit war die Bitte verbunden, in unserem Trabant-Kombi allerlei Zelterbedarf mitzunehmen. Der Wagen erhielt jedoch so viel Zuladung, dass meine Frau keinen Sitzplatz mehr fand. Also fuhren wir erstmals ohne sie los. Vom Parkplatz aus brachten wir die Ladung per Motorboot zum Lager mitten im See. Das Lager zog sich über die ganze Insel hin und bot einen ruhigen Aufenthalt ohne die in der täglichen Umwelt gewohnten Dinge. Nicht mal elektrischen Strom gab es. Nur einmal in der Woche legte ein Verkaufsboot an. Was man sonst noch benötigte, musste man mit einem Boot selber heranschaffen. Nur schmale Pfade verbanden die Zeltgruppen und den Strand. Bootfahren, Badefreuden und Faulenzerei bestimmten den Tagesablauf. Wir haben das alles in späteren Jahren auf Grund immer wiederholter Einladungen zum Besuch dieser Zelter miterlebt, aber im Prinzip konnten wir dieser Zeltplatz-Romantik nicht zustimmen und ließen uns auch nicht zum längeren Bleiben überreden. Wir dachten an all die Unbequemlichkeiten, die wir auch auf Ferienplätzen des FDGB erlebt hatten, obwohl wir bestimmt nicht anspruchsvoll und an einiges gewöhnt sind.

Die Bekannten nahmen uns auch wiederholt zu Rundfahrten auf dem See mit. Breitlingsee und Plauer See gehen im Norden ineinander über und werden vom Elbe-Havel-Kanal durchschnitten. Wenn hier größere „Pötte“ durchfahren, gibt es für die kleinen Bootsklassen nicht ungefährliche Wellen. Mancher sucht gerade diese Gefahr, wie ich selbst sehen konnte.

Im Zusammenhang mit den Urlaubsplanungen machten die Familienmitglieder der Zelter öfter abends „einen Sprung" zu uns herein. Aber dann wurden jedes Mal immer neue Themen in die Unterhaltung einbezogen, wir quatschten pausenlos und die Uhr ging immer weiter. Nicht selten wurde es so zwei Uhr morgens!

Seit sie ein eigenes Auto besitzen, ist alles verebbt.

Auf alten berühmten Schlachtfeldern

Wenn man sich in Bad Sulza den langen Berg hinauf in westlicher Richtung aus der Stadt hinausgequält hat, erreicht man bald den kleinen Flecken Auerstedt. Auf den weiten, auf Apolda zu sanft abfallenden Feldern besiegte im Oktober 1806 Napoleons Armee die preußische Hauptarmee, die nichts mehr von der Glorie der vorangegangenen 60 Jahre an sich hatte. Nach dieser Schlacht brach das morsche, feudal-absolutistische Königreich Preußen völlig zusammen. Auf dem Dorfplatz wurde vor Jahren ein Diorama über diese Schlacht gezeigt.

Unweit der Stadt Lützen bei Leipzig liegt in einem kleinen Hain eine Gedächtniskapelle, die erst 1907 errichtet wurde und an den Tod des Schwedenkönigs Gustav II. Adolf in der für ihn siegreichen Schlacht 1632 erinnert.

An gleicher Stelle befindet sich noch der „Schwedenstein". Wenn man über die weite Ebene schaut, glaubt man noch den Kanonendonner zu hören, das Pulver zu riechen und das Sterben der Menschen zu ahnen. Nur wer selbst den Krieg erlebt hat, kann das nachempfinden und die Nachwelt zum Frieden mahnen.

Lützen: Gustav-Adolf-Gedenkstätte, Schwedenstein mit Baldachin

Torgau an der Elbe ist nicht nur durch die erste Begegnung der verbündeten Armeen am Ende des Zweiten Weltkrieges bekannt geworden. Als Festungsort spielte Torgau wiederholt in der Geschichte eine Rolle. Vom Turm des Schlosses Hartenfels aus überblickt man eine weite Ebene, die teilweise von großen Wäldern bedeckt ist.

Torgau: Schloss Hartenfels 1973

Die Elbe durchschneidet diese Weiten. Am nordwestlichen Rand des Blickfeldes liegen die Süptitzer Höhen, auf denen sich Preußen und Österreicher 1760, also im Siebenjährigen Krieg, eine Schlacht lieferten, die 30 000 Soldaten das Leben kostete. Lieber als der Schlachtendonner sind mir die ruhigen, getragenen Klänge des Torgauer Parademarsches, den auch Kapellen der NVA[158] wieder spielen.

An der Straße zwischen Bautzen und Görlitz liegt der kleine Ort Hochkirch. Er wäre mir kaum als Schlachtenort sofort wieder eingefallen, wenn nicht an der Giebelwand eines alten Gasthofes direkt an der Straße das Firmenschild „Gasthof zum Alten Fritz“ gestanden hätte. Bei Hochkirch bereiteten die Österreicher im Siebenjährigen Krieg Friedrich II. eine seiner größten Niederlagen. Die preußische Armee verlor hier damals ein Drittel ihres Mannschaftsbestandes (9000 Mann) und über hundert Kanonen. Wenn man die Berichte aus jener Zeit liest, muss man nur staunen, welche großen Strecken all diese Armeen zu Fuß in verhältnismäßig kurzer Zeit zurückgelegt haben.

Mein Eintritt ins Rentenalter (1984)

Alles war klar, die Rentenbescheide lagen vor und die erste Rente stand bereits auf dem Konto. Da wurde ich krank … Ende August plagte mich zunehmende Atemnot.

Ich suchte einen Lungenspezialisten auf. Der fand nur heraus, dass ich schon längst einmal zum Arzt hätte kommen müssen. In den folgenden Tagen war ich sehr beschäftigt. Wir fuhren zum Geburtstag, zur Einschulung, ich demontierte Dachrinnen und strich sie neu an. Da wurde mir ganz komisch und ich entschloss

158 Nationale Volksarmee.

mich, zum hiesigen Arzt zu gehen. Die junge Ärztin empfing mich lächelnd und meinte, ich solle mich nicht so viel selbst beobachten. Als sie meine Beine besah, wurde sie ernst und stellte fest, dass ich rechts Thrombose habe und ab sofort liegen müsse. So lag ich dann Tag und Nacht auf der Couch und es wurde immer mieser. Mein 65. Geburtstag rückte heran. Kollegen kamen zum Gratulieren. Sie fanden mich auf dem Krankenlager. Am nächsten Tag schleppte man mich mit Auto und Stützhilfen zum längst vorbestellten Geburtstagsmahl im Kreise meiner Kinder und Enkel. Ich war froh, als ich wieder auf der Couch lag.

Die Tage vertrieb ich mir mit Rätselraten und Bücherlesen, aber es zeigte sich erst Ende September eine geringe Besserung. Ich konnte wieder etwas gehen, aber die Atemnot blieb. Die Ärzte sahen im gesamten Krankheitsbild keinen Zusammenhang. Meine Frau rüstete zu einer lange geplanten Reise zu ihrer Mutter nach Velen. Sie wollte nicht fahren, aber wir redeten ihr alle zu. Sie verreiste dann doch, nachdem die Kinder versprochen hatten, mich nach Halle zu nehmen. Das taten sie auch – und steckten mich schon am nächsten Tag in die Universitätsklinik in Halle-Kröllwitz. Meine Jüngste hatte sich mächtig für mich ins Zeug gelegt.

Bis Ende Oktober endeten die Visiten bei mir mit einem Kopfschütteln, so als würde ich den Ärzten Rätsel aufgeben. Schließlich wurde bei der Chefvisite entschieden, dass ich einer Antibiotikakur mit Penizillinspritzen unterzogen werden sollte!

Bettruhe, kein Ausgang, kein Wochenendurlaub. Bevor ich kurz vor Weihnachten entlassen werden konnte, wurde ich noch auf Tabletten umgestellt und war sehr froh über die eingetretene Besserung. Die Diagnose lautete: Endomyokarditis, Chronisch-

Ischämische Herzkrankheit, Linksherzinsuffizienz sowie mögliche bakterielle Myokarditis.

Zimmergenossen und Besucher im Klinikum Kröllwitz

Während meines Aufenthalts in der Klinik wechselte die Belegung in unserem Vierbettzimmer häufig. Mein Gegenüber zu Anfang versuchte mich in den ersten Tagen aufzuheitern. Er las mir Reiseerlebnisse eines halleschen Professors in Japan vor, die durchaus interessant waren. Ein anderer, der aufstehen durfte, versorgte uns mit kleinen Handgriffen. Einmal lag sogar für zwei Wochen der Bauleiter dieser Klinik in unserem Zimmer!

So richtig bunt wurde es erst, als mir gegenüber ein Staatsbürgerkundelehrer und neben mir ein Mitarbeiter aus dem Lehrstuhl Theologie der Universität lagen. Der Streit, in dem jeder dem anderen seine Buchstabenargumente entgegenschleuderte und die anderen in den Streit um „Wahrheiten" mit einzubeziehen trachtete, ging mir auf die Nerven, denn ich war in einer Verfassung, die jede Anteilnahme am Objekt ausschloss. Da half auch kein Appell und kein Gewissen. Alles prallte an mir ab.

Meine Kinder, deren Gatten und die Enkel hatten sich das so schön eingeteilt, dass ich fast jeden Tag jemanden zu Besuch hatte. Meine Frau besuchte mich auch gleich nach ihrer Rückkehr aus Velen. Später blieb sie mehrmals übers Wochenende bei einem unserer Kinder in Halle und besuchte mich oft. Auch diese schwere Zeit ging für uns beide vorüber.

Zweimal besuchte mich mein Cousin Willi. Er hatte durch Zufall von meinem Los erfahren. Für mich war es anstrengend ihm zuzuhören, denn er ist am Kehlkopf operiert worden und sprach leise und war schlecht zu verstehen. Kurze Zeit später, als ich aus der Klinik wieder zu Hause war, erfuhren wir von seinem Tode.

Anfang November geriet unser Zimmer in große Aufregung. Obwohl mich schon öfters mehr als vier Personen auf einmal besucht hatten, bestand dieses Mal meine eigene Überraschung darin, dass mich die stellvertretende Schulrätin (Friedel Blank), mein jetziger und mein ehemaliger Direktor der EOS Köthen sowie ein weiterer lieber Kollege besuchten. Ich war stolz auf meine Kollegen. Es ist schön zu erleben, dass man noch nicht vergessen ist.

Als ich Wochenendurlaub erhielt, war es meinen Kindern selbstverständlich, dass sie mich aus dem Klinikum abholten und auch wieder zur rechten Zeit zurückbrachten. Das ersparte mir langwierige, unbequeme Bahnfahrten. Als mir die Klinikkost nicht mehr schmeckte, haben sie alle für mich gebrutzelt, gekocht und gebacken, immer nach „Wunschplan"! Ach, man lässt sich so gern ein bisschen verwöhnen.

Im Spreewald

In den 60er Jahren arbeitete mein jüngster Bruder Walter als Bergmann in Lübbenau. Wir besuchten ihn dort per Moped! Die Kraftwerke von Vetschau und Lübbenau beherrschten weithin das Landschaftsbild. In der Stadt sahen wir in den Straßen große Gurkenfässer. Es war wohl kurz vor der Einlegezeit dieses wichtigen Spreewaldprodukts. Mein Bruder zeigte uns auch den Ort und vor allem den Spreewald. Die Kähne wurden z.T. noch von Frauen in der typischen Tracht der Spreewälderinnen durch die Wasserstraßen gelenkt. Eine solche Fahrt wirkt irgendwie beruhigend aufs Gemüt, wenn man von dem manchmal hektischen Kampf ums Einsteigen absieht.

Im August 1985 besuchte uns Erna, eine Cousine meiner Frau. Wir beschlossen, ihr einen Ausflug in den Spreewald anzubieten, denn der Spreewald stellt immerhin einen in Deutschland einmaligen Landschaftstyp dar. Sie war begeistert und wir fuhren hin, aber ich fand mich in Lübbenau nicht mehr zurecht. Es war einfach zu lange her, dass wir mal hier waren. Vom Markt gelangten wir in eine Seitenstraße und waren schon an einem Spreearm. Ein breiter Wanderweg führte am Ufer entlang. Nach etwa sieben Kilometern Wanderung erreichten wir eine geschlossene große Gastwirtschaft. Ein Kellner erklärte uns, dass heute „alles" geschlossen sei und dass nur der gleiche Weg, auf dem wir gekommen waren, nach Lübbenau zurückführte! Aber wir fanden dann doch recht bald die Anlegestelle der Kähne. Nette Leute hatten nämlich wieder einmal einige Wegweiser zerstört.

Am Nachmittag traten wir die für alle Spreewaldgäste attraktive Fahrt nach Lehde an. Sie dauerte etwas über zwei Stunden und in Lehde gab es eine Kaffeepause für alle. Während der Fahrt hatte ein Fotograf sehr gute Aufnahmen unserer Kahnbesatzung gemacht, die doch eine schöne Erinnerung darstellen.

Familienfeste

Eine große Familie hat doch ab und zu das Bedürfnis nach gemeinsamem Wiedersehen. In unserer alten großen Wohnung in der Schule war das kein Problem. Dort wurden auch die Hochzeiten unserer drei Mädchen groß gefeiert. Aber jetzt sind große Treffen bei uns zu Hause, vor allem im Winter, unmöglich geworden. Wir sind im engsten Kreis immerhin 16 Personen.

Daher behelfen wir uns zu bedeutenden Anlässen von Zeit zu Zeit mit einem gemeinsamen Essen in einer Lokalität. Bisher klappte das mit der Reservierung in einem Lokal immer ganz gut, wenn auch das Anbringen von Bestellungen immer schwieriger wurde.

So feierten wir einen Geburtstag in Diesdorf (bei Quellendorf), wo meine ehemalige Schülerin die Haustochter war und vermittelte. Meinem 65. Geburtstag wurde im „Weißen Schwan" zu Osternienburg die Ehre erwiesen. Manches Familienfest feierten wir auch in Köthener Gaststätten oder in der „Fortuna" in Lüttchendorf, wo unsere Enkelin arbeitet. Es gab Einschulungen, runde Geburtstage, Lehr- oder Studienabschlüsse, Jugendweihen zu feiern. Bei allen Zusammenkünften gab es unter Gastgebern und Gästen immer ein gutes Einvernehmen und Freude über das Wiedersehen.

Die erste größere Geburtstagsfeier im „nichtsozialistischen Ausland" kam 1988 zum 85. Geburtstag meiner Schwiegermutter in Velen zustande. Daran nahmen außer Amanda und mir auch drei unserer Kinder teil, die bei dieser Gelegenheit gleichzeitig einen Teil der „Westverwandtschaft" kennenlernten, der uns noch nicht in der DDR besucht hatte.

Vreden, fast in den Niederlanden

Bei unserem Besuch zum 85. Geburtstag meiner Schwiegermutter trafen wir auch mit Amandas Cousin Conrad zusammen, der uns u.a. empfahl mal die kleine Stadt Vreden aufzusuchen. Schon am nächsten Tag, dem 2. September 1988, fuhr ich kurzentschlossen mit Amanda dorthin. Nach knapp einstündiger Fahrt erreichten wir das kleine Städtchen Vreden, das einst eine stolze Hansestadt war. Nach erfolgreicher Parkplatzsuche konnte der Stadtbummel beginnen. Vreden besitzt ein gutes Stadtmuseum, in dem wir lange verweilten. Neben Bodenfunden sah man viel altes Handwerksgerät und erste Maschinen. Groß war die Sammlung alter eiserner Öfen, von Töpferöfen und Produkten der Töpferkunst. Alle Arten Steingut und viele Fliesen und Kacheln mit zahlreichen Mustern, darunter die berühmten Delfter Wandplatten für die Küchen, waren zu sehen.

In den Kirchen konnte man die ehrwürdige Kunst der mittelalterlichen Bildhauer und Baumeister bewundern. In einer Kirche hing an der dem Altar gegenüberliegenden Wand das berühmte Vredener Hungertuch. In ihm entdeckten wir unter den eingestickten Adelswappen auch solche, die aus der Vergangenheit in unsere Lande weisen, z.B. von den Grafen von Gleichen.

Dass aus der DDR auch in diese Kleinstadt historisches Straßenpflaster gegen Devisen geliefert worden wäre, konnten wir hier an Ort und Stelle nicht nachprüfen.

Als wir wieder einmal in Velen waren, fuhren wir mit unserer Wirtin, Tante Else, ins nahe Holland, nach Winterswyk. Vom Grenzübergang in Oeding war eigentlich nichts mehr zu spüren, wir fuhren glatt durch. Bei dieser Gelegenheit machten wir einen Abstecher nach Vreden, um Else das Hungertuch aus dem 17. Jahrhundert zu zeigen. Sie war auch recht beeindruckt von der umfangreichen Stickarbeit.

Wir wollten Mittagessen gehen, aber es war alles geschlossen! Und das an einem Donnerstag! Kurz entschlossen fuhren wir nach Velen zurück und saßen schon nach einer halben Stunde im Gasthof Büld zu Tisch.

Velen in westfälischer Landschaft

Das Land dehnt sich weit und flach bis zum Horizont. Große Flächen nimmt das Weideland ein, dazwischen steht von Zeit zu Zeit ein kleiner Wald oder ein Dorf. Die großen Städte liegen weitab, so der Rand des Ruhrgebietes oder Münster und Osnabrück. Träge Flüsschen schlängeln sich dahin. Dann unterbrechen längst ausgebeutete Moore die Einöde, um eine neue zu schaffen.

Die Dörfer sind sehr sauber und können eins ums andere gepflegte Häuser, Straßen und Plätze vorweisen. Die Zahl der Geschäfte ist groß und nimmt wohl auch zu. Das Angebot ist nicht kleiner als in den größeren Städten, nur sind die Waren ein wenig teurer.

Das Dorf Velen liegt schon in Reichweite der holländischen Grenze. Wer es nicht weiß, wird schon am Ortsschild durch den Zusatz „Zollgrenzbezirk“ daran erinnert. Zuweilen erinnern auch die durch den Ort donnernden holländischen Militärfahrzeuge und die Düsenjäger an die nahe Grenze.

Im Schloss befindet sich z.Z. eine Zollschule. Große Teile des Wasserschlosses werden gerade umgebaut. Es heißt, der Herr Graf[159] wolle wieder herziehen. Er besitzt noch ausgedehnte Ländereien und spricht in allen wichtigen Fragen in der Gemeinde ein Wörtchen mit. Neben Velen gehören ihm noch andere Schlösser und er soll im Moment auf einem Wasserschloss im Sauerland[160] wohnen. Ja, so ist es hier noch 1985!

---

159 Von Landsberg-Velen.

160 Balve.

Der Park geht nach hinten zu in gewöhnlichen Mischwald über. Einige Arme eines Flüsschens durchziehen ihn. An einer Stelle beobachtete ich mit Interesse, wie ein Graben mittels Holzbauten über einen tiefer liegenden hinweggeleitet wurde. Hinter dem Park begannen wieder die Weiden, auf denen blöd blickende junge Mastbullen standen. Inmitten der Weiden liegen oft die dazugehörigen Einzelhöfe.

Am Bach stand eine kleine zum Sitzen einladende Bank. Ein vorübergehender alter Bauer sprach uns an und erzählte uns von seinen Hobbys, die im Wesentlichen aus der Aufzucht verschiedener Kleintiere bestanden. Ein sturer Westfale? Gewiss nicht, denn die Menschen sind hier kontaktfreudig, aufmerksam und teilnahmsvoll. Eine junge Frau näherte sich und fragte uns, ob wir einen Ehering gefunden hätten. Sie habe ihn vor einer Stunde in diesem Gelände verloren. Auch mit unserer Hilfe kam der Ring nicht zutage.

Hier lebt sie also, meine Schwiegermutter, in ihrer kleinen Wohnung. Nicht weit entfernt steht nun die neue Post, die immer noch beste Einrichtung für die zwischenmenschlichen Kontakte in Form von Briefen und nicht selten auch Paketen. „Ja, nach Osternienburg ist schon viel Post gegangen“, stellte der Mann hinter dem Schalter ganz sachlich und auch richtig fest. „Die über 80 Jahre alte Frau fühlt sich wohl in ihrem Dorf, wo sie alles und vieles kennt. Sie weiß sogar die kleine Ecke, wo sie mitten im Dorf die Miere für ihren Vogel findet.“

Fahrten nach Schöningen bei Helmstedt

Mit dem Straßenatlas und dem Stechzirkel hatte ich schon im Frühjahr 1989 ermittelt, dass die in Luftlinie nächste Grenzübergangsstelle bei Hötensleben nach Schöningen lag. Von

Schöningen aus war auch die Autobahn Berlin – Hannover günstiger zu erreichen als über Magdeburg. Schöningen bot sich für Einkäufe für den täglichen Bedarf an, wenn auch die Preise hier etwas höher lagen als in Hannover, Velen oder Borken.

Nach der Karte probierten wir verschiedene Anfahrtswege aus. Manche Strecke war teilweise sehr schlecht, eine andere war weiter oder bei Nienhagen waren lange geschlossene Bahnschranken zu erdulden. Die günstigste Strecke verlief über Egeln, Gröningen, Großalsleben, Oschersleben, Hornhausen, Ausleben auf die 245 zwischen Hamersleben und Barneburg. Seit November 1989 ist die Grenzkontrolle bei Hötensleben unbesetzt, aber die Zufahrt zur Anschlussstraße nach Schöningen blieb so verwinkelt wie zuvor. Nun, man kennt sich schon aus!

Zweimal unternahmen wir die Fahrt mit unserer Jüngsten und Familie. Der Einkaufsbummel führte uns u.a. ins Kaufhaus, in den Obstladen, den Gartenbedarf und einen Buchladen. Im Gartenfachgeschäft kaufte ich einmal vier Packungen Torfmull. Der Preis lag pro Beutel um 1,50 DM höher als in Hannover. Das soll nur als Beispiel für die in Schöningen höheren Einzelpreise dienen. Der Enkelsohn half mir dann beim Tragen bis zum Auto, der gute Junge!

Will man weiter in Richtung Westen, kommt man durch die wunderschönen Laub- und Nadelwälder des Elm. Ist die Reise länger, lässt es sich hier auch gut rasten. Auf einer Fahrt 1999 begegneten wir den Radrennfahrerpulks der Deutschlandtour. Da hieß es natürlich für eine Weile: „Halt am Straßenrand!"

Öschelbronn 1987

Viele Jahre waren seit dem Zweiten Weltkrieg vergangen, als der Ortsname Öschelbronn in Verbindung mit einem Besuch bei meinem Bruder Alfred in Pforzheim in meiner Erinnerung wieder emporstieg. War das nicht der Ort, von dem mein ehemaliger Gruppenkamerad Hermann Bauer einiges in unseren damals seltenen Mußestunden erzählt hatte? Da war von einer großen Feuersbrunst und dem mühevollen Wiederaufbau des Ortes die Rede gewesen. Hermann war sieben bis acht Jahre älter als die meisten in der Kompanie. Sein Wort hatte in vielen Situationen im Verlaufe der Kampfhandlungen Gewicht. Wir waren damals vom Februar 1941 bis zu meiner Verwundung im Dezember 1941 zusammen. Aus den Gesprächen hatte ich mir auch gemerkt, dass Kamerad Hermann ein gelernter Zimmermann war.

Als ich nun rein zufällig mit meinem Bruder zu dessen Verwandten nach Niefern-Öschelbronn fuhr, tauchte in mir der Wunsch auf es einmal zu versuchen und den Hermann ausfindig zu machen. Das Telefonbuch wies mehrere Bauer aus, aber keinen Hermann! Trotzdem zog ich nach dem Mittagessen in Begleitung meines Bruders und dessen Schwagers los, um Hermann ausfindig zu machen. Wir fragten bei verschiedenen Bauer-Familien nach, aber ihre verwandtschaftlichen Beziehungen reichten nicht zu einem Hermann hin. Schließlich riet uns ein Straßenpassant, noch einen weiteren Bauer aufzusuchen, dessen Vornamen er jedoch nicht wusste.

Wir fanden das Haus und den Namen, läuteten voller Spannung. Die Haustür öffnete sich – und vor mir stand Hermann, wie ich ihn vage in Erinnerung hatte. Ich erkannte ihn und freute mich riesig, aber er hatte zunächst keinerlei Erinnerung an mich. Trotzdem bat er mich ins Haus. Meine Begleiter entschlossen sich indes zurückzukehren.

Ich lernte Hermanns Frau kennen, aber das Gespräch kam nur mühsam in Gang. Hermann kramte Fotos hervor, wir sprachen über dies und jenes, über diesen und jenen. Hermann geriet langsam in Eifer und allmählich stieg seine Erinnerung an mich auch wieder hoch. Schließlich fand sich ein Foto, das uns beide mit anderen an einer Hauswand stehend in Bray-Dunes zeigt. Nun ging es in die Vollen! Ich erfuhr vieles über das Schicksal der Kompanie und einzelner Kameraden. Das Erregendste aber war, dass wir beide trotz vieler Bemühungen bisher keinen der ehemaligen Kameraden hatten ausfindig machen können. Aber 46 Jahre lagen inzwischen hinter uns.

Schließlich musste ich zu meinen Gastgebern zurückkehren. Hermann drängte mir noch einige Fotos zum Nachbetrachten auf. Ich versprach, sie ihm zurückzuschicken.

Als wir schließlich bei unseren Verwandten zum Kaffeetrinken saßen, tauchte plötzlich Hermann auf. Er hatte mit Unterstützung seiner Frau noch ein paar Fotos gefunden und brachte sie mir mit der Bitte, diese auch mitzunehmen und ihm bei der Rekonstruktion des Bildinhaltes behilflich zu sein. Unterdessen sind einige Briefe hin und her gegangen. Die Fotos habe ich zurückgesandt. Gespräche und Briefe fanden ihren Höhepunkt immer wieder in dem gemeinsamen Wunsch, keinen Krieg mehr zu erleben und alles zu tun, damit unseren Kindern und Enkeln solche schweren Zeiten erspart bleiben. Ob ich Hermann einmal wiedersehe? Ich glaube es kaum.

Warum ist es am Rhein so schön?

Es kam unseren Wünschen sehr entgegen, als uns Amandas Cousine aus Rösrath und ihr Mann zu einer Fahrt ins Rheintal einluden. Nach einer etwa einstündigen Fahrt über Landstraßen und Autobahn erreichten wir Linz am Rhein. Die Stadt wurde gerade von den Spuren eines großen Winzerfestes befreit. An vielen Häusern zeigten Marken den Stand des Rhein-Hochwassers an. Die Stadt bot uns ein herrliches Bild mit ihren gepflegten Fachwerkbauten und prachtvollen Blumenfenstern. Und wir sollten auf der Weiterfahrt noch mehr solcher Ansichten erleben. Was machen wir dagegen für ein Gewese um das bisschen Stadtkern von Quedlinburg!

An Koblenz vorüber ging es ins immer schöner werdende Tal. In St. Goarshausen legten wir die Mittagsrast ein. Kein Gerangel um die Plätze, die Speisekarte war erlesen, die Preise auch. Unsere Gastgeber ermunterten uns, uns ja nicht zu genieren. So gab es schließlich Seelachs und wunderbaren Wein.

In Kaub interessierten wir uns für das Blücher-Museum und die Burg Pfalzgrafenstein im Mittelrhein. Eine Fähre brachte uns ans andere Ufer. Wir erreichten Bacharach, eine kleine Stadt, die Heine mit seiner Erzählung vom Rabbi von Bacharach für die neuere Zeit bekannt gemacht hatte. Alle Geschäfte waren auch am Sonntag geöffnet. Der Tourismus lief auf Hochtouren. Wir fuhren die Hänge der Weinberge empor und hatten von der Höhe aus einen herrlichen Blick auf den Loreleyfelsen. Man sah beiderseits des Rheins schnelle Fernzüge dahineilen. Es verging kein Moment, in dem man nicht zehn bis fünfzehn Schiffe zugleich auf dem Rhein sah. Wie selten sieht man dagegen daheim auf der Elbe mal einen Dampfer oder Schleppzug. Wir saßen lange da oben. Dann ging es zurück, wieder mit der Fähre über den Rhein, denn Brücken sind hier äußerst selten. Beim Abschied aus dem Rheintal war die schöne Silhouette des Siebengebirges am abendlichen Horizont zu sehen.

Im Bergischen Dom zu Altenberg

Georg und Amanda Schneider beim Altenberger Dom 1985

Amandas Cousine aus Rösrath und ihr Mann fuhren uns eines Nachmittags kurz entschlossen nach Altenberg. Die Anfahrt über Bergisch-Gladbach führte schon durch herrliche Hügellandschaften. Nach einer Stunde Fahrt sahen wir hinter einer Wegbiegung den Dom im Tal vor uns liegen. So hatte ich ihn von Bildern aus unserer Jugendzeitschrift „Die Wacht“ her in schwacher Erinnerung. Der Altenberger Dom stellte ein Wahrzeichen unserer katholischen Jugendbewegung dar. Hier war auch unser Präses, der verstorbene Monsignore Wolter, daheim gewesen.

Zisterziensermönche erbauten den gotischen Dom von 1259 bis 1379. Doch zu Anfang des 19. Jahrhunderts verfiel der Bau und wurde regelrecht ausgeplündert. Erst ab 1894 finanziert nun ein Domverein die Erhaltung des restaurierten Bauwerkes. Über dem Altarraum schwebt die Madonna aus dem Jahre 1530, eine vergoldete große Holzplastik. In unseren Heimabenden bei den Pfadfindern lernten wir um 1933 das Lied der Madonna:

„Nun, Brüder, sind wir frohgemut, so will es Gott gefallen.

Der Herr ist seinem Volke gut: Nun soll ein Lob erschallen!

Wir grüßen dich in deinem Haus, du Mutter aller Gnaden.

Nun breite deine Hände aus, dann wird kein Feind uns schaden.

…

Lass deine Lichter hell und gut in allen Straßen brennen!
Gib allen Herzen rechten Mut, dass sie ihr Ziel erkennen.
Und führe uns zu aller Zeit mit deinen guten Händen,
um Gottes große Herrlichkeit in Demut zu vollenden."[161]

Während mir die Verse aus meiner Jugend wieder durch den Kopf gingen, wohlgemerkt durch den Kopf eines Sozialisten, setzte die 1980 erbaute Orgel ein und unterstrich meine Erinnerungen. Ich sah bald, dass nun im Dom Tonaufnahmen erfolgen sollten. Stellt der Dombau insgesamt, vor allem mit seinem für seine Zeit wagemutig gebauten Gewölbe, ein Wunder der mittelalterlichen Baukunst dar, so ereilt ihn doch auch die moderne Technik unserer Zeit.

In Köln 1985

Wenn man zum Besuch einer so großen Stadt nur einen Tag zur Verfügung hat, muss man sich alles gut einteilen. Leider bestimmen aber auch die Interessen der Verwandten den Ablauf mit.

Wenn man am Kölner Hauptbahnhof aussteigt, steht man unvermittelt vor dem riesigen Bau des Kölner Doms. Schon während der Anfahrt konnte man gelegentlich seine 156 Meter hochragenden Türme wahrnehmen. Vom Bahnhof her ist der Dom leider von einer unschönen Plattform umgeben, deren Sinn und Zweck ich nicht erkennen konnte.

---

161 Altenberger Wallfahrtslied, auch Marienhymne genannt, von Thurmair & Lohmann 1936. Hier: Strophen 1 und 4. In: Auf dem Weg. Lieder und Gebete. 2010.

So wie von außen ist auch der Dom von innen überwältigend. Man kann bei einem einmaligen Besuch nicht alle Details in sich aufnehmen. Im Presbyterium fällt vor allem der reichverzierte goldene Schrein auf, der angeblich die Gebeine der Heiligen Drei Könige aus der Weihnachtsgeschichte enthält. Ich sah und betrachtete ihn vor allem als hohes Kunstwerk französischer Meister des Mittelalters. Sehenswert sind auch die riesigen Glasfenster, farbig gestaltet und zu verschiedenen Zeiten entstanden. Es sind meist biblische Geschichten dargestellt. In einer Ecke des Doms ist die ständig notwendige Bauhütte untergebracht.

Die Menschen strömten durch die großen Hallen, schaulustig, schwatzend, Kinderwagen schiebend, manche auch kauend! Es geht zu wie draußen auf dem Boulevard. Eine dünne Broschüre über den Dom kostet 5 DM. Auf dem Vorplatz steht eine Turmspitze wohl fünf Meter hoch. Sie allein macht schon die Wucht des gesamten Baues deutlich.

In den Geschäftsstraßen der Innenstadt kann man glatt verlorengehen, z.B. im Angebot der Läden und in der Hast der Menschen ertrinken. Als meine Begleiterinnen zum Sturm auf die Geschäfte ansetzten, war auch ich verloren, denn das interessierte mich nicht. Die längste Zeit saß ich dann wartend irgendwo. Zuletzt hockte ich an einem Brunnen, der von steinernen Hockern umgeben war. Das Publikum um mich her wechselte dauernd. Die meisten aßen schnell etwas. Manche verweilten länger und packten ein und aus. Auch Gammler und Stadtstreicher waren darunter. Wie ich da so im Getriebe saß und wartete, fiel mir ein, dass mein Großvater väterlicherseits ein Kölner Jung' gewesen ist. Ich habe ihn nicht kennengelernt, denn als ich geboren wurde, waren die Schneider-Großeltern schon tot.

Aber ich glaube, gewisse Charakterzüge an mir können dem leichtlebigen Kölner Blut entstammen.

Endlich wurde ich aus meinen Träumen geweckt, denn die beutereichen Frauen hatten tatsächlich zu guter Letzt am Warenhaus die Ausgangstür gefunden!

Im Schwarzwald 1987

Von Hannover sauste der „Intercity" bis Frankfurt/Main mit 160 Sachen und mehr. Dann stand der Zug mehr als eine Stunde: Leitungsriss! Also gibt es so was wie Zugverspätungen auch hier.

Mein Bruder Alfred und die Schwägerin Mizi erwarteten uns in Pforzheim am Bahnhof. Das Warten war ihnen schon recht lang geworden. Doch dann folgte die Begrüßung, als lägen nicht über 40 Jahre zwischen Abschied und Wiedersehen mit der Frau meines Bruders. Es wurde ein sehr schöner Aufenthalt mit viel süddeutscher Küche und Ausflügen in den nahegelegenen Schwarzwald. Kleinere Fahrten führten uns in bekannte Bäder wie z.B. Schömberg, Bad Liebenzell und Wildbad. Überall gab es neben Beschaulichkeit und Ruhe auch viel Touristenrummel, obwohl die Ferienzeit der Schulen noch nicht heran war. Aber diese Wälder sind noch gesund und erholsam. Mancherorts gab es Kurkonzerte, oft von sehr jungen Menschen mit bekannten Melodien gestaltet.

Am 25. Mai lud uns mein Bruder zu einer Schwarzwaldrundfahrt ein. Der Tag war herrlich, nicht nur vom Wetter her. Über Dobel führte die Fahrt zur Schwarzenbachtalsperre und dann weiter über Herrenalb zum Mummelsee in über 1000 Meter Höhe. Hier lagen Schneereste an den Straßenrändern und der See war eben erst aufgetaut. Mitten im Andenkenrummel trug Amanda das

Gedicht vom Jäger am Mummelsee vor. Sie konnte es noch gut und setzte uns damit in noch engere Beziehung zur schönen, aber überrannten Landschaft. Viel ruhiger fanden wir die Gegend am ebenfalls etwa 1000 Meter hohen Schlieffkopf mit seinem Hochmoor. Über Freudenstadt und Wildbad fuhr mein Bruder uns sicher heimwärts.

Auf sein Angebot hin, uns ein weiteres Ziel zu wünschen, schlugen wir eine Fahrt zum Kloster Maulbronn vor. Wir fuhren hin. Der gesamte Klosterkomplex vermittelt einen guten Eindruck vom früher beschaulichen Leben der Mönche und Bürger. Große Namen klangen in diesen Mauern an, wie der von Hölderlin, Kepler oder Hermann Hesse, die ehemals das Evangelische Seminar hier besucht hatten. Vieles im Kloster Maulbronn erinnerte uns an das Kloster Lehnin.

Nicht vergessen sein soll das Freilandmuseum in Gutach, wo man in liebevoller Kleinarbeit verschiedenen Typen von Schwarzwaldhäusern einen neuen Standort gegeben hat. Hier gewinnt man einen umfassenden Eindruck vom vielfältigen Leben in den bäuerlichen Orten in vergangenen Jahrhunderten.

Im Allgäu

Mit meinem Bruder Alfred besuchten wir 1987 in Wangen unsere gemeinsamen Jugendfreunde, die Familie Gerhard Geiger. Zunächst fuhr uns Alfred nach Augsburg, wo unser Freund Paul Rabenstein lebt. Er und seine Frau freuten sich sehr über unseren Besuch. Viele Erinnerungen wurden wach und es gab ein Wiedersehen mit Pauls Brüdern Gerhard und Alfred. Letzterer brachte seine Frau Marthel mit, die mit Amanda um drei Ecken verwandt ist. Viel zu früh mussten wir uns trennen, denn bis Wangen lag noch ein weiter Weg vor uns.

Gegen 20 Uhr erreichten wir Wangen und fanden uns auch sofort zum Wohnhaus unserer Freunde. Wir hatten sie über 40 Jahre nicht mehr gesehen. Vom Alter gezeichnet, aber nicht gebeugt, begrüßten sie uns. Der Ort gefiel uns bei einer ersten Begehung durch seine landschaftliche Prägung, die Umgebung wegen ihrer Wälder, Weiden und Berge. Nicht weit hinter ihrem am Waldrand gelegenen Haus rauschte ein lebhafter Fluss vorbei, dem Bodensee entgegen. Man zeigte uns Filme von Wanderungen in die Tiroler Alpen, viele Fotos von daheim, den Garten u.a. Wir besuchten ihre in der Nähe wohnenden Kinder und auch die Kirche. Das Wichtigste waren für Gerhard wie eh und je die Gespräche. Leider mussten wir feststellen, dass mit zunehmendem Alter das Feuer der Unterhaltung zwar bleibt, aber mehr und mehr zu einem Monolog wird und 40jährige Erfahrungen des anderen ignoriert werden. Das enttäuschte uns ein wenig. Als Beispiel sei nur genannt, dass wir fast 70jährigen Großeltern mit vernichtenden Zitaten gegen die Abtreibung zu Bett geschickt wurden. Marthel untermalte gelegentlich die Gespräche mit ehrfürchtig vorgetragenen Erlebnissen von Menschen mit „Gesichtern“ und von ominösen „Heiligen“. Aber wir hörten geduldig und höflich zu.

Bei Gerhards Bruder Herbert herrschte ebenfalls eine gastliche, aufgeschlossene, aber nicht so konservative Atmosphäre. Auch hier gab es Dias von Bergtouren und eine liebevoll gepflegte pflanzliche Umwelt in Haus und Garten.

In den Allgäuer Alpen

Unsere Gastgeber luden uns zu einer Fahrt mit dem Auto in das Allgäu ein. Wir sahen darin die Erfüllung eines langgehegten Wunsches, denn weder Amanda noch ich hatten bisher die Alpen gesehen. Der Himmel war uns gnädig und wir fuhren einem herrlichen Tage entgegen. Schon auf der Fahrt bis Oberstdorf boten sich dem Auge zahlreiche landschaftlich schöne Bilder. Viel Wald, liebliche und tiefe Täler, Seen und Flüsschen sowie kleine Orte wechselten einander ab.

In Oberstdorf entschlossen wir uns bei 18 °C sofort mit der Seilbahn auf die Gipfel zu fahren. Das Nebelhorn war unser Ziel. Auf halber Höhe stiegen wir in Sessellifte um. Die Auffahrt bot in jeder Hinsicht die herrlichsten Ansichten. Je höher wir kamen, desto näher rückte die Schneegrenze. Es wurde merklich kühler und schließlich schwebten wir mit unseren Sitzen über einer geschlossenen dicken Schneedecke bei -6 °C. Oben an der Bergstation fegte der Kellner den nachts frisch gefallenen Schnee von den Tischen auf der Außenveranda der Baude. Der Blick nach Süden fiel auf zahlreiche Berggipfel und ließ nur ahnen, dass sich im grauen Dunst am Horizont weitere Gipfelketten verbargen. An diesem Tage konnten wir als nächsten Gipfel den 2594 Meter hohen Hochvogel meist klar sehen. Den Horizont schlossen die Lechtaler Alpen ab. Nachdem wir uns in der Baude gestärkt hatten, stiegen Gerhard und ich zum Gipfelkreuz auf. Auf dem Weg durch den hohen Schnee machten wir beide natürlich eine Rutschpartie. Imponierend war indessen der Blick über den Steilhang der Nordwand. Wir standen nun 2224 Meter hoch. Unterdessen erzählte Amanda meinem Bruder von der Nonne im Sessellift vor ihr, die begeistert über die schöne Natur inbrünstig das Lied angestimmt hatte „Großer Gott, wir loben dich …" Die Ordensfrau erklärte ihr später, dass sie ebenfalls die gewaltige Welt der Alpen das erste Mal erlebte. Von kurzer Dauer war jedoch der Gipfelaufenthalt einiger junger Mädchen, die kurzärmlig heraufgekommen waren! Mir hatte Gerhard wenigstens einen Anorak verordnet und das war gut so.

Auf dem Heimweg erinnerte uns die sogenannte „Ordensburg" Sonthofen an die uns fremd gebliebene Ideologie der Nazis. Das Städtchen Immenstadt bot uns eine gute Vespergelegenheit.

Am Bodensee

Amanda und ich äußerten in Wangen den Wunsch, ein oder auch zwei schöne barocke Klosterkirchen zu sehen. Außerdem fand in Friedrichshafen eine große Verkaufsmesseausstellung statt, an der unsere Gastgeber lebhaft interessiert waren. Also fuhren wir zweimal in Richtung Bodensee. Auf einem kleinen Abstecher sahen wir zunächst jedoch die Abtei und Hochschule in Weingarten bei Ravensburg. Wie an vielen historisch wertvollen Gebäuden waren auch hier die Baugerüste nicht zu übersehen. Das Innere wies eine reiche barocke Ausstattung mit nicht wenig Blattgold und herrliche Deckengemälde auf.

Friedrichshafen breitet sich recht weit am Nordufer des Bodensees aus. Das Messegelände bot genügend Parkmöglichkeiten, und so blieben wir einige Stunden in den Hallen. Uns interessierten vor allem Holzbearbeitungsmaschinen, Beschläge, Möbel, Bücher usw. Amanda blieb an einem Pelzwarenstand neugierig stehen und wurde sofort als interessierte Kundin betrachtet. Man nötigte sie, verschiedene Pelze anzuprobieren. Als es beinahe zu einem Geschäftsabschluss kam, sagte Amanda, sie nähme diesen Pelz, wenn sie ihn für i h r

Geld kaufen könnte. Die verdutzte Verkäuferin begriff doch recht schnell und alles musste lachen.

Die Insel Lindau wird baulich, wie vieles da drüben, sehr gut in Schuss gehalten. Besonders schön gestaltet und erhalten sind die straßenseitigen Fassaden alter Bürgerhäuser und öffentlicher Gebäude, wie z.B. des Rathauses. Die Hafenanlagen der Stadt wurden an diesem Tage nach umfangreichen Renovierungsarbeiten neu eröffnet. Viele Menschen, Musik und eine nicht gerade immer duftende Brise vom See her begleiteten uns auf unserem Rundgang.

Meersburg ist ein idyllisches kleines Städtchen. Es liegt ziemlich hoch über dem See, zu dem man erst über 180 Stufen gelangt. Meines Bruders[162] wegen, dem an diesem Tag das Atmen ohnehin große Schwierigkeiten bereitete, blieben wir oben. Auch die Burg mit ihren Erinnerungen an Annette von Droste-Hülshoff besichtigten wir nur von außen. Mein Bruder tat mir besonders leid, als wir immer bergan gehend den Parkplatz am Stadtrand zu erreichen suchten. Immer wieder musste er stehen bleiben und um Atem ringen.

Die großartige Barockkirche in Birnau schien uns doch im Vergleich mit der Weingartner Kirche sehr überladen mit vielen Details. Ich fand die wie Verkehrsampeln anmutenden Leuchten über den Beichtstühlen besonders geschmacklos und verfehlt.

Die Hansestadt Hamburg

Es war schon lange fest versprochen: Wenn ihr mal nach Hannover kommt, dann fahren wir nach Hamburg zum sonntäglichen Fischmarkt!

---

162 Durch Staublunge behindert.

Nun war es soweit. Ernas Sohn tuckelte uns frühmorgens über die Autobahn nach Hamburg. Die Parkplatzsuche klappte auf Anhieb und wir konnten losziehen. Schon erblickten wir das Elbufer. Viele Leute kamen uns bereits mit frohen Gesichtern und ihren Einkäufen vom Fischmarkt entgegen. Unsere Spannung wuchs. Straßenhändler waren die Vorboten des eigentlichen Marktgeschehens. Dann befanden wir uns plötzlich mittendrin. Stand reihte sich an Stand. Überall waren die vielfältigsten Waren zur Schau gestellt. Die Marktschreier an den Obst- und Fischständen erinnerten uns an jene Rufer auf den Jahr- und Weihnachtsmärkten in unserer so fernen Kindheit und Heimat.

Gegen elf Uhr luden uns die Verwandten zu einer großen Hafenrundfahrt ein. Die weitläufigen Hafenanlagen bieten so vielerlei Ansichten, dass man nicht weiß, wohin man zuerst schauen soll. Mich interessierte der Hafen vor allem als Ganzes: als Endpunkt der Elbe, die in sieben Kilometern Entfernung an unserem Wohnort vorbeifließt, und als Tor zur großen weiten Welt. Da lagen Schiffe aus aller Welt, entweder zum Entladen oder zur Reparatur. Am meisten beeindruckte mich eine Nordseebohrinsel, die zur Instandsetzung in den Hafen geschleppt worden war. Die riesigen Speicherhäuser erinnern an Zeiten machtvoller, reicher Bürger der Stadt. Doch sie sind sicher auch heute mit gewinnbringenden Gütern gefüllt.

Vom Parkplatz aus fuhren wir noch zu einem kurzen Gang durch die Innenstadt und sahen dabei das Rathaus und die gefüllten Auslagen der Geschäfte. Ein Juwelier hielt in der Auslage Skorpione als Sicherung gegen Diebe!

Hamburg Hafenkräne

Hamburg Speicherstadt

Die Rückreise ging über Lüneburg. Unterwegs bot man überall den Durchreisenden die Früchte des Landes an: Obst, Gemüse, Kartoffeln zu sehr unterschiedlichen Preisen.

Nebelfahrt auf westdeutschen Autobahnen

Fast jeder Kraftfahrer scheut sich vor dem Durchfahren ihm völlig fremder Ortschaften, erst recht in Großstädten. Aber es lief gut, wir fanden uns im Oktober 1988 schnell aus Hannover hinaus und erreichten die Autobahn in Richtung Ruhrgebiet. Aber schon nach wenigen Kilometern umgab uns immer dichter werdender Nebel. Das konnte ja heiter werden! Also: Runter vom Gas und immer schön mit Abstand fahrend einen gut beleuchteten Vordermann suchen! Dieses Rezept sollte sich bewähren. Wie viele Autos überholten uns in den dichten Nebelschwaden in rasendem Tempo! Nun verstanden wir die Berichte über schlimme Unfälle im Nebel aus eigener Anschauung. Erst hinter der Porta Westfalica wurden die Schwaden lichter, aber da mussten wir bei Beckum die Autobahn verlassen, um uns über Ahlen, Drensteinfurt, Dülmen usw. nach Velen zu meiner Schwiegermutter durchzufinden. Sie freute sich sehr, als wir gegen Mittag wohlbehalten bei ihr ankamen.

Auf unserer Rückfahrt von Velen nach Hannover lernten wir einige andere Seiten der Autobahnfahrt in der BRD kennen. Wir gerieten dieses Mal öfter in Staus und verloren viel Zeit. Wir erlebten nun abermals, wie man ohne Nebel hier fuhr: Den Vordermann um jeden Preis überholen, ihn aus der Spur drängen, Hupe und Lichthupe als ständiges Hilfsmittel zur Seite und immer drauf aufs Gas! Am schwierigsten war es dann, aus einer Baustelle heraus die richtige Abfahrt vor Hannover zu finden, aber wir kamen gut wieder bei Amandas Cousine Erna in Hannover an.

In Hannover-Herrenhausen

Die ausgedehnten Parkanlagen erreicht man schnell mit der Straßenbahn. Wenn man hier in Herrenhausen kein Eintrittsgeld zahlt, so erinnert uns das an die Großzügigkeit in der DDR, wo man nirgends in solchen Gärten einen Obolus zahlt. An diesem sonnigen Nachmittag blühte vieles noch und erfreute das Auge. Gepflegte Hecken teilten die Flächen auf, saubere Wege verbanden sie. Springbrunnen schossen ihr Wasser zum Himmel und viele allegorische und in der Antike angesiedelte Figuren standen an den Wegen. Manche Gruppen erstrahlten frisch vergoldet in der Sonne. Nur zum Sitzen und Schauen war es in der Jahreszeit schon zu kühl. Über die Straße hinweg erreicht man weitere Parkanlagen und sehr gepflegte Gewächshäuser, die manche Rarität enthalten.

Stadtbummel in Hannover

Die Großstädte gleichen in vielem einander. Zwar sind die markanten Bauwerke stets andere und auch die Denkmäler in den Straßen stellen andere lokale oder manchmal auch nationale Größen dar, aber der Alltag und was so dazugehört, ähnelt sich sehr. Da sind die hohen Häuser mit ihren Fassaden aus der Jahrhundertwende, die Straßen und Gassen, die vielen Leuchtreklamen und die lockenden Kaufhäuser und Geschäfte. Leute aller Altersgruppen wirbeln in solchen Massen durch die City, dass man sich fragt, ob etliche auch noch arbeiten gehen? In einem der Kaufhäuser erfüllte sich mein Wunsch nach einer etwas eleganteren Taschenuhr. Sie wird zwar selten in Gebrauch kommen, aber sie stellt etwas dar!

An Schaufenstern, in denen Bücher ausgestellt waren, kam ich wie immer kaum vorüber. Aber was bot man da an? Es standen viele, mir nichtssagende Titel und Verfasser auf den Buchdeckeln, viele fremdländischen Ursprungs. Was mich eventuell interessierte, schreckte mich durch seinen Preis ab.

Inmitten der Stadt stieß ich auf ein Denkmal Schillers. Ich fand aber im Stillen keine Beziehung zwischen dem Schwaben Schiller und der Stadt Hannover. Vor dem Bahnhof reitet einer stadteinwärts, so, als wäre er soeben vom Zug aufs Pferd umgestiegen. Mir fiel der alte Liedtext ein:

Ihr lustigen Hannoveraner,
seid ihr alle beisammen?
Ei, so lasset uns fahren mit Ross
und mit Wagen nach unserm Quartier.
Lustige Hannoveraner, die sind wir!
Und als wir kamen vor das Tor,
stand links und rechts das Jägerkorps!
Und da sah'n wir von weitem
unsern Herzog schon reiten,
er ritt auf seinem „Grenadier".
Lustige Hannoveraner, die sind wir![163]

163 Verfasser unbekannt. Aus den Befreiungskriegen um 1812/1813.

Ich habe versäumt, die Aufschrift auf dem Denkmalssockel zu entziffern und weiß bis heute nicht, w e r da reitet![164]

Hannover vor dem Hauptbahnhof: Reiterdenkmal König Ernst August

„Wir gehen heute zum Chinesen essen!", klang wie eine Verheißung aus 1001 Nacht. Doch dann war es auch so. Schnelle Bedienung, leise und dezent, sehr gutes und preiswertes Essen in einem voll besetzten Lokal, in dem man den „Betrieb" kaum wahrnahm. Ich möchte einmal eine Schar unserer Kellner und auch Wirte zum Studium herschicken!

164 König Ernst August.

Ich ging in Hannover auf den „Strich"

Erna, unsere Gastgeberin in Hannover, sagte eines Tages zu mir: „Georg, wenn du Lust hast, könntest du morgen, wie schon lange geplant, in der Stadt mal auf den Strich gehen!" Dabei übergab sie mir eine kleine Broschüre, die anschaulich erläuterte, wie man in Hannover richtig auf dem Strich geht: Der Strich ist in Hannover eine Einrichtung, die den fremden Besucher ohne einen menschlichen Führer auf dem zweckmäßigsten Wege zu allen wichtigen Punkten der Innenstadt geleitet. Ausgerüstet mit dem „Führer" und einigen Fahrscheinen gelang es mir, das Unternehmen in der Stadt zu bewerkstelligen.

Der „Strich", ein breiter roter Farbstreifen auf dem Gehweg, beginnt am Reisebüro in der Nähe des Hauptbahnhofs. Der Weg führte mich zunächst durch die mir schon bekannten Schluchten der Kaufhäuser bis in die Nähe der Oper und der Banken. An einigen bedeutenden Kirchen vorbei gelangte ich schließlich vor das große Rathaus. In seiner großen Vorhalle waren maßstabgetreu in mehreren Vitrinen Modelle von Hannover zu sehen, die die wesentlichen Phasen der Stadtgeschichte darstellten: Hannover im Mittelalter, nach seiner Zerstörung im Zweiten Weltkrieg und schließlich sein neues Bild nach dem Wiederaufbau. In der Nähe des Rathauses fand ich ein zur Besichtigung einladendes Münzkabinett, Gemäldegalerien und auch den Niedersächsischen Landtag. Dann gelangte ich an die nicht gerade wohlriechende trübe Leine und sah drüben das Leineschloss liegen. Am Flohmarkt vorbei ging es wieder in die engere Innenstadt. Vorbei am Alten Rathaus der Stadt führte mich der Weg dann schnell zur Abfahrtsstelle meines Busses zurück.

Beim nächsten Besuch in Hannover nahmen wir uns dann die Zeit, auch den Rathausturm zu besteigen und einen - wenn auch durch leichten Nebel eingeengten - Rundblick über die Stadt zu erleben.

Mit Martin in Hannover 1990

Im Juli 1990 war Erna eine Woche bei uns in Osternienburg zu Besuch. Auf der Rückreise nahmen wir auf Ernas Einladung hin unseren Enkelsohn Martin mit nach Hannover. Am folgenden Tag unternahm ich mit ihm einen Stadtbummel durch Hannover. Hier beeindruckte ihn die Fahrt mit der Straßenbahn, die weite Strecken wie eine U-Bahn unter Tage fährt. Am Waterloo-Platz stiegen wir aus und gingen am Stadion vorbei zum Maschsee, der leider an diesem Tag recht trübe dalag. So liefen wir zum Rathaus, wo wir an der Information Fahrkarten zum Fahrstuhl im Kuppelbau des Rathausturms erhielten. Nach kurzer Wartezeit begann die merkwürdige Fahrt mit dem einzigartigen schräg verlaufenden Fahrstuhl auf die Aussichtsgalerien. Der Rundblick lohnte sich heute, denn die Luft war einigermaßen klar. So sahen wir nicht nur die große Stadt zu unseren Füßen, sondern auch ihre Umgebung, die im Westen und Südwesten von Bergketten des Weserberglandes begrenzt wird. Nordwärts war der Flugplatz Langenhagen zu erahnen: Man sah in kurzen Zeitabständen große Flugzeuge starten und landen.

Bei einer unserer Rückreisen durch den Elm und über Schöningen geriet ich infolge von Umleitungen in eines der von uns so befürchteten Abenteuer. Ich verfehlte hinter Schöningen eine Abfahrt nach links und landete im ehemaligen Grenzgebiet. Die Straße wurde bald immer schmaler und dürftiger. Ehe ich mir über unsere neue Lage klar war, waren wir schon zu weit vom

Ausgangspunkt der nun beginnenden Irrfahrt über Feldwege, alte Bahndämme und Grenzpfade entfernt. Zwischen gut bestellten Feldern ging die Fahrt immer ostwärts. Wir dachten uns, wo die Felder bestellt sind, können sich keine Minen mehr befinden. Nach bangen Stunden tauchte in der Ferne eine Gebäudegruppe auf, die sich als ein stillgelegter Bahnhof erwies. Ein Wegweiser zeigte uns an, dass wir uns jetzt auf dem Boden der ehemaligen DDR im vormaligen Grenzstreifen befanden. Nach kurzem Suchen fanden wir auf unsere gewohnte Reiseroute zurück. Wie viel Arbeit, Geld und Material wurde in dieses Gebiet entlang der Grenze investiert und was ist nun in Zukunft alles zu tun, um Leben und Landschaft zu normalisieren?

Reise nach Italien im Herbst 1990

Mit der Post flatterten uns im September 1990 zahlreiche Reiseangebote ins Haus und auch die Tageszeitungen überboten sich mit lukrativen Fahrten. Mein Bruder Walter und seine Anneliese nahmen schon im August an zwei Busreisen in österreichische Alpenregionen teil und berichteten uns davon. Da entschlossen wir uns auch eine Reise zu buchen. Das Reiseunternehmen schickte uns eine Nachricht, dass wir am 29. Oktober gegen 21 Uhr an unserer Bushaltestelle abgeholt würden. Voller skeptischer Gefühle packten wir den Koffer und gingen zur festgesetzten Zeit zur Haltestelle. Pünktlich bog ein großer Reisebus aus Bischofsheim in der Rhön um die Ecke und nahm uns als einzige Teilnehmer aus Osternienburg auf. Um Mitternacht war schon Hof erreicht. Über Nürnberg erreichten wir morgens gegen fünf Uhr in der Nähe des Olympiastadions eine abgesprochene Stelle zum Fahrerwechsel. Ein zweiter Bus fuhr mit Reisenden aus Brandenburg. Wir setzten dann die Fahrt zügig fort und überquerten bei Kufstein die Grenze nach

Österreich. In der Dunkelheit konnten wir aber nichts von der Unglücksbrücke über den Inn erkennen, die in den Monaten zuvor Schlagzeilen wegen Einsturzgefahr gemacht hatte. Als der Morgen heraufkam, fuhren wir am Inn entlang bis kurz vor Innsbruck und bogen dann auf die Autobahn zum Brennerpass ab. Hier waren die, noch Tage zuvor von Hunderten von LKW-Fahrern errichteten Straßenblockaden verschwunden und unsere Fahrer atmeten auf. Über Bozen fahrend konnten wir uns den vielfältigen schönen Eindrücken der Bergwelt Tirols hingeben. Unsere Reiseroute führte uns immer im Tal der Etsch[165] nach Süden. In der Nähe der Abfahrt zum Gardasee, der wir nicht folgten, erwachte unser erster Fahrer wieder und übernahm das Lenkrad. Von Zeit zu Zeit gab er über Sehenswertes ein paar Brocken von sich. Die Po-Ebene war der langweiligste Teil der Reise, denn wir sahen nur in der Ferne Ortschaften auftauchen und wieder versinken. Bei Tortona im Piemont begannen die Bergketten des Ligurischen Apennin sich immer deutlicher zu zeigen, bis sie uns schließlich ab Serravalle Scrivia ganz umfingen. Die Autobahn begann zu klettern, bald durchfuhren wir wieder Tunnel in immer dichterer Folge. Dann erblickten wir das Mittelmeer, an dem sich die Stadt und der bedeutende Hafen von Genua ausbreiten. Weiter ging es gen Westen unserem Reiseziel Alassio entgegen, das wir gegen 17 Uhr erreichten. Im Hotel erhielten wir gute Zimmer zugeteilt. Bald gingen wir zum Meer und sahen zum ersten Mal ganz greifbar nahe einen herrlichen, mit großen Palmen bestandenen Strand. Es war fast Vollmond, der über dem Meer stand.

---

[165] Adige.

Am nächsten Tag stand zuerst eine Werbeveranstaltung auf dem Plan. Die Werbeschau drehte sich - und wer hätte es anders erwartet - um Bettzeug aus Lama- und Schafwolle. Wir hatten schon vor Antritt der Reise die feste Absicht nichts Derartiges zu kaufen. Aber die Rede- und Argumentationskunst des Werbekaufmanns Richard beeindruckte uns doch sehr. Wir haben selten so viel Heiteres erlebt, besonders als er selbst die Schuhe auszog und ins Bettzeug kroch, um zu zeigen, wie wunderbar man darin ruht. Bei einem Teil der Mitreisenden zog seine Propaganda, die psychologisch ausgereift war, und sie bestellten fleißig. Schließlich kauften wir beim Wirt des Hauses einen guten Bildband über die ligurischen Küstenorte.

Am Nachmittag setzten wir unsere Fahrt bis nach Sanremo fort, wo wir gleich wieder an den Strand gingen. In der Stadt besuchten wir ein Café und spazierten durch den Stadtpark, der viele subtropische Pflanzenarten bietet.

Der dritte Reisetag mit dem Ziel Monaco wurde von uns allen mit Spannung erwartet, denn er sollte uns zusätzliche Einblicke in die uns ehemaligen DDR-Bürgern bisher versperrte „große weite Welt" erlauben. Schon Italien hatte uns die westliche Luft doch noch anders als die uns schon länger bekannte BRD spüren lassen. Also einsteigen und los ging's.

Unterwegs boten sich viele schöne Rundblicke auf die Landschaft und vor allem auf das Meer. Nach etwa 1,5 Stunden Fahrt war die Grenze erreicht. Die Abfertigung unserer beiden Busse erfolgte völlig problemlos: Die Busfahrer reichten den italienischen Grenzern zwei Flaschen deutsches Bier hinaus, die durstigen Franzosen hingegen verlangten vier Flaschen Bier gegen den Erlass aller Kontrollmaßnahmen! Schon bald passierten wir das durch einen dicken weißen, etwa 1,70 Meter hohen Steinkegel gekennzeichnete Grenzübergangsgebiet. Wenn man da an die riesigen Anlagen an unseren Grenzen, vor allem zur BRD, vergleichend dachte, musste man im Nachhinein den Kopf schütteln. Zunächst besuchten wir in Monaco den herrlich am Meeresufer angelegten Botanischen Garten. Riesige Kakteen wechselten sich mit kleinen Blumenpflanzen ab, die wir z.T. von zu Hause aus kannten.

Dann ging es weiter nach Nizza, bis unsere Busse auf einem großen Platz mit einem herrlichen Springbrunnen hielten. Unsere Fahrer hatten uns schon vor dem Aussteigen vor den zudringlichen senegalesischen Händlern gewarnt. Die Warnung war angebracht, denn schon hatten einige Mitreisende Ringe an den Fingern oder glitzernde Ketten um den Hals! Auch mein Weib Amanda konnte sich nur mit Mühe der Souvenirhändler erwehren. Nach dem Essen blieb uns noch etwas Zeit, um am Strand das Meer zu begrüßen. Gegen 15 Uhr waren wir schon wieder in Monaco.

Die Busse brachten uns nun unmittelbar vor den Eingang der Residenz der Fürsten von Monaco. Sie gehören seit Jahrhunderten dem Geschlecht der Grimaldi an. Fahrstuhl und Rolltreppen brachten uns in den Schlosshof, der den Ausgangspunkt für verschiedene Besichtigungsmöglichkeiten bot. Wir entschieden uns zunächst für die Kathedrale, in deren Innerem sich die Grüfte der Fürsten befinden. Für unsere Mitreisenden war wieder typisch, dass sie auch an weihevollen Stätten ihr ungewaschenes Maul nicht halten konnten. Es fiel uns übrigens während der gesamten Reise auf, dass sie sich kaum einmal ernsthaft zu Erlebtem und Gesehenem äußerten, sondern meist frotzelten oder überspannt trivial sich bemerkbar machten.

Um 16 Uhr warteten wir die Wachablösung am Palast ab. Siehe, da kam der Fürst im Auto herausgefahren. Die Wache präsentierte. Kurz darauf vollzog sich ihre Ablösung. Nun eilten wir im Laufschritt zur Vorführung eines historischen Films über die Geschichte Monacos und seiner Fürsten. Als es schon dunkelte, fuhren wir weiter zum Spielcasino nach Monte Carlo. Trotz unserer teuren Eintrittskarten erwarteten wir durch die Zerberusse eine Zurückweisung, denn wir waren gekleidet wie die Wanderburschen. Aber nein, man ließ uns anstandslos passieren. Wir gingen dann in der noblen Gesellschaft ein wenig auf und ab, betrachteten die Spieltische und die im Spiel versunkenen Gäste. Viel Aufmerksamkeit widmeten wir der prunkvollen Ausstattung der Räume, aber auch dem feierlichen Schreiten der befrackten Dienerschaft. Das war zwar interessant hier drinnen, aber beileibe nicht unsere Welt. Uns wurde erklärt, dass nur vier Prozent der Staatseinnahmen aus dem Spielcasino kämen. Aber woher kommt der Rest?

Am folgenden Tag ging es schon wieder zurück in die Heimat. Als wir so schön über Chur am Hinterrhein und Rhein entlang der Grenze zum Fürstentum Liechtenstein an den Bodensee fuhren, verpasste unser Fahrer die Ausfahrt zur Grenzstation zu Österreich. Somit gab es noch eine kleine zusätzliche Fahrt am Bodensee entlang mit herrlichen Ausblicken auf den See bis zum Schweizer Städtchen Rorschach. Nun ging die Fahrt durch sagenhaft enge Straßen bis zum Grenzort Rheineck. Nach kurzer Fahrt erreichten wir den Grenzübergang vor Lindau. Schon im Halbdunkeln durchfuhren wir Wangen, ohne irgendeinen Punkt in der Stadt wiederzuerkennen. Ohne jeglichen Stau gelangten wir mit dem Bus bis vor unser Haus. Ob wir nochmals eine so schöne und gewaltige Tour unternehmen werden?

Fahrt nach Ostfriesland 1991

Die Anreise war das Umständlichste, was wir an Busreisen erlebt haben. Der Unternehmer aus Frankfurt, der schon unsere herrliche Italienreise organisiert hatte, schickte diesmal einen unkundigen Fahrer, der auch noch unvorhergesehene Organisationsschwierigkeiten verkraften musste. So waren in Nienburg und in Brandenburg erwartete Zusteiger nicht da und die Reise konnte erst nach Telefonaten und stundenlangem Warten fortgesetzt werden. Dann fand er nicht die Autobahnauffahrt bei Nauen in Richtung Hamburg. Erst kurz vor der ehemaligen DDR-Grenze fanden wir eine Wirtschaft fürs Mittagessen und danach die Autobahn.

Nun ging's vorbei an Hamburg und Bremen, nach kurzer Rast über Oldenburg, Aurich und Norden nach Norddeich. Hier hatte man uns im Leithotel natürlich viel früher erwartet und so gab es gegen 22 Uhr ein verspätetes, teures und wenig schmackhaftes Abendbrot. Bei der späten Quartiervergabe fiel uns ein kleines gemütliches Motel zu. Wenigstens ein Trost nach einer so enttäuschenden langen Reise!

Am Nachmittag des folgenden Tages bekamen wir bei Neuharlingersiel erstmals die Nordsee zu sehen. Bei einem Spaziergang auf den Deichanlagen konnten wir die vorgelagerten Ostfriesischen Inseln durch den Nebeldunst zeitweise schemenhaft erkennen. Nach einer schönen Fahrt entlang der Deiche an der Küste nach Norden kehrten wir zurück.

Am frühen Morgen des folgenden Tages fuhren uns unsere beiden Busse nach Holland. Hier fiel uns auf, dass die bekannten holländischen Kanäle vielerorts höher liegen als die Straße, die wir befuhren. Nach vielen Umleitungen erreichten wir ein kleines

Dorf mit einer Käsefabrik, die wir besichtigen wollten. Vieles über die Zubereitung von Markenkäse war uns natürlich neu. Zur Besichtigung des Museums der Firma und für die bezweckten Käsekäufe blieb noch genügend Zeit. Beim Mittagessen erschrak ich nur kurz über den Preis von 1 DM für einen Becher Buttermilch, den ich mir zusätzlich bestellt hatte. Dabei erinnerte ich mich daran, dass in unserer Kindheit ein Liter Buttermilch meist zehn Pfennig kostete.

Urgemütlich war dann eine Dampferfahrt um die Insel Borkum. Auf dem Schiff konnten wir zollfrei billig einkaufen. Als wir dann im Hafen Eemshaven anlegten, guckten die Zöllner doch in jede Tasche. Es durfte halt gar nicht zu viel an Land geschleppt werden.

Die Rückfahrt bis Leer ging schnell vonstatten. Am Rande der Stadt hatte der Reiseclub einen großen Saal gemietet, in dem dann ein umwerfender (sprich äußerst langweiliger) „Frieslandabend" stattfand. Der Harmonikaspieler verschwand nach drei Stücken. Gegen 22 Uhr erreichten wir die Quartiere. Am nächsten Tag waren wir nachmittags wieder zu Hause.

Vom Erben

Nach dem Tode ihrer Schwester Hedwig in Bayern erhielt meine Schwiegermutter eines Tages Post von einem Bajuwaren, der sie dazu aufforderte, den Grabplatz und dessen Pflege an ihn für 60 Jahre bereitwillig zu bezahlen. Meine Schwiegermutter wurde wild und feuerte einen Brief zurück. In der Folgezeit stellte sich dann heraus, dass ihre Schwester noch zu Lebzeiten ihr Haus und alles Eigentum ihrer damaligen Pflegerin überschrieben hatte. Nach deren Freitod (warum?) trat nun der oben erwähnte Briefschreiber als Nacherbe der verstorbenen Pflegerin auf.

Amanda setzte sich mit einem Anwalt in Verbindung, aus dessen Nachforschungen sich eine Restsumme von rund 4000 DM ergab. Die wollte der Nacherbe auch noch kassieren, doch das Gericht sprach sie den Verwandten zu. Daraus ergab sich eine riesige Erbengemeinschaft, bestehend aus sämtlichen Nichten und Neffen von Hedwig. Amanda musste alle Unterlagen zusammentragen, ans bayrische Gericht senden und abermals einen Anwalt bemühen. Meine Schwiegermutter erhielt dann auch eine Ladung der Köthener Gerichtsstelle, zu der wir mit ihr mehrmals fuhren. Als endlich alles geklärt war, erhielt meine Schwiegermutter einen Erbschein über 400 DM, die Miterben je 100 DM. Der Anwalt und die Gerichtskosten mussten bezahlt werden, so dass unterm Strich noch 160 DM übrig blieben. Hat sich das gelohnt?

Lucia Arndt & Schwester Hedwig Klein 1960

Hätte sich meine Schwiegermutter Jahre zuvor nicht wegen Geringfügigkeiten mit ihrer Schwester zerstritten[166], wäre das Erben anders verlaufen, denn Hedwig hatte ihr schon alles notariell vermacht, auch das Haus im Wert von 200 000 DM!

So steht es um die sogenannte Weisheit des Alters!

Im September 1996 erfüllten wir während unseres Urlaubs im Bayerischen Wald unseren schon lange gehegten Wunsch. Wir wollten die Landschaft und das Haus, wo Amandas Tante Hedwig zuletzt gelebt hatte, kennenlernen. Die Landschaft war schöner als sie uns durch Verwandte geschildert worden war: leicht hügelig, zwischen den Feldern kleine Waldstücke. Am Haus wurden wir von einer jungen Frau und ihren Kindern empfangen. Die junge Familie hatte das Haus von Tantes Erbschleichern erworben. Auf dem Friedhof fanden wir das Grab der Tante, die im Jahr 1990 verstorben war.

Im grenzüberschreitenden Verkehr

Früher hieß der Zug nach der BRD einfach „Interzonenzug", aber das galt bald als falsch, denn die Zonen gab es ja seit dem Herbst 1949 nicht mehr. Also ist die Überschrift hier korrekt!

Jedes Mal, wenn sich ein solcher Zug der Grenzstation nähert, werden die Gespräche in den Abteilen und in den Gängen immer leiser und verstummen ganz, wenn der Zug bremsend in die Station einläuft. Die Reisenden erwartet nun das gut eingespielte Grenzkontrollteam. Das sind die Genossen von der Passkontrolle mit ihrem umgehängten Stempelkasten, die Zollkontrolleure und meist zum Schluss die Geldwechsler der Deutschen Staatsbank,

166 Lucia hatte über Hedwig gelacht, weil diese im Winter täglich den Aschekasten ihres Ofens abwusch.

die es aber stets ablehnen, unsere DDR-Mark in DM umzuwechseln. Nach etwa einstündigem Aufenthalt setzt sich der Zug wieder in Bewegung und alles atmet auf. Das Schwatzen setzt wieder ein, die Stullen schmecken wieder und ab und zu spricht einer von dem, was die Kontrolleure nicht sahen oder fanden. Nach etwa 30 Minuten verläuft die Fahrt dann wie jede normale Fahrt mit der Eisenbahn.

Passiert man die deutsch/deutsche Grenze aber mit dem Auto, so verläuft alles etwas anders. Schon von weitem wird man bei der Annäherung an die Staatsgrenze mit dem Fernrohr ausgemacht, vorkontrolliert und in die Übergangsstelle eingewiesen. Hauptakteure sind hier nicht die Genossen von der Passkontrolle, sondern die Zollkontrolleure. Bei der Ausreise suchen sie nach versteckten Personen in Koffer- und Motorraum(!), bei der Einreise dagegen erfolgt eine peinliche Suche nach Konterbande.[167] Manchmal wird man aus der falschen Fahrzeugschlange in die richtige eingewiesen, so etwa, wenn man sich bei den West-Berlin-Reisenden einordnete, obwohl man als braver DDR-Bürger in sein geliebtes Heimatdorf zurückkehren wollte. Nach der Grenzkontrolle bei der Wiedereinreise fällt dem Autofahrer am meisten auf, wie langsam nun die Westwagen rollen, oft unter Tempo 100. Die Kontrollen selbst sind kurz und bündig, wenn man nicht vom Zoll aus der Reihe herausgewinkt wird. Dann muss man im schlimmsten Falle auf eine völlige Demontage seines Fahrzeugs gefasst sein. Und das kann dauern!

[167] Schmuggelware.

Als verhältnismäßig unproblematisch stellte sich das Tanken mit einem Zweitakter-Fahrzeug heraus. Das Ölmischen muss man halt selbst besorgen.

Fahrten nach Velen

Durch irgendein Versehen(??) hatten uns 1988 die Behörden unsere Gastreisen in die BRD mit dem Auto genehmigt. Also nutzten wir es sofort aus und fuhren nach Velen. Die Abfertigung am Grenzübergang Helmstedt verlief wie erwartet und nahm ungefähr die gleiche Zeit in Anspruch wie per Bahn bei Oebisfelde. Nur war dann die Fahrt im Auto weit angenehmer als in den stets überfüllten Zügen. In Velen setzte uns dann das völlig veränderte Verhalten der Nachbarn in Erstaunen. Sie waren freundlich und gesprächsbereit, denn wir kamen mit dem Auto an! Nach dieser ersten Fahrt folgten bis 1989 weitere, doch eine erneute Erlaubnis bekamen wir danach nicht mehr. Aber das erledigte sich 1989 durch die sogenannte Wende von selbst. Nun konnten wir reisen wie es uns gefiel.

Da meine Schwiegermutter im Mai 1991 in Velen darüber klagte, in ihrem hohen Alter (87 Jahre) allein nicht mehr recht fertig zu werden und auch wir ja nicht jünger wurden, beschlossen wir sie zu uns zu nehmen. Das alles stellte sich zunächst recht einfach dar, da wir ja nun in e i n e m Land lebten. Also fuhren wir Ende Juni abermals nach Velen, um die Übersiedlung vorzubereiten und durchzuführen. Wir erledigten alle notwendigen Wege, ordneten die Räumung ihrer Wohnung, organisierten Abschiedsbesuche usw. Niemand hatte uns auf Schwierigkeiten hingewiesen, die sich besonders aus der Weiterzahlung ihrer Rente ergeben würden.

Rentengeschichten meiner Schwiegermutter

Wir hatten bei der Übersiedlung meiner Schwiegermutter aus einem alten in ein neues Bundesland die Rentenregelungen im Einigungsvertrag nicht genau gekannt, so dass sie ihre Renten zunächst nicht weiterhin erhielt, sondern nach den neuesten Berechnungen auf monatlich 238 DM Rente gesetzt ward. Das war weniger als die damals übliche Mindestrente von 490 Mark. Also musste wieder ein Anwalt her, denn auf eigene Initiativen hin lief nichts. Drei verschiedene Rentenstellen waren nun „zuständig", die immer neue Summen errechneten, nur nicht die alten, ihr zustehenden erreichten. Einer der Gründe für die dauernden Differenzen war die irrtümliche Annahme einiger Stellen, dass es sich um völlig neue und nicht um bestehende Rentenansprüche handeln würde. Eine lange Berechnungsliste jagte die andere, aber unser Anwalt in Velen blieb gut am Ball, so dass diese aufregende kosten- und briefverkehrsreiche Periode ihren Abschluss fand. Allerdings wurde trotz aller Schreiberei hin und her nicht mehr die ursprüngliche Rentenhöhe erklommen. Erstaunlich war für uns allerdings, dass meine Schwiegermutter alles verhältnismäßig gleichgültig verfolgte, wie auch schon bei ihrer Erbensache. Sie fühlte sich eben bei ihrer Tochter im sicheren Hafen.

Fahrt zu einem Autokauf nach Kempen

Nach dem Einholen mehrerer Angebote hatten sich unsere Jüngste und ihr Mann entschlossen, auf das Angebot eines Autohauses in Kempen (Westfalen) einzugehen. Der Preis war für einen neuen Opel Vectra recht günstig, zumal der Händler den behindertengerechten Umbau von Bedienungsanlagen anbot.

Mitte September 1991 stand das Auto in Kempen zur Abholung bereit. Ich hatte den Kindern angeboten, sie dorthin zu bringen.

Am 20. September 1991 wollten wir also früh nach Halle zu unserer jüngsten Tochter fahren, als es um 6:15 Uhr auf der Treppe rumpelte: Meine Schwiegermutter war alle Treppenstufen herabgerollt und hatte sich, wie die herbeigerufene Ärztin bald feststellte, den rechten Oberschenkel gebrochen. Der Krankentransport war schnell da und brachte sie ins Krankenhaus West nach Köthen. Weil Amanda den weiteren Verlauf der Dinge abwarten wollte, fuhr ich schließlich allein los.

Wir starteten gegen 9 Uhr von Halle aus. Ich bat meinen Schwiegersohn, mein Auto zu fahren und genoss die Freuden eines Beifahrers. In Kempen im Autohaus wurden wir bereits erwartet. Das war ein schönes Auto! Unsere Tochter war hin und redete mir zu, ebenfalls auf einen Neuwagen umzusteigen. Aber ich glaube, mein Wartburg tut es noch eine Weile. Und ob ich dann noch fahren werde, wenn er nicht mehr will? Während Probefahrt und Hotelunterbringung bis zur Rückfahrt besprochen wurden, kam ich zu dem Entschluss, noch an diesem Abend allein zurückzufahren. Nach dem Treppensturz meiner Schwiegermutter just an diesem Tag hatte ich einfach keine Ruhe mehr. Es war noch hell und die Fahrt durchs Ruhrgebiet verlief zügig auf kürzestem Wege. Zum Tanken verließ ich die Autobahn und suchte danach nach einer Auffahrt. Dabei geriet ich in die Großübung der örtlichen Feuerwehren aus der ganzen Umgebung und verlor somit viel Zeit, bis ich wieder freie Fahrt hatte. Als ich die Autobahn bei Königslutter wieder verließ, war es schon gegen 23 Uhr. In einem kleinen Dorf nahe der ehemaligen Grenze legte ich endlich eine Essenspause ein. Das Dorf schlief, es war Mitternacht, der Mond schien und nach und nach gingen in den umliegenden Häusern die Lichter aus. Das war ein eigenartiges Gefühl, hier mitten in der Nacht in einem fremden Dorf unter einem Baum zu sitzen. Mir fielen die vielen einsamen Patrouillengänge als Soldat wieder ein.

Wir kamen jedenfalls alle wieder gut zu Hause an und die Kinder sind mit ihrem neuen Auto sehr zufrieden. Mit meiner Schwiegermutter hatte sich bis zur Stunde nichts weiter ereignet.

Der Krankenhausaufenthalt meiner Schwiegermutter

Meine Schwiegermutter hing bald in einem Streckapparat und musste sich über Wochen im Krankenbett bei Rätseln und Lesestoff gedulden. Und das alles, weil sie Licht sparen wollte, sich jedoch offensichtlich in ihrer alten Wohnung wähnte und auf dem Weg zum Badezimmer falsch abgebogen war. Für uns und unsere Kinder begann nun eine lange Zeit der Krankenbesuche. Um Weihnachten herum kam der Streckzug weg und es folgten Massagen und erste Gehversuche. Anfang Februar 1992 konnte sie endlich wieder nach Hause. Wir hatten inzwischen die ganze Wohnung umgeräumt, denn im Zimmer oben konnten wir sie ja nicht mehr unterbringen. Sie bekam Krücken und musste sich nun in ihre neue Lebenslage eingewöhnen. Viel Fernsehen, Rätseln und Lesestunden halfen ihr die Tage zu verbringen. Ab und zu geht sie auf dem Grundstück ein wenig spazieren und glaubt fest daran, dass sie nichts gebrochen hatte, denn sie habe ja keine Operationsnarbe am Bein! Den Streckapparat hat sie völlig vergessen und klagt nur noch über ihre alten Schmerzen im anderen Knie. Die Ärztin macht jetzt alle 14 Tage bei meiner Schwiegermutter einen Hausbesuch.

Das Hermanndenkmal bei Detmold

Das Denkmal, das im Geschichtsunterricht unserer Jugendzeit eine Rolle spielte, erhebt sich auf einem etwa 400 Meter hohen Hügel im südlichen Teutoburger Wald. Noch reckt Hermann (oder Armin der Cherusker) das sieben Meter lange Schwert gen Himmel. Tut er das im Sinne seiner Schöpfer als Mahnung zur Einheit im arg zerstückelten Deutschland vor 1870 oder im Sinne dessen, der als Einiger Deutschlands von oben das Denkmal als Drohung gegen die Nachbarn vollenden ließ? Der schöne Rundblick vom Aussichtskranz des Denkmals ähnelt der Sicht vom Kyffhäuser, einem anderen Denkmal aus der Wilhelminischen Ära.

Hermann schaut immer noch in die Ferne. Unser Gastfreund Hubert hingegen blickte sinnend auf das am Fuße der Berge liegende Städtchen Detmold und auf den großen Gebäudekomplex, in dem er Tag für Tag seine Arbeit verrichtet. Mit einem Seufzer wandte er sich vom Stadtbild ab und trieb zur Heimfahrt.

In Bielefeld schloss sich ein kleiner Stadtbummel an. Während die Frauen Einkäufe planten, lud mich Hubert zu einem schönen Glas Rotwein ein.

Die Sparrenburg hoch über Bielefeld bietet einen schönen Rundblick auf die Stadt sowie auf die weltbekannten Heilstätten im Ortsteil Bethel.

Hameln, die Stadt des sagenhaften Rattenfängers

Wir hatten diesmal von Hannover aus einige Fahrten geplant, darunter auch in die Stadt Hameln. Cousine Erna war wieder ein guter Reiseleiter und lotste uns mit unserem Auto sicher aus

Hannover in Richtung Süden hinaus. Die Bundesstraße 217 führte uns problemlos ans Ziel. Wir fanden eine gute Parkgelegenheit in einem Parkhaus am Rande des Stadtkerns. Nun strebten wir der Innenstadt zu. Breite Fußgängerzonen verliefen zwischen vielen schönen Fachwerkhäusern. In den Straßen begegneten wir zahlreichen Besuchergruppen, erkennbar an Führern und Blicken auf irgendein Objekt. Bald spürten wir, dass uns eine richtige Hameln-Besucher-Stimmung erfasst hatte! Die Stadt bot aber auch auf engem Raum viel Sehenswertes.

Das markanteste und von vielen Besuchern angestrebte Gebäude steht am Markt und heißt das Hochzeitshaus, ein Fest- und Feierhaus der Bürgerschaft. Ab 15 Uhr erwartete eine immer größer werdende buntgemischte Menschenmenge den Auftritt der Figuren aus der großen Bronzetür an der Giebelwand des Hauses, an der auch 37 große und kleine Glocken angebracht sind. Dann begann das Glockenspiel - der nach der Sage zweimalige Auftritt des Rattenfängers in luftiger Höhe. Wir saßen bei dem milden Wetter auf Holzbänken und schauten gebannt wie Kinder nach oben.

Beim Betrachten der Szenerie drängte sich uns wieder ein Vergleich mit unseren heimischen Verhältnissen auf. Während hier in Hameln der ganze Ort in fast übertriebener Weise in Beziehung zu der Sage vom Rattenfänger steht, fanden wir beim Besuch des Städtchens Schildau[168] bei Torgau so gut wie keine Hinweise auf die Sage von den Schildbürgern.

---

[168] Der Schildbürgerbrunnen des Torgauer Bildhauers Torsten Freche wurde 2008 eingeweiht. Zudem beherbergt die Stadt seit 1998 das Schildbürgermuseum.

In Bielefeld

Werner Bossmann wollte gerade seinen Warteposten in der Bahnhofshalle aufgeben, als wir ihn entdeckten. Na, wir hätten schön „alt“ ausgesehen, wenn wir ihn verpasst hätten. Eine kurze Fahrt brachte uns in sein gastliches Haus, ausgerechnet auch noch in der Schneekoppenstraße! Dieser Name war gewissermaßen das Symbol für unsere Begegnung. Das Austauschen vieler Erinnerungen kann nicht ausbleiben, wenn vier Schulfreunde nach so langer Zeit zusammentreffen. Dabei verlief das Ganze ohne jede Heimatschnulzerei und wehmütiges Nachtrauern. Es blieben sachliche und liebe Erinnerungen. Schon der bei allem Hochdeutsch immer wieder durchschimmernde Tonfall, ja Dialekt ließ die gemeinsame Heimat nicht verleugnen. Am Abend führte uns Werner die vielen Dias vor, die er von Neustadt gesammelt hatte. Da kam so manches längst vergessene Bild und manche Geschichte wieder zum Vorschein. Werners Enkel indessen alberten herum und mopsten sich offensichtlich, denn sie hatten zu den Bildern und Gesprächen keinerlei Beziehungen mehr. Ich glaube, dass mit dem Ende unserer Generation für die nächste vieles nur noch Geschichte sein wird und kaum noch Narben hinterlässt. Dann gibt es sicher auch keinen der blöden Heimatverbände mehr! Wir denken ohnehin manchmal, ob die Leute wirklich in die Verhältnisse und in die Zeit zurückmöchten, so leben möchten wie früher?

Lesen und Bücher

Schon als Junge besah ich in Neustadt gern die Schaufenster mit Büchern, besichtigte manches Buch, das ich mir nicht kaufen konnte. Meine erste Bucherwerbung machte ich beim „kleinen Keller“ bei der Kirche. Es handelte sich um eine Erzählung über einen Fischotter, die mich sehr beeindruckte und zu genaueren Naturbeobachtungen an Paches Ziegeleiteichen veranlasste. Später trat ich als Lehrling in einen Buchclub ein. Mancher Pfennig aus Trinkgeldern wurde in die hier angebotenen Bücher investiert. Ich erinnere mich an eine „Geschichte der Päpste“ und eine Erzählung von Ernst Wiechert. Alle Bücher gingen durch die Flucht 1945 verloren.

Als junger Lehrer kaufte ich später manches Buch, das ich für den Unterricht und zum Studium brauchte. Dann kamen Bände über Kunstgeschichte, Reisen und Landschaften hinzu. Nun habe ich (2001) langsam eine große Bücherei beisammen und auch den Entschluss dazu, kaum noch etwas zu erstehen. Leider habe ich im Wirbel um die Einheit manches gute Buch aus DDR-Zeiten dem Papierkübel einverleibt, darunter befanden sich Bücher von Willi Bredel und von Alfred Wellm. Aus der Reihe guter Romane las ich besonders gern Stifters „Witiko“ und Heinrich Manns Roman „Henri Quatre“. Aus der antiken Literatur las ich mehrmals die „Ilias“ und die „Odyssee“. Gedichte lese ich nicht so gern, kann aber manche noch fehlerfrei aufsagen. Novellen und Erzählungen las ich gern von Stifter und Rilke. Mit Amanda las ich auch gern die etwas seichtere, aber interessante Heimatliteratur von Hans Ernst und die Frauenromane von Agatha Christie, Hedwig Courths-Mahler und E. Marlitt. Natürlich besitzen wir auch Lexika und viele Bücher, die uns als Nachschlagewerke zur Verfügung stehen. Weitgehend beiseitegestellt wurden Fachbücher über die deutsche Sprache und Literatur, die ich als Rentner schon lange nicht mehr benötige.

Adalbert Stifters Roman „Witiko“

In einem langen Leben kann man viel und vielseitig lesen. Mein Bestand an belletristischer Literatur war nie klein. Schon daheim in Neustadt wuchs mir eine kleine Bibliothek durch einen Buchzirkel der katholischen Jugend und durch den Kauf berühmter Werke. Leider existiert nach der „Umsiedlung“ keines dieser damals geliebten Bücher mehr. Eines ging mir an der Front vor Moskau verloren, weil es zum Zeitpunkt meiner Verwundung in meinem Gepäck beim Train steckte. Es war der Roman „Witiko“. Bis dahin fand ich das Buch schön in seiner Sprache, in seinen Schilderungen der Landschaften und der Menschen. Die historischen Zusammenhänge im 12. Jahrhundert traten mir vor Augen.

Nach dem Krieg wollte ich den Roman wieder erwerben, er wurde jedoch nicht mehr verlegt. Der Hauptgrund dafür schien darin zu liegen, dass sich die Nazi-Literaten allzu sehr dieses Werkes von Adalbert Stifter angenommen hatten. Da war der blauäugige blonde „Führer“ wirklich greifbar nahe, dazu Sippen- und Familienideale, Gefolgschaft und Treue, das Mehren von Besitz usw. Schließlich bat ich meinen Schulfreund Werner Bossmann den westdeutschen Markt einmal nach dem Buch abzuklopfen, aber es war auch hier nicht wieder erschienen. Aber im Weihnachtspäckchen 1988 war der „Witiko“ antiquarisch enthalten und bildete nun sofort meine Feiertagslektüre. Unterdes sind immerhin 50 Jahre vergangen, seitdem ich ihn als verhältnismäßig ungebildeter Handwerker gelesen hatte. Nun bin ich mit meiner Lektüre am Ende und siedle meinen Kommentar zwischen dem von 1943 und dem des „Romanführers“ von 1989

(DDR-Verlag)[169] an. Beim kritischen zweiten Lesen fielen mir historische Ungereimtheiten auf, z.B. Glasfenster in armseligen Bauernkaten, Papier und Blei(-stift?) bei einem Schreiber auf dem Schlachtfeld usw. Nun störten mich auch die ewigen Wiederholungen in der Dialogführung und im Beschreiben der Dinge und Ereignisse, aber auch vermeidbare Tautologien (… sehr alte Greise …). Dagegen empfand ich den Witiko nicht so sehr als den rassisch-völkisch Überlegenen, sondern als das zurückgekehrte Kind seines tschechischen Stammes und als Vasallen seiner böhmischen Landesherren. Beeindruckend ist doch seine geradlinige und friedfertige, versöhnliche Grundhaltung, die zum Faschismus und zu dessen Idealen gar nicht passt. So bleibt der gute Gesamteindruck, wenn auch das Lesen streckenweise zur Langeweile wird. Nun steht „Witiko“ bei den anderen Stifter-Werken.

Frau Kleefeld

Im Schuljahr 1949/1950 wurde ich zu einem Geschichtslehrgang nach Dessau-Ziebigk delegiert. Der Lehrgang fand in der Schule in Ziebigk statt und vereinte Lehrer aus mehreren Kreisen der damaligen Provinz Sachsen zu eifrigem Studium in mehreren Fächern. Unter den neuen Kollegen und Kolleginnen befand sich auch meine Banknachbarin Hildegard Pöhlitz aus Eilenburg. Funktionen in der Studiengruppe, gemeinsame Lösung von Aufgaben, Abgucken und Vorsagen (wie Schulkinder!) im Schulbetrieb, auch Besuche im Theater und in den Familien brachten uns etwas näher als die Beziehungen zu den anderen Studiengefährten waren. Doch nachdem der Lehrgang beendet

---

169 Volk und Wissen, Volkseigner Verlag Berlin: Der deutsche, österreichische und schweizerische Roman (1989).

war, eilte jeder an seinen Platz in Familie und Beruf zurück. Nur eines blieb über Jahre als Gemeinsames erhalten: kurze Briefwechsel und Austausch von Glückwünschen an unserem gemeinsamen Geburtstage. Doch mit den Jahren schlief alles immer mehr ein, wir verloren uns aus den Augen. Andere Menschen und neue Eindrücke füllten die Tage.

An einem Sonntagmorgen im November 1991 ging unsere Klingel. Am Tor standen uns zwei zunächst fremde Menschen gegenüber, die aus einem Trabant gestiegen waren. Sie stellten sich als Frau und Herr Kleefeld vor. Erst nach längerem Hinsehen erkannte ich meine ehemalige Kollegin Hildegard. Es waren über 40 Jahre vergangen! Als erstes erzählten sie uns, wie sie uns doch noch gefunden hatten. Sie waren zunächst in Weißandt-Gölzau, wo sie erfuhren, dass ich schon tot sei! Andere hingegen wussten, dass ich zuletzt an der EOS in Köthen arbeitete. Vom ehemaligen Direktor Schellenbaum erhielten sie unsere Osternienburger Adresse und fanden uns hier schon nach wenigem Fragen. Jetzt folgten natürlich Erinnerungen und die üblichen Fragen nach den Lebensumständen. Auf Gäste zum Mittagessen waren wir nicht eingestellt und hatten nichts weiter im Haus. So teilten wir uns zwei Hähnchenkeulen und gaben uns satt. Hildegard und ihr Mann fuhren danach noch in ein anderes Dorf bei Halle zu Besuch.

Nach gelegentlichen Briefwechseln luden wir dann Kleefelds zu einem weiteren Besuch bei uns ein, denn wir konnten ja nicht weg, weil wir seit 1991 meine Schwiegermutter aus Velen bei uns aufgenommen und betreut haben. Sie kamen dann im Oktober 1992 zu einem nun wohlvorbereiteten Besuch zu uns. Sie hatten uns zuvor dringend nach Eilenburg eingeladen, aber ich hatte nicht verstanden, dass es sich um eine Einladung zur gemeinsamen Geburtstagsfeier handelte, weil ich eben auch den gemeinsamen Tag völlig vergessen hatte. Das machen die Zeit und das Alter!

Todesfälle

Wenn man älter wird, muss man gelegentlich feststellen, dass die Zahl der Todesfälle im Kollegen- und Bekanntenkreis zunimmt. Dann stellt man sich gelegentlich die Frage, wann und wie bist du selber dran? Heute am Anfang des Jahres 1993 erinnere ich mich lebhaft an einige Todesfälle.

Johannes Reuter wurde um 1956 an unsere Schule in Osternienburg versetzt. Er war vor 1945 Lehrer in Köthen und Bannführer der HJ. 1945 musste er den Schuldienst verständlicherweise verlassen und fungierte einige Jahre im VEB Förderanlagen in Köthen als Schrottbeauftragter. Nach seiner Wiedereinstellung sollte der „Hannes“, wie er bald hieß, sich bei uns bewähren. Wir hatten an ihm einen tüchtigen Sportlehrer, den die Schüler liebten. Einmal, im Alter von fast 60 Jahren, wollte er ihnen die Riesenwelle am Hochreck demonstrieren. Hannes machte etwas falsch, stürzte zum Entsetzen der Kinder vom Reck und brach sich einen Arm. Bei einer Lehrertagsfeier wollte er seine Vitalität unter Beweis stellen und führte am Ende der Festtafel einen Handstand aus. Er fiel rücklings in die Gläser, Teller und Tassen. Bleich und enttäuscht verließ er den Schauplatz. Als er nach kurzer Krankheit plötzlich starb, er hatte gerade das Rentenalter erreicht, trauerten wir sehr um ihn.

Helmut Ruprecht, geb. 1919, war Schulleiter in mehreren kleinen Orten unseres Kreises, bevor ihn seine Liebschaften an unsere Schule verschlugen. Er war ein guter Kollege, rauchte viel und trank gern einen guten Schluck. War er blau, so guckte überall der ehemalige Feldwebel hervor. Er benahm sich dann wie im Kasino: Streiten, Grölen und volle Aschenbecher über die Schulter entleeren, das war dann bei ihm üblich. Man mied ihn daher am besten in solchem Zustand. Nach seinem Weggang von der Schule in Osternienburg hörten wir nur noch selten von ihm. Er starb einen Tag nach seinem 65. Geburtstag im August 1984.

Herrmann Grunert kam als Altlehrer und „Umsiedler" 1945 an die Schule in Osternienburg. Sein Fachgebiet war die Mathematik. Bei den Schülern gefürchtet blieb der Stempelkasten, den er zur Korrektur der Schülerarbeiten stets bei sich führte. Befragte man ihn nach einem Schüler, so hieß die Einleitung seiner Antwort stets: „… ein sonderbarer Schüler". Er wurde etwa 80 Jahre alt.

Gertraud Geißler war eine Pflegetochter der Familie Grunert. Sie galt als sehr gute Unterstufenlehrerin und machte freilich auch viel Wesen um sich selbst. Waren die Anmeldungen der Schulneulinge im Gange, so forderten viele Eltern, dass ihr Kind zu Frau Geißler in die Klasse käme. Da wir jedes Jahr zwei Anfängerklassen hatten, war folglich der andere Klassenleiter automatisch der „schlechtere". Sie starb wenige Jahre nach Erreichen des Rentenalters in einem Köthener Heim.

Günter Hennicke, geb. 1924, kam als Sportlehrer zu uns nach Osternienburg. Bei der Umgestaltung der Schule zur Zehnklassenschule half er in zahlreichen Arbeitseinsätzen mit, die materiellen Voraussetzungen zu verbessern (Heizung, Turnhalle, Kleinsportplatz, Fachräume usw.). Zwischendurch kloppten wir gern einen Skat oder fuhren gemeinsam in die Pilze, aber auch zu Arbeitseinsätzen der Gewerkschaft an deren neuen Heimen (meist Bungalows). Der ehemalige Matrose war das, was man einen guten Kumpel nennt. Nach dem Tode seiner Frau heiratete er wieder in die Cottbuser Gegend und wir verloren ihn aus den Augen. Er starb um 1985.

Doris Bräunling war während des Zweiten Weltkrieges auf der Insel Jersey als Tochter einer dort internierten deutschen Botschaftsangestellten zur Welt gekommen. Mit ihrer Mutter kam sie nach dem Krieg nach Köthen und wurde Lehrerin für Kunsterziehung. In den 60er Jahren wurde sie an die EOS Köthen versetzt. Gleichzeitig wurde sie Fachberaterin im Kreis Köthen. Einmal lud sie mich ein, auf eine Fahrt des Fachzirkels zur Deutschen Kunstausstellung in Dresden mitzukommen, da ein Kollege abgesagt hatte. Für mich war es eine erlebnisreiche Fahrt, denn eine Kunstausstellung hatte ich zuvor noch nicht besucht. Doris verstarb im Alter von etwa 45 Jahren und hinterließ einen 15jährigen Sohn.

Kurt Pfeiffer, geb. 1923, war seit 1956 und bis zu seinem Tode um 1988 stellvertretender Direktor an der EOS Köthen. Er war es, der mir 1968 den Vorschlag machte, an die EOS als Lehrer zu kommen. Wir arbeiteten viel zusammen: als Fachkollegen, in der Stundenplankommission, bei der Feriengestaltung der Schüler u.a. Seinen Tod beklagten wir, nachdem er im Krankenhaus aus einem Fenster im oberen Stockwerk herabgesprungen war. Seine Frau kannte ich schon aus den Neulehrertagen 1946. Sie hatte aber bereits um 1950 den Schuldienst aufgegeben und sich als Schreibkraft qualifiziert. An der EOS begegneten wir uns wieder. Kurz nach dem Tode ihres Mannes starb auch sie.

Hans Kanter, 1923 in Hindenburg geboren, ein Russischlehrer, den ich an der EOS kennenlernte, behalte ich in guter Erinnerung. Wir tauschten gern schlesische Witze, Meinungen über die alte Heimat und gemeinsame Schüler aus. Eine zufällig gemeinsame Reise in die ČSSR vertiefte die Bekanntschaft.

Karl-Heinz Korund: Als ich als Kaderreferent tätig war, erhielt ich eines Tages die Auflage, einen geeigneten Kollegen zu einem einjährigen Lehrgang zum Fachlehrer für Musik nach Berlin zu entsenden. Des Schulrats und mein Vorschlag führten zu Gesprächen mit Kollegen Korund. Er war bereit und nach einem Jahr hatte unser Kreis Köthen einen Fachlehrer für Musik mehr. Bald kam er an die EOS, wo er erfolgreich mit dem Schulchor arbeitete, aber auch außerhalb der Schule in Fachzirkeln, in einer historischen Kommission der Stadt Köthen und als Leiter der Musikschule Köthen breite Anerkennung fand. Aus welchem Beweggrund auch immer, schrieb mir Karl-Heinz, als ich schon Rentner war, jedes Jahr eine schöne Geburtstagskarte. Er starb im Alter von 46 Jahren ganz plötzlich hinweg.

Osternienburg, ehemalige Schule in der Lindenstraße

Friedrich Schönbrunn war seit ewigen Zeiten unser Hausmeister in der POS Osternienburg. Sein Tod um 1989 rief in mir viele Erinnerungen wach. Ich dachte an seine schwere Arbeit im Winter: Als die Schule noch Einzelöfen in den Räumen hatte, schippte er unermüdlich Kohlen und beheizte alle Zimmer.

Ich erinnerte mich an die vielen guten Ratschläge, sein Interesse an der Schule bzw. seine große Neugier, seine Hilfsbereitschaft, seine Ausreden, wenn seine Frau als Putzkraft die Räume wieder einmal durcheilt hatte („Meine Frau ist halt flink!"). Er hatte in seinem langen Leben viel gesehen. So diente er z.B. vor 1914 bei der k.u.k.-Kriegsmarine[170], er erlebte die russische Revolution in Kriegsgefangenschaft im fernsten Sibirien und seine Ausweisung aus der ČSR. Er arbeitete weit länger als bis zum Rentenalter und hinterließ bei seinem Tode nur seine zerstrittenen Kinder.

Meine Mutter, Emilie Schneider geb. Weiner, verstarb wenige Wochen nach ihrem 80. Geburtstag 1978 in ihrem Stübchen in Zielitz. Sie hatte offenbar einen sogenannten guten Tod. Mein Bruder Walter regelte ihre Beerdigung und ihren Nachlass. An ihrer Ruhestätte in Zielitz ist sie nicht allein. Sie ist umgeben von den Gräbern ihrer Wirtin und einer Freundin. Mein Bruder Walter pflegt Mutters Grab in rührender Weise. Immer hat Mutter schöne Blumen. Für den Grabstein-Schriftsatz besorgte mein Bruder Alfred gutes Blattgold wie es auch für den Goldschnitt an Büchern verwendet wird. Aber Alfred ist der Meinung, dass der Steinmetz dieses Blattgold gegen ein schlechteres Material vertauscht habe.

Paul Rabenstein wohnte in unserer gemeinsamen Jugendzeit in der Kretschamstraße in Neustadt O.S. im Haus neben unseren

---

[170] Kaiserliche und königliche Marine Österreichs.

Weiner-Großeltern. Schon damals hatten sich mein Bruder Alfred und Paul gut angefreundet. Wir gehörten allesamt zur Gruppe etwa Gleichaltriger in der Kretschamstraße. Gemeinsame Spiele, Ausflüge in die nähere Umgebung, Streiche usw. verbanden uns in enger Kinderfreundschaft. Nach der Vertreibung fand ihn mein Bruder Alfred durch den Suchdienst in einem Vorort von Augsburg wieder. Sie besuchten sich nun öfter. Paul ist vom Schicksal hart mitgenommen worden: Der Krieg brachte ihn um einen Arm und ein Unfall mit der Augsburger Straßenbahn um ein Bein, so dass er dann zum Rollstuhlfahrer wurde. Mein Bruder begleitete ihn mehrmals im Urlaub und bei Kuren. Doch 1991 erhielten wir die Nachricht von seinem Tod. Noch wenige Jahre zuvor hatten wir ihn besucht.

Meine Schwiegermutter, Lucia Arndt, haben wir im Juni 1991 in unser Haus aufgenommen und bis 1997 hier betreut. Die Pflege gestaltete sich mit der Zeit immer aufwändiger, so dass sie für Amanda fast unmöglich wurde. Auf Anraten der Hausärztin bemühten wir uns um einen Heimplatz in Köthen. Dort wurde sie im November 1997 aufgenommen. Wir besuchten sie nun regelmäßig. Zu ihrem 95. Geburtstag stellte ihr das Heim einen Raum zur Verfügung. Außer uns kamen auch unsere Kinder zu einer kleinen Feier. Sogar der Oberbürgermeister von Köthen stellte sich als Gratulant ein. Am 3. November 1998 wurde sie mit einer Lungenentzündung ins Krankenhaus Süd in Köthen eingewiesen. Als wir sie sofort besuchten, fanden wir sie ohne Bewusstsein vor. Am 5. November 1998 schlief sie still und für immer ein. Es traf uns nicht mehr unvorbereitet. Wir leiteten die notwendigen Schritte ein. Zur Trauerfeier am Urnengrab kamen unsere Kinder mit ihren Familien nach Osternienburg. Amandas Cousin Werner hielt die Trauerrede, die alle ergriff.

Meine alternden Brüder

Als dem Ältesten fiel mir schon als Kind die immerwährende Aufgabe zu, meinen Bruder **Alfred**, geboren am 29. Oktober 1922, zur Großmutter in die Kretschamstraße mitzunehmen. Er nahm an unseren Spielen teil und freundete sich besonders mit Rabensteins Paul an.

Nach seiner Schulzeit in der Schlossschule erlernte er in unserer Heimatstadt in der Firma Polednia den Buchbinderberuf. Im Zweiten Weltkrieg diente er als Maat in der Kriegsmarine und geriet im Baltikum auf einer Insel vor Estland in sowjetische Gefangenschaft. Hier musste er bis 1949 in einem Ölschieferbergwerk, aus dem er zweimal floh, schwer arbeiten. Nach seiner Entlassung aus der Gefangenschaft fand er seine Verlobte Mizi in Eutingen bei Pforzheim wieder. Sie heirateten und bauten in Pforzheim ein schönes Haus. Über meine Mutter und den Suchdienst fanden wir uns wieder. Es blieb jedoch über Jahre bei einem losen Briefwechsel. Im Jahr 1953 wurde ihr Sohn Wolfgang geboren. Unsere Mutter Emilie nutzte die ersten Möglichkeiten für einen Besuch und kehrte mit begeisterten Berichten zu uns zurück. Alfred ging in einem großen Verlag als Abteilungsleiter seiner erlernten Arbeit als Buchbinder nach. Um 1970 stellten sich bei ihm immer größere Atembeschwerden ein, die schließlich zum Rentnerdasein führten. Um seine Invalidität und seinen Rentenanspruch streiten sich bis heute die Krankenkasse und das Versorgungsamt: Invalidität als Kriegsfolge oder als Folge des vielen Staubes im Berufsleben? Dabei wird sein Zustand immer besorgniserregender. An ein

Sauerstoffgerät gefesselt, schleppt er sich nach mehreren Krankenhausaufenthalten durch Haus und Garten. Wir haben ihn erst 1987 nach vielen Jahren wiedergesehen und uns über seinen Zustand, von dem seine Frau Mizi damals noch zeitweise glaubte, mein Bruder „markiere" nur, sehr erschrocken! 1991 musste er in fast hoffnungslosem Zustand in eine Spezialklinik nach Karlsruhe eingeliefert werden. Mizi rief meinen Bruder Walter an und war ganz verzweifelt (Wir hatten damals noch kein Telefon.). Am 11. Januar 1992 fuhr ich allein nach Zielitz, um mit Walter und Anneliese zu sprechen. Zurzeit ist Alfred wieder zu Hause und hat uns auch schon einmal angerufen. Er schleppt sich nun so dahin.

Alfred & Walter Schneider im Schwarzwald

Am 11. Mai 1998 erreichte uns die Nachricht von seinem Tode. Wir entschlossen uns zur Trauerfeier nach Pforzheim zu fahren. Es kamen viele Nachbarn, ehemalige Arbeitskollegen mit dem Chef der Firma und auch unser Neffe Ingolf, um Abschied zu nehmen. Beim Kaffeetrinken fiel mir auf, dass die Mutter von Wolfgangs Freundin schon Erbschaftserwartungen für ihre Tochter hegte!

Georg, Alfred und Walter Schneider in Osternienburg 1989

Walter, geboren am 13. März 1931, war unser „Lurla" und erst fünf Jahre alt, als unser Vater im Sommer 1936, erst 45 Jahre alt, starb. Mit unserer Mutter erlebte Walter Flucht, Heimkehr nach Neustadt und erneute Vertreibung. In Polen hatte Walter beim Bäcker gearbeitet. Nachdem er und Mutter bei uns in Weißandt-

Gölzau wohnten, wurde er Gärtner. Nach der Lehre arbeitete er dann als Bergmann (ohne Lehre) im Untertageschacht. Als die Grube um 1965 geschlossen wurde, suchte er sich neue Arbeit in einem Tagebau bei Lübbenau im Spreewald. Als dort die Arbeit zu Ende ging, bewarben sich er und sein Kumpel Putzbach im neueröffneten Kaliwerk in Zielitz. Infolge von wiederholt auftretenden Herzanfällen wurde auch mein zweiter Bruder Frührentner und lebt nach mehreren Krankenhausaufenthalten mit einem Herzschrittmacher in der Brust. Anneliese und seine beiden Jungs haben viele Sorgen um ihn.[171]

Unser Schwiegersohn Günter Heuer

Nachdem unsere älteste Tochter Christa geschieden war, lernte sie den Berufs-Feuerwehrmann Günter Heuer aus einem kleinen Dorf bei Radegast kennen und schätzen. Eines Tages brachte sie ihn kurz entschlossen zu uns mit, um an unserem Verhalten abzulesen, wie er uns wohl gefiele. Sie heirateten bald und Christas kleine Tochter wurde von Günter voll akzeptiert, so dass diese sich keinen besseren „Stiefvater" wünschen konnte. Nach etwa zwei Jahren kam noch eine Tochter als weiteres Familienmitglied hinzu. In Halle-Neustadt erhielt die junge Familie eine gute Wohnung und Günter wurde hierher zur Berufsfeuerwehr versetzt.

Zu uns trat Günter bald in ein engeres Verhältnis. Mit Rat und Tat unterstützte er uns bei allen Problemen und Arbeiten in Haus, Hof und Garten. Auch manches Stück an Baumaterialien und Werkzeug schaffte er sachkundig heran. Wir unternahmen auch gemeinsame Autofahrten, z.B. mehrmals zum Pilzesuchen in den Fläming, zum Einkaufen nach Schöningen und nach Velen

[171] Walter Schneider verstarb am 12. April 2017.

in Westfalen. Die letzte gemeinsame Fahrt war im September 2000.

Etwa 1988 erkrankte Günter an Krebs. Trotz ständiger ärztlicher Überwachung, Krankenhausaufenthalten und Operationen verschlechterte sich sein Zustand immer mehr. Er verstarb an seinem 58. Geburtstag am 9. Dezember 2000. Seine Beisetzung fand auf dem Friedhof von Halle-Neustadt unter großer Anteilnahme der Verwandten und von über hundert Feuerwehrleuten aus Halle und dem Saalkreis statt.

Reise nach Frankreich im Sommer 1993

Im Frühjahr 1993 fassten Agathe und Jürgen den Plan, den Sommerurlaub mit ihren beiden Kindern an der Westküste Frankreichs zu verbringen. Sie mieteten ein Ferienhaus an der Nordküste der Bretagne in Cléder. Da es viel Raum bot, luden sie uns ein mitzufahren. Aber die Pflege ihrer Mutter schloss Amandas Teilnahme aus, während ich mich entschloss das Angebot anzunehmen.

Eine Sitzprobe im Auto ergab, dass es zu fünft eine sehr unbequeme Reise geben würde. Also entschlossen sie sich mit zwei Autos auf die weite Reise zu gehen. Nun wurden zwei Zwischenübernachtungen für die 1800 Kilometer lange Hinfahrt und eine für die Rückreise gebucht. Wir führten mehrmals gründliche Beratungen über unser Vorhaben durch, besonders über die Reiseroute.

Am ersten Tag ging unsere Fahrt wie geplant glatt bis nach Velen, wo wir die Gelegenheit nutzten Verwandte wiederzusehen. Am nächsten Tag wurde nach der Fahrt durch Belgien auf meinen

Wunsch hin am breiten Sandstrand von De Panne und in Dünkirchen gehalten.

Dünkirchen 1993 Georg Schneider

Der Hafen von Dünkirchen und die Umgebung weckten in mir Erinnerungen an meine Soldatenzeit im Winter 1940/41. Im inneren Hafenbecken lag 1941 ein englischer Zerstörer, am Bug von einer Stuka-Bombe schwer getroffen und gesunken. Jetzt lag hier ein großer Segler zur Generalreparatur. Der dritte Tag führte uns über berühmte Städte wie Béthune (Bergbau), Abbeville (Panzerschlacht 1941), Rouen (Tod der Jeanne d'Arc 1431) und Caen (zweite Front im Juni 1944) in die Bucht von St. Malo. Hier, beim Mont Saint-Michel, erlebten wir zum ersten Mal

Massentourismus in Frankreich und fanden auf einem riesigen Parkplatz keine Lücke.

Le Mont Saint-Michel

Im Ferienhaus in Cléder wurden wir am Abend schon von den Besitzern zur Einweisung erwartet.

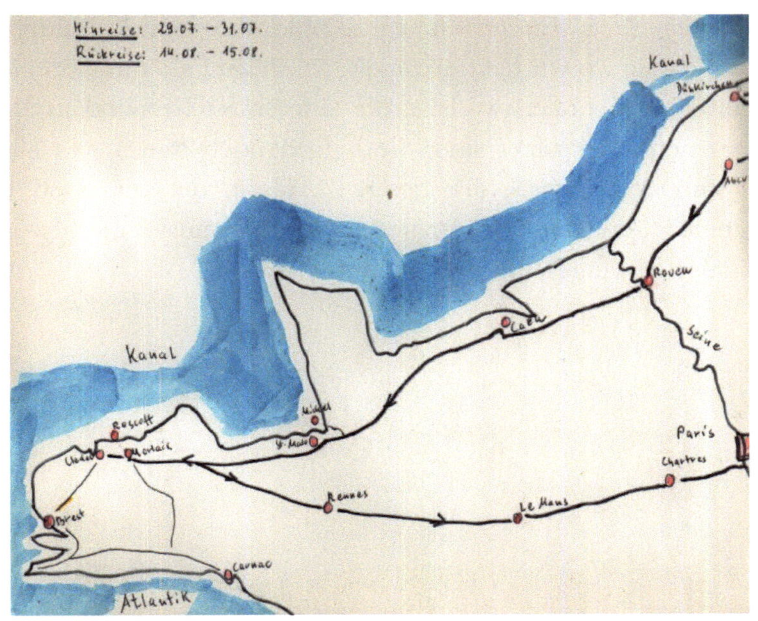

Bretagne 1993, Skizze der Route aus dem Album von Georg Schneider

Georg Schneider 1993 in Cléder beim Briefeschreiben

Nach zwei Tagen fuhren wir von der Nordküste an die Südküste der Bretagne, wo wir bei Carnac das gewaltige Feld mit tausenden Menhiren besichtigen wollten, die aufrecht stehen und in zehn Steinreihen angeordnet sind. Sie bergen noch Rätsel, vor allem um Sinn und Zweck der riesigen Anlage, die wir noch frei zugänglich erlebten. In späteren Jahren musste sie wegen Vandalismus eingezäunt werden.

Carnac: Reihen von Menhiren

Noch am Nachmittag desselben Tages starteten wir, um Frankreichs westlichsten Festlandpunkt am Pointe du Raz aufzusuchen, dessen beeindruckende Klippen 72 Meter über den Atlantik hochragen.

Pointe du Raz, Frankreich

Georg Schneider 1993 in Cléder beim Fußballspielen mit den Enkeln

Mit der Bevölkerung der Bretagne kamen wir kaum in Kontakt. Nur beim Einkaufen, beim Besuch von Sehenswürdigkeiten oder am Strand dolmetschte Agathe hervorragend. Auch die Enkelkinder konnten sich mit ihren Kenntnissen aus dem Schulunterricht verständigen. Beim Besuch des beliebten Naturschutzgebietes um Huelgoat fanden wir u.a. eine Teufelshöhle und einen zehn Tonnen schweren „Wackelstein" vor. Interessiert schauten wir anderen Wandergruppen zu, aus deren Mitte mancher den Stein deutlich sichtbar bewegen konnte!

Auf einer Tour nach Brest hielten wir in Le Folgoët, um die berühmte Wallfahrtskirche zu besuchen. Hier bot sich uns das gleiche Bild wie in unseren schlesischen Wallfahrtsorten (Annaberg, Maria-Hilf, Albendorf, Grüssau u.a.): Dank für Heilung und Zurücklassung von Bandagen, Krücken usw.

Le Folgoët: Kathedrale

Das Gebiet um den Ort Plougastel-Daoules ist bekannt für seine Tomaten- und Erdbeerfelder. In die Bastion von Brest kamen wir nicht hinein. Hier ist ein Marine-Museum untergebracht. Ausländern ist der Zutritt verboten!

Nördlich der wunderschönen Stadt Saint-Pol-de-Léon liegt die kleine Hafenstadt Roscoff. Von hier aus verkehren Fährschiffe nach dem englischen Hafen Plymouth. Kleinere Fähren laden zum Besuch der vor dem Ort liegenden Inseln ein. Eine Ständerbrücke für Fußgänger führte uns weit ins Meer hinaus.

Auf der Heimfahrt übernachteten wir in einem schönen Hotel in Saarbrücken. Zum Abendessen liefen wir noch einmal zurück nach Frankreich.

Meine zweite Reise in die Bretagne

Im Juli 1997 fuhr ich noch einmal mit Agathes Familie in die Bretagne. Dieses Mal war der kleine Ort Lesconil im Süden der Bretagne unser Ziel. Hier hatten Agathe und Jürgen ein schönes und bequemes Haus für 14 Tage gemietet. Besonders die Küche und die Bäder waren mit allen notwendigen Elektrogeräten reich ausgestattet.

Die Vermieterin hatte den Weg zum Haus schön beschrieben, so dass wir es leicht fanden. Zum Atlantik-Strand waren es nur 400 Meter, auch zur Post und zum Hafen waren nur kurze Wege. Supermärkte gab es in der Umgebung genug.

Von hier aus besuchten wir noch einmal den eindrucksvollen Pointe du Raz und Penmarch, einen der schönsten Orte an der Westküste der Bretagne. In Penmarch befindet sich der bekannte Leuchtturm Eckmühl, 65 Meter hoch. An einem Tag war Quimper unser Ziel, die Bezirkshauptstadt von Finistère.

Quimper: Kathedrale aus der Rue du Frout

Hier muss man natürlich die imposante gotische Kathedrale Saint-Corentin besichtigen! Die bekannte Kirche von Tronoën, zu der es keine Gemeinde mehr gibt und die den ältesten Kalvarienberg besitzt, fanden wir erst nach mehrmaligem Anlauf.

Sowohl auf der Hinfahrt als auch auf der Rückreise machten wir Rast in Chalons-en-Champagne. An unserem letzten Reisetag freute sich Amanda sehr, mich nach fast drei Wochen gesund und erholt wiederzusehen. Wir sind unseren Kindern für diese schöne Reise sehr dankbar. Leider hatte sich Amanda nicht dazu überreden lassen doch mitzukommen. Selbst eine Flugreise bis Brest lehnte sie strikt ab. Sie will nicht mehr reisen!

Treffen mit ehemaligen Neustädtern

Die ersten Begegnungen fanden vor 1990 mit Amandas Verwandten und gemeinsamen Bekannten (z.B. Familie Werner Bossmann in Bielefeld) statt. Gelegentlich erhielten wir Fotos von Treffen ehemaliger Neustädter. Ab und zu erreichten uns auch liebevolle Päckchen, ja sogar Pakete. Wir waren dafür stets dankbar, aber nicht in der Lage, uns in irgendeiner Weise dafür zu revanchieren.

Zu Pfingsten 1994 wurden wir nun eingeladen, an einem Treffen ehemaliger Neustädter in der Partnerstadt Northeim teilzunehmen. Am Rande dieses traditionsreichen Treffens wollten sich Amandas Klassenkameraden aus der Neustädter Handelsschule wiedersehen. Wir meldeten uns an und erhielten Plätze in dem kleinen Ort Lindau bei Northeim zugewiesen. Es wohnte sich hier sehr schön, nur waren andere ehemalige Neustädter uns gegenüber sehr „zugeknöpft“, warum? Wohl deshalb, weil unsere Autonummer am „Wartburg“ verriet, dass wir aus der ehemaligen DDR kommen!

An den großen Wiedersehensfeiern in Northeim nahmen wir indessen nicht teil. Wir freuten uns nur auf das für den Abend vereinbarte Klassenfest. Es war ein schöner Abend, ausgefüllt mit zahlreichen Erinnerungsgesprächen und Fragen nach den jetzigen Lebensumständen. Ich blieb am Rande nur Amandas Fahrer.

Eine weitere Zusammenkunft in Leipzig 1995 verlief noch herzlicher als in Northeim. Wir konnten wegen der notwendigen Betreuung meiner Schwiegermutter nur an einem Tag daran teilnehmen.

Das nächste Treffen wollte Klaus Göbel für Mitte Mai 1997 in Helmstedt organisieren. Hier wollten wir von Anfang bis Ende dabei sein. Unsere große Tochter erklärte sich bereit, die Oma solange zu betreuen. Damit erhielt auch meine Frau für einige Tage Kurzurlaub. In Bad Helmstedt stiegen wir im „Quellenhof" ab. Am nächsten Morgen führte Klaus Filme über Neustadt und über Schlesien vor, die viele Erinnerungen wachriefen. Für den Nachmittag wurde eine Fahrt zum ehemaligen Grenzübergang angeboten. Wegen der vielen trüben Erinnerungen schlossen wir uns davon aus. Eine Stadtbesichtigung unter Führung von Klaus bleibt uns in guter Erinnerung.

Herthas 70. Geburtstag in Neuhaus am Rennweg

Schon 1946 fanden wir Amandas Cousine Hertha und deren Bruder Werner sowie ihre Mutter Frieda in Bitterfeld wieder, wohin sie 1945 ihr Fluchtweg verschlagen hatte. Seitdem blieben wir mit ihnen in ständigem Kontakt. Mit ihrem Mann Fritz zog Hertha nach Neuhaus am Rennweg, wo beide im Röhrenwerk Arbeit fanden. Der Ort selbst bietet nichts Besonderes. Nur, dass man hier oben im Oktober durchaus schon einschneien kann und im Juni an vielen Stellen noch Reste von Schnee anzutreffen sind. Oder auch, dass sich hier einer der höchstgelegenen Bahnhöfe der DDR befindet. Im Sommer hört man bei offenen Fenstern vielfach das Rauschen der Gasbrenner der zu Hause arbeitenden Glasbläser.

Wir besuchten Hertha und Fritz oft in Neuhaus und erwanderten mit ihnen den östlichen Thüringer Wald. Touren mit unserem Auto führten uns auch in weiter entfernte Orte wie Paulinzella, Hildburghausen, Meiningen, Eisenach, Sonneberg, Schmiedefeld usw.

Hertha lud uns zu unserer Freude 1997 zu ihrem 70. Geburtstag ein. Sie hatte für uns sowie für ihre Schwester Erna und ihren Bruder Herrmann und dessen Frau Hotelplätze bestellt, wo wir alle ausgezeichnet wohnten. Die Feier und die Mahlzeiten fanden hier statt. Am eigentlichen Geburtstag fuhren wir mit einem Kleinbus bei schönstem Wetter ins Land der Franken. Wir lernten die Orte Lichtenfels und Staffelstein sowie die Klöster Banz und Vierzehnheiligen kennen. In Vierzehnheiligen beeindruckte uns besonders die Ankunft einer großen Wallfahrergruppe. Die Rückfahrt ging über Coburg. Abends saßen wir noch lange in gemütlicher Runde beisammen.

Mein 80. Geburtstag 1999

Nun hatten Amanda und ich schon mehrere runde Geburtstage und die dazugehörigen Besuche, Feiern und Geschenke hinter uns. Wir beschlossen, in einer Gaststätte in Ostrau zu reservieren, die wir schon von anderen Familienfeiern her kannten.

Als wir zur festgesetzten Zeit in Ostrau eintrafen, herrschte um das Lokal herum schon Hochbetrieb aus irgendeinem örtlichen Anlass. Selbst eine starke Blaskapelle spielte auf. Wir fanden im Saal an den festlich gedeckten Tischen alle bald Platz. Es gab ein frohes Wiedersehen der vier Familien unserer Kinder. Auch einige weitere Verwandte wurden freudig begrüßt. Mir wurde ein alles übertreffender Tisch voller Blumen und Geschenke vorgestellt. Zwei meiner Kinder, Christa und Agathe, hielten ganz wunderbare Festreden und alle gratulierten mir, wünschten Glück und ein langes Leben.

Nach dem Essen setzte die breite Unterhaltung ein. Jeder versuchte mit den anderen ein paar Worte zu wechseln. Unterdessen hatte Günter die Blaskapelle angestachelt, für mich zu spielen. Ich bekam überraschenderweise einen alten Marsch als Ständchen und war wie alle Gäste sehr bewegt.

Größte Arbeit an unserem Haus 2001

Gegen Ende Januar lasen wir in der Zeitung von einem Angebot einer Köthener Baufirma für die Fassadenverkleidung von Häusern. Nach einem Anruf kamen auch gleich zwei Bauleute, um sich unser Haus anzusehen und uns einen günstigen Winterpreis zu machen. Die wärmedämmende Verkleidung sollte 35 000 DM kosten. Wir schlossen einen Vertrag ab und holten umgehend bei der Gemeinde die Genehmigung zur Aufstellung der notwendigen Baugerüste. Bei der MEAG beantragten wir in Köthen die Absicherung der Stromzuleitungen. Schon am nächsten Tag, dem 13. Februar, traten die Bauarbeiter die Arbeit an. Sie brachten zunächst das Material für die Gerüste, das sie auf unserer Wiese lagerten. Am Nachmittag erledigte ich die entsprechenden Vorbereitungen im Garten: Rosenspalier abbauen, Kletterrosen umsetzen. Die Bauleute stellten das Gerüst auf und waren schon am Freitag der Woche mit dem Verkleiden von zwei Hausseiten fertig. Unterdessen ließ sich der Chef den vereinbarten Zwischenbetrag auszahlen, damit er seine Leute am Wochenende entlohnen konnte. Obwohl es in der folgenden

Woche mehrmals heftiges Schneegestöber gab, war bald die dritte Seite fertiggestellt. Aber die vierte Seite, die an der Friedrichstraße, konnte nicht weitergeführt werden, weil die anzubringende Verkleidung für die Isolatoren am Haus zu dick war. Der Bau ruhte daher einige Zeit, bis endlich die MEAG erschien und einen 1400 DM teuren Kabelanschluss anbot. Als schließlich alles fertig war, verschwanden das Gerüst und die restlichen Baumaterialien und wir konnten mit dem Bauleiter zur Endabrechnung schreiten.

Schon im folgenden Sommer bewährte sich die Verkleidung, denn wir brauchten trotz großer Hitze keine Ventilatoren in den Wohnräumen.

Osternienburg Friedrichstraße 19: Wohnhaus mit neuer Fassade

Die Saale

Auf vielen Fahrten und Wanderungen begegnete uns dieser große Nebenfluss der Elbe. Ich folge in meiner Darstellung dem Flusslauf. Die Quelle und ihren Lauf bis Hof kennen wir bis heute nicht. Wir kamen auf einer Autofahrt bei Saalfeld an die vielbesuchte Bleilochtalsperre und dann flussabwärts auch zur Talsperre Hohe Warte. Zwischen beiden Talsperren liegt der kleine Ort Burgk, von dem aus wir mit Hertha und Fritz einen wunderbaren Blick über das gesamte Tal erlebten. Bei Saalfeld genießt man immer wieder von einer Saalebrücke aus einen Blick auf das hier noch wildbewegte Wasser. Die nächsten schönen Aussichten bieten sich von den Dornburger Schlössern und den Burgen Saaleck und Rudelsburg an. Nachdem die Saale bei Naumburg die Unstrut aufgenommen hat, wird sie schiffbar. Bei dem Orte Leißling bietet sich ein weiterer schöner Blick auf die Saale von der Schönburg aus.

In den früheren Jahren war die Saale, nachdem sie die Chemiewerke von Leuna und Buna passiert hatte, hoffnungslos verschmutzt, was sich jedoch in den letzten Jahren wesentlich gebessert hat. Östlich der Rabeninsel im halleschen Stadtteil Böllberg erlebt man eine sehr ruhige Saale. Ein weiterer schöner Blick bietet sich in Halle vom Giebichenstein und der darunterliegenden großen Brücke.

Einmal fuhren wir auf einem Betriebsausflug die Saale abwärts mit dem Schiff bis Alsleben. Hohe Felsabhänge aus rotem Sandstein begleiten den Fluss rechterhand zwischen der Burg Wettin und dem Ort Rothenburg. Auf diesem Flussabschnitt trifft man noch viele Wasservögel an, u.a. auch Reiher.

Halle-Kröllwitz: Papiermühle an der Saale 1939

In den 90er Jahren sind wir öfter mit dem Auto von dem Städtchen Könnern aus durch die vielen kleinen Orte bis

Salzmünde gefahren. Nachdem man bei Nelben die Saalebrücke passiert hat und die folgenden Höhen überwindet, führen die verhältnismäßig ruhigen Straßen am Fluss entlang. Vom Schlossberg in Bernburg bietet sich wieder ein schöner Blick auf die Saale mit Wehr und Schleuse. Bei Nienburg nimmt die Saale die Bode auf. Nachdem der Strom den Ort Calbe hinter sich gelassen hat, wird die Landschaft wieder ausgesprochen ländlich.

Calbe Saaleschiff „Andreas“

Bei Groß Rosenburg kann man den Fluss noch einmal mit einer Fähre überqueren, bevor er nun seinem Mündungsgebiet in die Elbe zueilt. Die Flüsse Elbe und Saale sind hier nur durch ein fast undurchdringliches sumpfiges Naturschutzgebiet zu erreichen. Biber und Wasservögel jeder Art leben hier in Abgeschiedenheit.

Zu Besuch in Velen 2001

Seitdem wir meine Schwiegermutter zu uns genommen hatten, wohnte unsere Enkelin mit ihrer Familie in Velen. Während wir bei ihnen zu Besuch waren, entschloss ich mich eines Tages zu einem Spaziergang ins Dorf. Ich ging zur Kirche und zum Wasserschloss und auch zur letzten Wohnung meiner Schwiegermutter. Hier schwatzte ich ein Weilchen mit dem Nachbarn, einem in Rente befindlichen Fleischermeister. Nach dem langen Stehen setzte ich mich müde auf eine Bank. Auf dem Rückweg kam ich noch mit einem anderen Herrn in ein langes Gespräch über alte Zeiten. Ich hielt das lange Stehen auf einem Fleck schon nicht mehr aus und verabschiedete mich daher sehr schnell. Danach musste ich immer öfter ermüdet stehenbleiben. Als es gar nicht mehr weiterging, setzte ich mich vor einem Haus ins Gras, konnte aber nachher nicht mehr aufstehen. Leute sammelten sich um mich. Sie riefen meine Enkelin und einen Arzt zu Hilfe. Der Arzt nahm mich in seine Praxis mit, untersuchte und befragte mich gründlich. Ich hatte mich inzwischen erholt, denn es waren nur die Beine, die nicht mehr wollten. Meine Enkelin fuhr mich mit dem Auto heim. Nach einem kurzen Schlaf war mir wieder völlig wohl. Aber ich merkte mir auch, dass nicht mehr alles so wie früher ging.

Reise nach Schlesien im April 2003

Die Reise trat ich mit Christa, unserer ältesten Tochter, von Aken aus an. Das Akener Taxi war für Mittwochmorgen bestellt, kam aber erst nach einem mahnenden Anruf unsererseits, weil ich angeblich für Freitag (!) bestellt hatte. Die Fahrerin brachte dann gleich noch eine Kollegin mit, die alles bezeugen sollte. Sie hatte aber doch ein schlechtes Gewissen und verlangte keine Bezahlung! Der Reisebus wartete geduldig auf uns; wir erreichten ihn mit drei Minuten Verspätung.

Die Reise ging über Dessau und das Schkeuditzer Kreuz bis zur Grenzstation Görlitz-Ludwigsdorf. Von dort aus erreichten wir nach einer halben Stunde die Landstraße nach Bunzlau und dann die Autobahn nach Breslau. Gegen 16 Uhr waren wir schon im Hotel in Breslau.

Am nächsten Tag ging die Reise ins 250 Kilometer entfernte Krakau, das ich ja von unserer Trabantfahrt mit meinem Sohn Winfried vor rund 20 Jahren schon oberflächlich kannte. Die Fahrt ging durch das Industriegebiet an den großen Städten Gleiwitz, Hindenburg, Beuthen und Kattowitz vorbei. Wir besichtigten in Krakau im Eiltempo den Wawel, dessen Innenbauwerke wir bei unserer letzten Reise nicht sehen konnten, weil alles bis auf den Innenhof eine einzige Baustelle war. Auf dem Wege zum Markt zeigte man uns die Häuser der vielen Gelehrten und Geistlichen der Krakauer Universität. Die angebrachten Gedenktafeln erinnerten mich an eine ähnliche Straße in Wittenberg. Der große Marktplatz mit den Tuchhallen[172] ist immer wieder eindrucksvoll. Vom Turm der Marienkirche ertönte der symbolische Hornruf des Türmers, eine Tradition aus

---

[172] Sukiennice.

der Zeit des Mittelalters, die alle Stunden wiederholt wird. Wir durchstreiften die Tuchhallen mit den vielfältigen Verkaufsständen. In der Marienkirche muss man sich vor allen Dingen den Veit-Stoß-Altar aus der Nähe ansehen. Da wir jedoch im Gedränge nicht vorankamen, verließen wir die Kirche und gingen durch einen Seiteneingang erneut in das Gotteshaus, um zu unserem Ziel, dem Altar, zu gelangen. Auf der Rückreise zu unserem Hotel fiel uns abermals auf, dass vor den Häusern und in den Gärten noch keine Frühlingsblumen blühten.

Der folgende Vormittag begann mit einer Stadtrundfahrt in Breslau. Beim Besuch der Innenstadt beeindruckten uns das ehrwürdige Rathaus in altem Glanz sowie die wunderschön restaurierten Häuser sehr, die nach den enormen Kriegsschäden von 1945 originalgetreu in der Fassade, innen aber modern, wieder aufgebaut worden waren. Doch konnten wir nicht, wie vorgesehen, die Aula Leopoldina der Universität besichtigen, weil hier eine Veranstaltung stattfand. Als Ersatz durften wir einen reich ausgestatteten Hörsaal für Musikstudenten im Erdgeschoss betreten.

Auf der Dominsel konnten wir im Dom infolge von Unaufmerksamkeit die Ruhestätte des letzten deutschen Bischofs von Breslau, Kardinal Fürstbischof Adolf Bertram, nicht erblicken. Ich habe ihn bei der letzten großen Männer-Wallfahrt 1936 auf dem St. Annaberg ganz aus der Nähe gesehen. Er hatte uns auch 1934 in Neustadt gefirmt. Er starb 1945 im ehemaligen Sudetenland und wurde später im Dom von Breslau beigesetzt.

Am Nachmittag fuhren wir zunächst noch einmal zur Universität, wo wir nun den Festsaal anschauen konnten. Der Aufgang fiel mir schwer, da wir ja am Vormittag schon viel gelaufen waren.

Der Saal wirkte schon an sich feierlich. Zu unserem Erstaunen hing unter den Gemälden an den Wänden auch noch ein Porträt des jungen Königs von Preußen, Friedrich II., der in den drei Schlesischen Kriegen Österreich diese Ländereien abgerungen hatte! Die weltberühmte Jahrhunderthalle[173] konnten wir nur aus der Ferne sehen, weil dort gerade eine Autoausstellung untergebracht war. Die Halle ist bekannt für große Versammlungen, Ausstellungen sowie Sportveranstaltungen.

Von hier aus fuhren wir mit nur wenigen Teilnehmern in das Kloster in Trebnitz[174], um in der Klosterkirche das Grabmal der heiligen Hedwig[175] und zahlreiche Nebenaltäre im Barockstil zu besichtigen. Vieles erinnerte an die Ausstattung bayrischer Barockkirchen.

Für den nächsten Tag war in der Gruppe eine Fahrt in den Wallfahrtsort Tschenstochau[176] vorgesehen, die wir nicht gebucht hatten. Stattdessen nahmen wir uns ein Taxi, um die 120 Kilometer lange Fahrt nach meinem Heimatort Neustadt O.S. (Prudnik) zu unternehmen. Wir hatten zufällig einen Chauffeur angetroffen, der uns für hundert Euro fahren wollte und zudem gut Deutsch sprach. Am großen Friedhof für die im Kampf um Breslau 1945 gefallenen Sowjetsoldaten vorbei fuhren wir südwärts aus Breslau raus. In Grottkau[177] und in Neisse machte ich für meinen Enkelsohn Aufnahmen von Kirchen.

---

[173] 1913 als damals größter Kuppelbau der Welt erbaut.
[174] Trzebnica.
[175] Hedwig von Andechs (1174-1243), Schlesiens Schutzpatronin.
[176] Częstochowa.
[177] Grodków.

Neisse: Basilika St. Jakobus und Agnes 2003

Neisse: Kirchtürme

Nach Schweinsdorf, Riegersdorf und Buchelsdorf[178] sahen wir die Stadt mit den Ausläufern des Altvatergebirges vor uns liegen. Die Berge waren schneebedeckt und gut zu erkennen. Über Neustadt erblickten wir dann die bekannten Berge Bischof- und Silberkoppe. An der Bahnbrücke zeigte ich Christa das Heimathaus ihres ehemaligen Lehrers an der Hochschule in Merseburg, Prof. Dr. Streiber, der auch schon Amandas Klassenkamerad an der Handelsschule in Neustadt war. Auf der Neisser Straße fuhren wir an der früheren Fränkelschen Weberei (heute Frotex) und an den danebenliegenden Villen der Fabrikbesitzer vorbei. In der Weberei lag Amandas früherer Arbeitsplatz.

[178] Piorunkowice, Rudziczka und Niemyslowice.

Nun ließ ich an der Brüderkirche halten. Im Vorbeifahren zum Schlossplatz sahen wir mein damaliges Lazarettzimmer. Am Schlossplatz stehen noch die ehemalige Berufs- und Handelsschule sowie die Leichenhalle, durch die ich so manches Mal ausgerückt bin. Auf dem Platz vor der Schule stand damals ein Fahnenmast. Der Anblick der Schule erinnerte mich an jenen Schulappell von 1937, bei dem mich der Schulleiter vorrief und in den Hintern trat, weil ich immer noch nicht in der HJ war und die Schule darum nicht die HJ-Fahne hissen durfte!

Prudnik: Schlossplatz, ehemalige Berufs- und Handelsschule, 2003

Von der früheren Burg der Rosenberger steht nur der Burgfried, „Wogendrossel" genannt, noch da.

Prudnik: Wogendrossel 2003

Nach kurzem Aufenthalt auf dem Ring[179] fuhren wir zum Kirchplatz. In der Kirche St. Michael war gerade das Hochamt zu Ende. Der Taxifahrer ging mit uns in das Kirchenschiff, um zu beten. In mir kamen alle Erinnerungen hoch: an Messen, Maiandachten, Beichten, unsere Hochzeit und die Taufe unseres ersten Kindes auf den Namen Irene-Mathilde. Der Taxifahrer ließ es sich nicht nehmen uns zu fotografieren. Er meinte, das sei historisch notwendig!

---

[179] Rynek, Markt.

Georg Schneider mit Christa in der katholischen Pfarrkirche St. Michael in Prudnik 2003

Nun ging die Fahrt weiter zur Niedervorstadt, wo ich alles wiedersehen wollte: den Laden von Gottlieb Schneider, unser Wohnhaus und die Läden, in denen ich in der Kindheit einkaufen gehen musste, meine damalige Lehrwerkstatt im Hinterhaus der Nummer 30 beim Schuster Gödel, die große Brücke, die Einmündung der Kretschamstraße, die wir bis zur Kapelle hinauffuhren. Der Prudnik führte gerade wenig Wasser. Auf der Kretschamstraße stand kaum noch eines der alten Häuser, nur noch Neubauten mit schönen Gärten davor. Nun ging es zur Meierbleiche 8, wo wir zuletzt ein Zimmer bewohnt hatten.

Prudnik: Meierbleiche 8 im Jahr 2003, ehemaliges Wohnhaus Amanda & Lucia Hoke

Prudnik: Prudnikbrücke an der Meierbleiche, 2003

Über die Wallstraße und die Obervorstadt verließen wir Prudnik und fanden in Ottmachau in einer preiswerten Wirtschaft ein schmackhaftes Mittagessen, zu dem wir natürlich unseren Chauffeur einluden. Nach der Endabrechnung waren beide Seiten zufrieden und wir kamen am frühen Abend zurück ins Hotel.

Der letzte Reisetag führte über Hirschberg ins Riesengebirge. Wir passierten dabei auch Striegau[180], Boltenhain und die Schlachtenorte um Hohenfriedeberg[181] aus den Schlesischen Kriegen. In Hirschberg empfing uns Schneewetter. Wir strebten alle dem Markt zu und waren hier in den Laubengängen vor den Unbilden des Wetters geschützt. Auf der Weiterfahrt war bei Schmiedeberg die Schneedecke schon geschlossen und stellenweise glatt. Die ersten Streufahrzeuge kamen uns entgegen und ließen uns ahnen, dass der heutige Tag noch böse Überraschungen bringen sollte. In Karpacz[182] blieb unser Bus auf einem unsicheren Parkplatz zurück, denn er hatte daheim in Ülzen die Winterausrüstung abgetan! Er kam nicht mehr weiter, weil es immer heftiger schneite. Mit einem polnischen Linienbus ging es nach Poręba.[183] Eine kleine Gruppe von uns ging mit der Reiseleiterin im dichten Schneetreiben zum Kirchlein Wang und kam nach 1,5 Stunden völlig erschöpft zurück. Zum Mittagessen in einem Berghof gab es einen steilen Fußweg durch den tiefen Schnee. Nach dem Essen hatte das dichte Schneetreiben den Rückweg zum Bus bei 40 Zentimeter Schneehöhe inzwischen sehr beschwerlich gemacht. Wir hatten Glück, denn der Hüttenwirt fuhr uns zusammen mit anderen Gehbehinderten in

---

180 Strzegom.

181 Dobromierz.

182 Krummhübel.

183 Poremba.

seinem Kleinbus zur Haltestelle an der Hauptstraße hinab. Unser Reisebus brachte uns dann heil durch das Waldenburger Land in Richtung Schweidnitz, wo das Schneewetter nachließ. Wir durchfuhren einige größere Orte und streiften das Waldenburger Bergrevier an seinem westlichen Rand. In Schweidnitz begaben wir uns zur berühmten evangelischen Holzkirche aus dem 18. Jahrhundert. Sie ist im Gegensatz zur sonst kargen Ausstattung protestantischer Kirchen reichlich mit großartigen Altären, vielen Skulpturen, Heiligenbildern und Bildern von Bürgern der Gemeinde versehen.

Auf der Heimfahrt sahen wir noch einmal das Riesengebirge und später die Berge um Zittau aus der Ferne.

Reise nach Südtirol 2003

Mit viel Mühe hatten unsere Kinder und ich Amanda überredet, zu einer Fahrt in den Vinschgau[184] einzuwilligen. Wir wollten hier die Alpen noch einmal erleben, die wir bisher nur von den Überfahrten nach Italien kannten. Im September 2003 traten wir die Busreise an. Auf der A9 an der Raststätte Osterfeld fand die erste größere Pause statt. Amanda stürzte über eine vermutlich im Finstern liegende Bordsteinkante und brach sich die linke Hand! Nachdem auch die Reiseleitung den Schaden begutachtet hatte und sich bei Amanda große Schmerzen einstellten, riet man uns von der Weiterreise ab. Unterdessen hatten wir uns beide zur gleichen Entscheidung durchgerungen. Wir wurden dann mit einem Kleinbus der Reisefirma zurück nach Köthen gebracht, gleich in die Notaufnahme des Krankenhauses. Hier hatte gerade mein ehemaliger Schüler Martin Graneis Dienst. Er legte nach dem Röntgen der Hand einen Gipsverband an. Die Schwestern

---

184 Val Venosta.

riefen uns ein Taxi, das uns nach kurzer Zeit nach Hause brachte. Ich nahm mir vor, meine Frau zu keiner Reise mehr zu überreden.

Heute, am 13. Februar 2004, ist die Episode aber längst noch nicht abgeschlossen. Amanda musste in diesem Jahr noch einmal an der Hand operiert werden, weil ein Nerv eingeklemmt war. Erst nach Mitte März soll sie in der Lage sein, die Hand vorsichtig wieder zu gebrauchen.

Die geplante Reise nach Jesenik[185] in Böhmen

Ende November 2003 erschien in der Zeitung ein Reiseangebot in den Kurort Jesenik, das mich wegen seiner Lage am Altvatergebirge und in der Nähe von Neustadt O.S. regelrecht faszinierte! Nachdem ich mit Christa darüber gesprochen hatte, meldete ich uns beide in Halle für diese Reise an. Bereits im Januar 2004 musste ich mich mit dem Gedanken vertraut machen, uns wieder abzumelden, weil Amanda immer größere Schmerzen an ihrer gebrochenen Hand bekam. Also meldete ich alles wieder schriftlich ab. Ich kannte die Rücktrittsbedingungen. Von der im Voraus bezahlten Summe erhielt ich die Hälfte nach kurzer Zeit per Scheck zurück. Mit diesem letzten Akt fiel für immer der Vorhang über jede weitere Reiseabsicht.

Im Februar 2004 musste ich wegen einiger dringender Erledigungen nach Köthen fahren. Der lange Weg in die Innenstadt und der Rückweg zu meinem Auto hatten mich so angestrengt, dass ich nach kurzer Erholung im Auto zu der Erkenntnis gelangte, dass in puncto Reisen mit 84 Jahren irgendwo die Grenze heraufdämmert!

---

[185] Freiwaldau.

Georg Schneider

Martin Beitz

Mein Großvater, Georg Schneider, war ein belesener, humorvoller und praktisch veranlagter Mann.

Dadurch, dass meine Großeltern nur 50 Kilometer von Halle (Saale) entfernt in Osternienburg lebten, haben wir sie als Kinder häufig besucht und dort in den Sommerferien ab und zu mehrere Wochen verbracht. Da wir dieselbe Augenfarbe hatten, war er mir stets besonders wohl gesonnen und hat versucht mich zu fördern und meine Interessen zu wecken. In einem ehemaligen Stallgebäude seines Wohngehöfts richtete er „meine Werkstatt" ein, in der sich unter anderem ein eigener Schraubstock und Werkzeuge für Kinder befanden. Wahrscheinlich hätte er es gern gesehen, wenn ich mir diese Seite ähnlich stark angeeignet hätte, wie sie bei ihm durch die Tischlerlehre ausgeprägt war. Gab es etwas zu reparieren, hat er es nur allzu gern selbst erledigt, aber er war auch in der Lage kreativ tätig zu werden. So schuf er liebevolle Weihnachtspyramiden, angetrieben von einem Plattenspielermotor, Tierfiguren und Kerzenständer, Kästen mit Schubfächern für meine Münzsammlung, eine ganze Burg mit Zinnen und einem Aufgang, der durch mehrere Burgtore führte.

Auch Ausflüge hat er gern mit uns unternommen. So erinnere ich mich an Aufenthalte auf der Burg Falkenstein, auf Saaleck und der Rudelsburg, an Ausflüge „in die Pilze" und an eine Wanderung, die er mit mir und meiner Schwester zum Brocken unternahm. Das Auto stellte er an einem Parkplatz ab und endlos ging es für uns immer geradeaus und immer häufiger stellten wir die Frage, die alle Kinder lieben: „Sind wir schon da?" Er vertröstete uns, führte uns um die nächste Kurve und wieder war kein Berg in Sicht, sondern nur Wald links und rechts. Dann, nach vielen Kilometern, kamen wir endlich an eine Kurve, von der aus in der Ferne der Brocken zu sehen war. Wie enttäuscht wir waren, als er uns sagte, dass wir nur bis hier gehen dürfen, weil der weitere Weg Sperrgebiet ist, kann man sich sicher vorstellen, wenngleich wir ohnehin viel zu jung gewesen sein dürften, um den Berg zu erklimmen. Ich streifte noch ein wenig in den Wald, wo sich eine Hausruine befand, dann, nach einer Stärkung, kehrten wir zum Auto zurück. Heute bin ich überzeugt, dass er sich etwas dabei gedacht hat, als er uns versprach, dass wir den Brocken besuchen und er uns dann doch „nur" in Blickweite führte, denn die deutsche Teilung hatte auch unsere Familie für Jahrzehnte getrennt.

Auch eine der intensivsten Erinnerungen meiner Kindheit verbindet sich mit meinem Großvater. Mehrfach hat er mich morgens geweckt und wir fuhren zusammen nach Aken (Elbe), wo er mehrere frische Laibe Brot kaufte. Der intensive Geruch des Brotes begleitete uns auf der Heimfahrt, doch zum sofortigen Verzehr waren die Brote leider nicht gedacht, sondern sie wurden in Osternienburg sofort in die Kühltruhe in der Garage gebracht, damit Brot für die nächste Zeit vorrätig ist. Als meine Eltern einen Kleingarten in der Nähe von Köthen pachteten, war ein weiterer Anknüpfungspunkt vorhanden, denn die Gartenarbeit liebten meine Großeltern über alles und kamen uns auch dort oft besuchen und halfen mit.

Ich kann mich nicht erinnern, meinen Großvater jemals wütend erlebt zu haben. In seinen Erinnerungen schreibt er unter anderem auch, dass ich einmal mit einem Stock seinen Nussbaum geschlagen habe. Nur zu gut kann ich mir vorstellen, wie sehr ihn das geärgert haben muss. Ein anderes Mal habe ich im Hof mit einem Ball gespielt und eine Kellerfensterscheibe zerschossen. Auch hier entsinne ich mich nicht, dass er seine verständliche Verärgerung darüber irgendwie gezeigt hätte. Im Gegenteil. Eines Tages bat er mich zur Mülltonne im Hof zu kommen, denn dort hatte er etwas vorbereitet: Er hatte eine Scheibe quer über die Öffnung gelegt, hielt mir einen Hammer hin und ließ mich vorsichtig die Scheibe aus dem Rahmen in die Tonne schlagen. Vermutlich wollte er mir eine Gelegenheit bieten, überschüssige Energie abzubauen. Auch später waren wir noch oft bei meinen Großeltern, haben mit ihnen stundenlang Rommé gespielt, mit ihnen Ausflüge unternommen und ab und zu hat mein Großvater uns auch auf Fototouren in den damaligen Kreis Köthen begleitet. Er zeigte uns die Schule in Quellendorf, das ungewöhnliche Dörfchen Diebzig oder auch Orte westlich von Köthen.

Meine Großeltern erfüllten sich auch immer wieder kleine Wünsche, die ihnen Freude bereiteten. So kauften sie sich eine große Standuhr, die sie ins Wohnzimmer stellten und die relativ laut die Stunde schlug. Auch Bücher, die sie durch die „Umsiedlung" verloren hatten oder die sie schon immer hatten lesen wollen, ließen sie sich besorgen. Dazu zählte etwa Jean Pauls geniales „Leben des vergnügten Schulmeisterlein Maria Wuz in Auenthal" für meinen Großvater oder auch das Epos „Dreizehnlinden" von Friedrich Wilhelm Weber für meine Urgroßmutter, die dieses weitgehend auswendig beherrschte.

Nach dem Tod meiner Urgroßmutter sowie meiner Großmutter begann mein Großvater Sachen zu entsorgen, von denen er sicher war, dass weder er noch seine Nachfahren diese gebrauchen könnten. Einmal hatte er unzählige Gläser mit eingeweckter Marmelade durch die Kellerfenster auf den Hof gebracht und wollte diese nun entsorgen, schraubte sie auf, um sie auszuspülen, doch sofort stürzten sich Bienen und Wespen auf die zuckersüßen Waren. Ein anderes Mal drückte er mir einen großen Holzhammer in die Hand, nahm selbst einen Sack und schüttete die aufgesammelten Walnüsse von seinem Baum auf den Gartenweg am Ende des Grundstücks. Dann bat er mich, diese zu zertrümmern, damit die Vögel sich den Inhalt holen können, da er nicht mehr in der Lage war, diese allein zu verspeisen. Der Nussbaum hatte längst die Höhe des Hauses übertroffen und brachte säckeweise Ernte ein, die an die ganze Familie verteilt wurde.

Sein Haus hat ihm nicht immer Freude bereitet, wie man aus seinen Ausführungen auch ein Stück weit herauslesen kann. Ich entsinne mich dunkel, dass der Keller vor seiner Absenkung ab und zu nach Starkregen unter Wasser stand und dann leergepumpt werden musste. Ungewöhnlich war der Stampfboden dort, der es zudem für mich schwer machte, aufrecht zu stehen, da die Räume deutlich unter zwei Meter hoch waren. Auch auf dem Dachboden, der nur schwer zugänglich und für uns Kinder Tabu war, gab es wohl das eine oder andere Problem. Als er älter wurde, klagte er uns gegenüber zudem öfter, dass er glaube, dass Mäuse ins Haus gelangen könnten. Er vermutete, dass sie hinter der Schrankwand umherliefen und fragte uns nach Möglichkeiten, diese Plagegeister loszuwerden.

Im Flur des Hauses hing ein Kalender, der jeden Tag umgesteckt werden musste, sowie ein zweiter Kalender mit den Einträgen der Geburtstage der umfangreichen Verwandtschaft. Dort und die steile Treppe hinauf hing die Wand voller Bilder. Es gab darunter Ansichten von Verwandten, von Prudniks Umgebung, aber auch von Plätzen, zu denen sie keinen persönlichen Bezug hatten, sondern die ihnen als Fotomotive gefielen. Darunter war etwa eine Klosterkirche oder auch eine überdachte Holzbrücke.

Es war sehr angenehm an einem Sommernachmittag mit meinen Großeltern im Hof zu sitzen und mit ihnen zu plaudern. Ab und zu kamen ihnen Gedanken über die alte Heimat in den Kopf und so baten sie mich einmal, doch zu versuchen, ihnen ein Bild einer „Badeanstalt“ im Harz zu besorgen, die der von Prudnik baugleich sein sollte. Auch manche Redewendung blieb mir im Kopf, die für mich schon als Kind amüsant war. So pflegte meine Großmutter Redewendungen wie „der gibt an wie Graf Koks“ oder „der gibt an wie eine Tüte Mücken“ zu benutzen, die mich noch heute lächeln lassen.

Meine Großeltern konnten aber auch etwas unglücklich gewählte Worte benutzen. So meinte meine Großmutter eines Tages, sie müssten jetzt aber wirklich nachhause fahren, weil sie ja noch „durch den finsteren Wald“ fahren würden. Wir überlegten hin und her, welchen Wald sie meinen könnte, uns fiel aber nur der Ziethebusch in Köthen ein, an dem man wenige hundert Meter entlang fährt, wenn man nach Osternienburg will. In diesem Sinne lese ich auch die Bemerkungen zu Querfurt („ein unbedeutendes, ödes Städtchen“) oder Quedlinburg, dem mein Opa eine gewisse Überschätzung attestiert. Ich kann nicht genau sagen, was ihn zu diesen Äußerungen getrieben hat, sie sind aber eher ironisch zu verstehen, schließlich ist er durch Querfurt nur mit dem Fahrrad durchgefahren und wer die Strecke kennt, wird wissen, dass man auf die herrliche Burganlage zufährt und dann an der Stadtmauer entlang einen reizvollen Blick in die Umgegend hat. Warum er Quedlinburg im Vergleich zum Rhein so gering schätzt, kann ich nur erraten. Vermutlich sah die Stadt damals noch etwas dreckiger aus als heute. Die Mischung aus

Fachwerkhäusern, alten Türmen und Kirchen sowie reizvollen Anhöhen ist nicht grundlos UNESCO-Weltkulturerbe geworden. Auch hat er diese Orte später erneut aufgesucht und teils fotografisch festgehalten.

Seine Äußerung, „das morsche, feudal-absolutistische Königreich Preußen" sei im Jahr 1806 völlig zusammengebrochen, sowie seine Bemerkung zum Kaiserreich, das er als „Einigung von oben" beschreibt, sind deutliche Hinweise darauf, dass er Teile seiner Niederschriften noch vor dem Jahr 1989 verfasste, wo Preußen vor allem als militaristischer Staat wahrgenommen wurde, der die Hauptschuld an den Weltkriegen trage, die auch sein Leben wesentlich beeinflusst haben. Häufig hat er uns die Anekdote erzählt, wie er bei der Wehrmacht hervortrat, als nach einem „Schneider" verlangt wurde, vermutlich fühlte er sich dabei ein wenig wie „Der brave Soldat Schwejk" von Jaroslav Hašek. Mit ironischen Bemerkungen machte er auch vor uns Enkelkindern nicht halt und forderte uns damit geistig heraus. Als ich mit ihm in Hannover war, fragte er mich lächelnd, ob er mich mit an die Leine nehmen sollte. Ich war durchaus erleichtert, als er den Wortwitz aufklärte. Überhaupt hat mich diese verschmitzt-belesene Seite meines Großvaters viel stärker beeinflusst als seine praktische Seite. Mein Großvater hat viele Dinge gesammelt: Briefmarken, Münzen, Zinnsoldaten, Ansichtskarten, Gläser mit verschiedenen Aufdrucken und vieles mehr. Da er viel fotografierte, hat er auch etliche Fotoalben angelegt und mit flotten Sprüchen, aber auch mit ausführlichen Schilderungen versehen. Einige meiner frühesten Kindheitserinnerungen hängen mit dem Haus und dem Grundstück zusammen: das Schlafzimmer im Obergeschoss, der Spiegel mit dem Schrank dahinter, der nur über einen Hebel geöffnet werden konnte, der sich hinter einem Bild verborgen befand, die steile Treppe, die Öfen im Erd- und Obergeschoss, der Apfelbaum am anderen Ende des Grundstücks, in den ich ähnlich gern kletterte wie auf Bäume in Halle und anderswo, der bungalowartige Bau zwischen Haus und Garten, in dem meine Großmutter ihre Kuchen zum Abkühlen unterbrachte, das Vordach im Hof, unter dem die Wäsche zum Trocknen hing, der Holzboden im Nebengebäude, in dem ein ganzer Raum voller Holzscheite lag, die Garage mit den Kühltruhen, in der sich auch die Werkbank meines Großvaters befand, der Nussbaum, unter dem meine Urgroßmutter gern im Sommer saß und Kreuzworträtsel löste und vieles mehr.

Meine Großeltern konnten sich über Kleinigkeiten ärgern, suchten dann aber lieber nach einer sinnvollen Lösung, statt Ärger vom Zaun zu brechen. So störte sie der alljährliche Silvesterlärm, da sie gern früh ins Bett gingen und ebenso frühzeitig aufstanden. Also besorgten sie sich Ohrstöpsel, um so in Ruhe durchzuschlafen. Natürlich ärgerten sie sich trotzdem über die angerichteten Schäden, wie ein aufgesprengter Briefkasten oder über die Gartenmauer aufs Grundstück geworfener Müll. Von der Mitarbeit an Artikeln der „Kommission zur Erforschung der Geschichte der örtlichen Arbeiterbewegung" habe ich in den Aufzeichnungen zum ersten Mal gehört. Leider gibt er weder an, in welchem Jahrzehnt dies stattfand noch zu welchen Themen genau er geschrieben hat. Daher können wir nur vermuten, dass er an dem 1958 erschienen Büchlein „Zur Geschichte der deutschen Novemberrevolution 1918 im Kreise Köthen" mitgewirkt hat.

Trotz vieler Schicksalsschläge, die sie erleiden mussten, waren meine Großeltern fröhliche, bescheidene und freundliche

Menschen. Vermutlich aber auch gerade deshalb. Sie hatten gelernt, dem Leben die positiven Seiten abzugewinnen und sich so einzurichten, wie es die Umstände eben zuließen. Beide haben gern und viel gelesen. Meine Großmutter las die etwas seichteren Werke wie die Romane von Hedwig Courths-Mahler, mein Großvater die mit geschichtlichem Hintergrund wie Heinrich Manns Romane.

Die Herausgeber

Dr. Agathe Beitz wurde 1952 in Köthen (Anhalt) als fünftes Kind des Lehrers Georg Schneider und der Sekretärin Amanda Schneider geboren. Nach dem Schulbesuch in Osternienburg und Köthen legte sie 1970 das Abitur ab und erwarb gleichzeitig den Facharbeiterbrief als Industriekaufmann. Ihr Studium an der Martin-Luther-Universität Halle-Wittenberg schloss sie 1974 als Diplom-Biochemiker ab. 1978 erfolgte die Promotion zum Dr. rer. nat. an der Universität in Halle. In einem postgradualen Studium von 1984 bis 1988 erwarb sie den Abschluss als Fachbiochemiker der Medizin. Sie arbeitete viele Jahre an der Martin-Luther-Universität Halle-Wittenberg in den Instituten für Biochemie, Pharmakologie und Toxikologie sowie Pathobiochemie als wissenschaftliche Mitarbeiterin. Als Naturwissenschaftlerin schrieb sie 36 Publikationen für internationale Fachzeitschriften sowie drei Bücher.

Frau Dr. Beitz ist verheiratet mit dem Biochemiker Dr. Jürgen Beitz, hat zwei erwachsene Kinder und lebt im Saalekreis.

Martin Beitz wurde 1977 in Halle (Saale) als Sohn von Agathe und Jürgen Beitz geboren. Er studierte an der Martin-Luther-Universität Halle-Wittenberg Slawistik, Landesgeschichte und Geographie und ist Mitglied der „Forschungsgruppe Meilensteine“. Neben mehr als 20 Zeitschriftenartikeln zur Regionalgeschichte hat er über 1650 Artikel im Internet veröffentlicht, die weitaus meisten davon für die Seite „Saalekreis im Bild“. Sein Hauptinteresse gilt Kleindenkmalen und der mittelalterlichen Geschichte Sachsen-Anhalts.

Anhänge

(Martin Beitz)

Anhang 1: Stammbaum

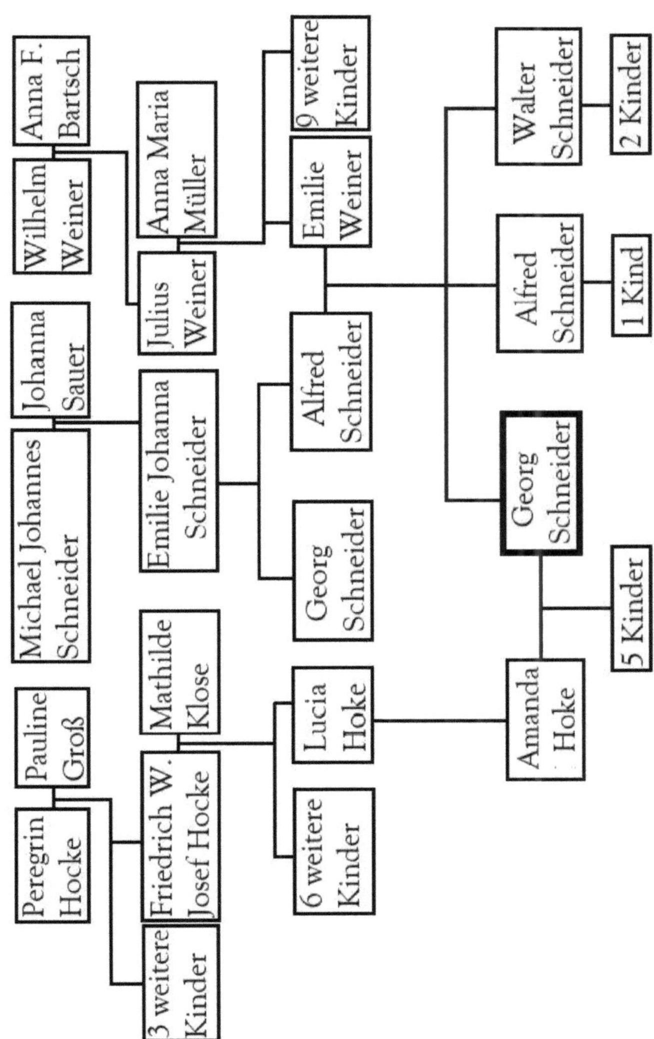

Stammbaum Georg Schneider

Anhang 2: Schulentlassungszeugnis von 1934

Schulentlassungszeugnis

für

Schneider Georg

geboren den 14. September 1919 zu Neustadt O.S., kath. Konfession,

Sohn des Schuhmachers Alfred S. zu Neustadt O.S.

Derselbe besuchte die hiesige katholische 7 stufige Knabenschule seit 8 Jahren, und zwar

von 1. April 1926 bis 28. März 1934, und war zuletzt

Schüler der Klasse I. Vorher besuchte er die Schule in —

von — bis —.

Betragen: lobenswert

Fleiß: gut

Schulbesuch: regelmäßig

Religion: gut

Deutsch: gut

Rechnen: gut

Raumlehre: gut

Geschichte: gut

Erdkunde: gut

Naturkunde: gut

Schönschreiben: genügend

Zeichnen: gut

Singen: gut

Turnen: genügend

Handarbeit:

Besondere Bemerkungen: —

Neustadt O.-S., den 28. März 1934

Schlageter-Schule Neustadt Oberschlesien

Der Rektor. Der Klassenlehrer.

Schulentlassungszeugnis Schlageter-Schule Neustadt O.S.

Anhang 3: Übersiedlungsbescheinigung 1945

Mor.

Policejní odhláška. Nové Město / H.S.

Jméno a příjmení: Schneider Jiří rok nar. 14.9.1919

Bydliště: Svitavy, U tabákové továrny 7

Národnost: německá

Stěhuje se do: Nové Město, Horní Slezsko

Datum odhlášení: 30. června 1945

manželka: Amanda, roz. Hakeová, nar. 1.10.1922 Nové Město

děti: Irena, nar. 4.12.1943 Nové Město H.S.

Kristina, " 31.5.1945 Svitavy

Správní komise Svitavy.

Übersiedlungsbescheinigung 1945

Anmerkung

Die Bedeutung des Schriftstücks ist nicht ganz klar. Es handelt sich hierbei um eine polizeiliche Abmeldung aus Zwittau vom 30. Juni 1945. Als Zielort wird Neustadt in Oberschlesien angegeben. Tatsächlich verblieben Georg und seine Familie aber in Zwittau und wurden dann nach Deutschland umgesiedelt.

Als direkt nach dem Zweiten Weltkrieg bekannt wurde, dass die Neisse die neue Grenze bilden sollte, hatten Georg und Amanda Schneider angenommen, dass die Glatzer Neisse die neue Südgrenze darstellen würde. Dies hätte zur Folge gehabt, dass Neustadt Teil von Deutschland geblieben wäre. Letztendlich wurde dann aber die Lausitzer Neisse zum Grenzfluss zwischen Polen und Deutschland, so dass sich der Plan zur Rückkehr zerschlug. Vermutlich stammt dieses Schriftstück aus dieser kurzen Periode der Hoffnung auf die Rückkehr nach Neustadt.

Anhang 4: Bescheinigung über Einstiegsgehalt

Der Bezirkspräsident
— Abt. Volksbildung —

II. V. 5075 HBc

Der Landrat, Schulamt
Köthen
Eing. 20. JUNI 1946
T.-Nr. 3974

Dessau, den 15. Juni 1946
Bismarckstr. 22 a

1. Ausfertigung

1.

Feststellung der Dienstbezüge

für Herrn Georg Schneider
Volkslehrer-Anw.

Durch die Kreisschulaufsicht

in Köthen (V-Sch. Weißandt-Gölzau) in Köthen, Aribertstr. 18a

Infolge Ihrer Verwendung im Schuldienst ab 15.5.46 werden die Dienstbezüge nach den Bestimmungen für Diätare unter Berücksichtigung Ihres Lebensalters (geboren am 14.9.19) und des Familienstandes: ~~ledig~~ — verheiratet — ~~verwitwet — geschieden~~ — wie folgt festgesetzt:

Ab	15.5.	1.6.		
	RM	RM	RM	RM
a) Grundvergütung oder Diäten	191.67	191.67		
b) Wohnungsgeld nach Ortsklasse D	21.50	21.50		
Zusammen	213.17	213.17		
c) Gekürzt um 6 v. H. auf (ab 1. Januar 1946 keine Kürzung)				
d) Hierzu kommt der Kinderzuschlag für – Kind(er) (ab 1. Januar 1946 werden keine Kinderzuschläge mehr gezahlt)				
Zusammen	213.17	213.17		
e) Da Sie nicht vollbeschäftigt sind, bleiben nur – zu zahlen. Für Mai sind nur 1/2 zuständig	106.59			
f) Hierzu kommen die Arbeitgeber-Anteile zur Sozialversicherung	10.66	21.32		
g) Mithin insgesamt monatlich	117.25	234.49		
h) Abzüglich Beiträge zur Sozialversicherung	21.32	42.64		
i) Bleiben monatlich brutto zu zahlen	95.93	191.85		

Ab 15.5.46 gehören Sie der Krankenkasse in Köthen an.

Von den obigen Dienstbezügen wird noch die Lohnsteuer einbehalten. Die Bezirkshauptkasse ist angewiesen worden, die Dienstbezüge nunmehr auf Ihr Konto 7541 Stadtsparkasse Köthen — ~~in bar~~ — jeweils am 15. jedes Monats zu zahlen.

Die für die rückliegende Zeit bewilligten Gehaltsvorschüsse von RM 200.-- werden verrechnet.

Im Auftrage:
Vogel

2 Dessauer Druckerei-Betriebs-G.m.b.H. 3601

Bescheinigung über Einstiegsgehalt Mai 1946

Anhang 5: Zeugnis Fachlehrer-Ausbildung 1950

Jahreslehrgang
zur Ausbildung von Fachlehrern in Dessau

Zeugnis

Herr/Frau/Frl. Georg Schneider

geboren am: 14. 9. 1919 in: Neustadt

Neulehrer(in) SchA(in) in Weißandt-Gölzau Kreis: Köthen

hat in der Zeit vom 1. Sept. 1949 bis 25. Juli 1950

an einem Jahresfachlehrgang für Geschichte teilgenommen.

Auf Grund seiner/ihrer Mitarbeit im Lehrgang und der Ergebnisse der Abschlußprüfung wird ihm/ihr bescheinigt, daß er/sie den Lehrgang mit sehr gutem **Erfolg beendet hat.**

Er/sie kann somit als Fachlehrer(in) für Geschichte beschäftigt werden.

Dessau, den 25. Juli 1950

Der Regierungsvertreter: [Unterschrift]

Der Lehrgangsleiter: Dr. Buttmann

Die Dozenten: [Unterschriften]

12-Monate-Kursus
für Geschichtsfachlehrer
Dessau

(17) KLD., Graphische Lehrwerkstatt, Thälmannallee 38

Pr. 269 5. 7. 50 60

Zeugnis Fachlehrer-Ausbildung 1950

Anhang 6: Zeugnis Erste Lehrerprüfung 1949

LANDESREGIERUNG SACHSEN-ANHALT
MINISTER FÜR VOLKSBILDUNG, KUNST UND WISSENSCHAFT

ZEUGNIS

ÜBER DIE ERSTE PRÜFUNG FÜR LEHRER AN DER GRUNDSCHULE
(gemäß Erlaß vom 8. Oktober 1946/5514)

Herr/~~Frau~~ Schneider, Georg

geb. am 14.9.1919 in Neustadt/Oberschles.

bestand die

ERSTE LEHRERPRÜFUNG

am 23.3.1949 in Köthen

Nach Beurteilung seiner/~~ihrer~~ Tätigkeit als Schulamtsbewerber/~~in~~

vom 15.5.1946 bis zum 23.3.49 und dem Ergebnis der

schriftlichen und mündlichen Prüfung ist ihm/~~ihr~~ das Zeugnis

--- "bestanden" zuerkannt worden. Er/~~Sie~~

erwirbt hiermit die Befähigung zur Beschäftigung als Schulamtsanwärter/~~in~~.

IM AUFTRAGE:

DER PRÜFUNGSAUSSCHUSS

Nohler
als Vorsitzender

Zschernitz Hartmann
Schwadtke Range
Thienicke [illegible]

(Stempel: Landesregierung Sachsen-Anhalt, Minister für Volksbildung, Kunst u. Wissenschaft, Halle/Saale)

II(12) Landesregierung Sachsen-Anhalt, Halle (Saale), Willy-Lohmann-Str. 7. (II)-9032 12. 1. 48. 1500

Zeugnis Erste Lehrerprüfung 1949

Anhang 7: Zeugnis Zweite Lehrerprüfung 1951

LANDESREGIERUNG SACHSEN-ANHALT
MINISTERIUM FÜR VOLKSBILDUNG

ZEUGNIS

über die zweite Lehrerprüfung

auf Grund des Erlasses des Ministers für Volksbildung vom 2. Juli 1948

Herr / ~~Frau~~ ~~Fräulein~~ Georg Schneider

geboren am 14.9.1919 in Neustadt O.S.

beschäftigt in Weißandt- Gölzau Kreis Köthen

an der Zentral- Schule

hat am 23.April 1951 die

ZWEITE LEHRERPRÜFUNG

für das Lehramt an Grundschulen

---------"gut bestanden"---------------------------

Sein ~~Ihr~~ Wahlfach ist Geschichte

Die Befähigung zur Anstellung als Lehrer an Grundschulen wird ihm / ~~ihr~~ hierdurch zuerkannt

Köthen, den 23.April 1951

IM AUFTRAGE:
DER PRÜFUNGSAUSSCHUSS

Kretschner
als Vorsitzender

Fritz Müller Knuth
L. Hamann

fi (32) 43818. 20. 7. 50. 1000

Zeugnis Zweite Lehrerprüfung 1951

Anhang 8: Karte von Oberschlesien

Karte von Oberschlesien (Ausschnitt)[186]

---

[186] Andrees Allgemeiner Handatlas, 3. Auflage, Von Velhagen & Klasing, Bielefeld und Leipzig 1896.

Inhaltsverzeichnis

Bildverzeichnis

Orte, Gewässer und Landschaften